KB274395

햇살이 바다의 푸름을 더욱 힘주어 말하는
여름에는 떠나야겠다.

골목에서 누군가 푸른 웃음을 흘린다.

파란 바다는 보고만 있어도 즐겁다.
자꾸만 그곳에 가고 싶어진다.

떠나야 하는 마음과 돌아와야 하는 마음 사이에…… 여행이 있다.

블루 로망
지중해에 빠져들다

블루 로망
지중해에 빠져들다

1판 1쇄 인쇄 2008년 7월 18일
1판 1쇄 발행 2008년 7월 25일

지은이_김지희
펴낸이_정원정, 김자영
편집_홍현숙
디자인_신지혜
마케팅 · 영업_김승지

펴낸곳_즐거운상상
주소_서울시 용산구 문배동 11-14 이안1차 101동 오피스텔 202호
전화_02-706-9452 | 팩스_02-706-9458 | 전자우편_happywitches@naver.com
출판등록_2001년 5월 7일
인쇄_갑우문화사

ISBN 978-89-92109-29-1

블루 로망 지중해에 빠져들다

글과 사진 김지희

지중해의 하늘과 바다
그리고 블루에 빠져들다!

햇살이 푸름을 더욱 강조하는 여름, 푸르게 빛나는 바다는 바라만 보고 있어도 기분이 좋아진다. 하늘을 닮은 바다, 바다를 닮은 하늘을 배경으로 내가 하나의 풍경이 되는 기분을 마음껏 즐길 수 있는 지중해. 강렬한 햇살과 유난히 흰 벽, 그리고 파란 물감을 풀어놓은 듯한, 예쁜 문과 창문들이 펼쳐지는 블루의 향연, 눈부신 하얀 집들 사이로 지는 노을, 맛있는 올리브와 와인, 싱싱한 해산물, 쏟아지는 햇살을 피해 차 한 잔의 여유를 즐기는 노천카페! 이 모든 것이 나를 지중해로 이끌었다.

수많은 문명들이 지중해에서 탄생하였다. 이오니아인, 그리스인, 시실리아인, 미노스인 등이 바닷가와 섬에 도시를 세우고 수천 년 역사를 이어온 지중해. 또한 로마인이 지중해를 무대로 세계 제국을 이루었고 로마 문명은 지중해를 거쳐 아프리카, 아시아까지 퍼져갔다. 지중해는 수많은 인류 문명이 교차하고, 서로 영향을 주고받으며 새로운 문명을 탄생시키고 또 이어져온 문명의 바다이다. 그래서 지중해 지역은 문명 여행의 시작이자 출발점이다.

지중해에는 어디에나 산이 있다. 지질학적으로 고생대 시기 격렬한 습곡 작용으로 바다에서 융기했기 때문이다. 지중해 연안의 리프 산맥, 아틀라스 산맥, 알프스 산맥, 아펜니노 산맥 등은 바로 융기로 생겨났다. 게다가 화산과 지진 활동이 활발하여 '폼페이의 최후'로 알려진 베수비오 화산이 폭발하고, 그리스의 티라 섬 산토리니은 반쪽이 날아가 바다로 가라앉아 버렸다.

또한 지중해 남쪽에 있는 사하라 사막의 뜨거운 공기 덕분에 여름 하늘은 대낮이면 눈이 부실 정도로 맑고, 밤에는 수많은 별이 하늘을 수놓는 아름다운 곳이다. 그러나 척박한 땅이어서 사람이 살기에 적합한 곳은 아니다. 산이 많아 경작지가 부족하고 강우량이 고르지 못하다. 여름이면 비 한 방울 내리지 않는 가뭄이 지속되고, 10월부터 겨울까지만 비가 내려 밀, 올리브, 포도, 무화과 정도만 겨우 재배할 수 있다. 그래서 일찍이 바다를 따라 무역을 하며 살아가야 했다.

지중해는 유럽과 아시아, 아프리카 세 대륙이 맞닿아 일찍이 서로의 문명을 교류하는 현장이었다. 모든 것이 모여드는 지중해의 지정학적인 위치 때문에 세계 최초의 문명 세계가 탄생한 것이다. 세계 4대 문명 중 가장 오래된 문명이라 할 수 있는 기원전 4천 년경 메소포타미아 문명과 기원전 3천 년경 이집트 문명은 모두 큰 강을 끼고 관개 농업이 발달한 곳에서 일어났다.

오리엔트 문명 메소포타미아+이집트 문명 지역은 점차 발달하여 지중해 연안까지 그 영향이 확대되었다. 이 문명의 영향으로 기원전 2천5백 년경 최초의 해양 문명인 에게 문명 그리스 지역의 크레타 문명+미케네 문명이 탄생하기에 이른다. 지중해의 뿌리가 되었던 크레타 문명은 번영하였으나 기원전 1천5백 년경 티라 섬의 화산 폭발과 미케네인들의 정복으로 종말을 고하게 되었고, 미케네 문명도 남하하는 그리스인들에 의해 멸망하고 말았다.

　　기원전 10세기부터 6세기까지 지중해 중부와 서부는 식민지 개척시대였다. 이곳을 두고 지중해 동쪽에 살고 있던 페니키아인 현재의 레바논과 그리스인이 경쟁을 벌였다. 서지중해 개척에 가장 앞장선 것은 페니키아인이다. 이들은 스페인 안달루시아 지방의 은을 교역하기 위해 서지중해로 진출했다. 그리고 아프리카의 카르타고에 식민지를 건설하고 중간 기점으로 삼아 활발한 해상활동을 하였다. 그리스 역시 기원전 8세기경부터 활발한 해상활동을 통해 지중해 곳곳에 식민지를 건설하였다.

　　그 사이 로마는 세력을 키워 시칠리아 섬을 점령하였고, 카르타고와의 운명적인 대립을 하면서 포에니 전쟁을 벌인다. 포에니 전쟁에 이긴 로마는 드디어 서지중해의 새로운 강자로 떠오르며 해상권을 장악하게 되었다. 로마는 지중해 전체를 통일하면서 세계 제국으로 발전하였고, 그리스·로마 문화는 지중해 전역에 퍼져 하나의 통일된 문화를 형성하기에 이르렀다. 드디어 서양이 지중해의 운명을 만들어가는 역사의 주역으로 성장하게 된 것이다. 여기서 우리는 서양 문화의 모체가 되는 지중해 문명, 즉 그리스·로마 문화를 만나게 된다. 이후 지중해는 이슬람 세계와 가톨릭 세계가 만나는 곳, 동서가 대립하는 공존과 다툼의 세계가 되었다.

　　지중해는 서쪽으로 대서양을, 동쪽으로는 중동 지방, 남쪽으로는 북아프리카의 사하라 사막을, 북쪽으로는 흑해와 경계를 이루는 유라시아의 끝없는 대초원으로 향하고 있다. 지중해는 단순히 지역을 나타내는 말이 아니라 인류가 살아온 역사 그 자체이며 세계의 역사가 집약되어 있다고 할 수 있다. 아마도 이러한 이유 때문에 누구나 지중해를 꿈꾸는 것이 아닐까? 나는 고대 문명과 그리스, 로마 그리고 이슬람으로 이어지는 역사의 연결고리를 하나하나 풀어가기 위해 지중해 문명 여행을 계속하였다.

지중해 지역은 크게 이탈리아의 시칠리아 섬을 기준으로 두 개의 세계로 나눠 발전해 왔다. 이곳을 기점으로 남과 북, 동서가 대립하면서 치열한 전투와 공존이 이루어졌기 때문이다. 나의 지중해 여행은 시칠리아를 기점으로 한 서지중해 세계 스페인, 포르투갈, 튀니지, 모로코와 동지중해 세계 그리스, 이탈리아, 터키, 이집트로 나누어 2년에 걸쳐 계속되었다. 이 책은 서지중해 지역인 튀니지, 모로코, 스페인, 포르투갈 부분을 담고 있다.

곧 여름 방학이다. 학생들은 "선생님! 이번 방학에는 어디로 여행가세요?"하고 묻는다. 나는 "그건 비밀이야, 다녀와서 알려줄게. 너희들이 아주 재미있어 하는 것을 사진으로 많이 찍어 올 테니 궁금해도 참고 기다려라."라고 이야기한다. 아이들의 반짝이는 눈빛 때문에 나는 방학이면 어김없이 비디오카메라와 필름카메라를 메고 문명을 찾아 떠난다. 이번 여름 방학에도 무거운 카메라를 양쪽에 메고 더위와 싸워야하지만 아이들이 나의 문명 여행담을 기다리기에 또다시 배낭을 꾸리고 있다.

학생들뿐만 아니라 어디에선가 나의 문명 여행기를 궁금해 하는 독자들에게 여행 보따리를 풀어 놓을 수 있도록 〈김지희의 문명 여행〉시리즈를 출간하는 즐거운상상 식구들에게 깊은 고마움을 전한다. 문명 여행기가 하나하나 더해질수록 마음의 부담도 커진다. 이 책이 문명을 알고 싶은 이들에게 쉽고 편한 안내자 역할을 할 수 있었으면 한다. 여행에서의 무사함을 빌어주시는 부모님과 두 동생 부부, 조카 현이, 연수, 준석이에게도 고마움을 전한다.

2008년 7월 김지희

Contents

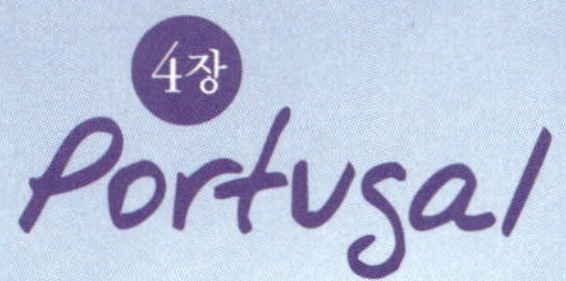

누가 문 뒤에서 나를 부른다

door

목마름이 여행의 시작이 되기도 한다

garden

people

Tunisia
튀니지

RESTAURANT
TISSEMLAL
CASA HASSAN
Café Sidi Chebaane
시디 부 사이드
카르타고
크로미리산맥
테베르숙산맥
두가
르 케프
튀니스
하마메트
수스
엘젬
스팍스
쉐비카
숏 엘 가르사
숏 엘 제리드
토제르
두즈
가베스
마트마타
그랑떼르그 오리엔탈 사막

지브롤터를 건너
진짜 아프리카를 만나다

튀니스

카르타고

아프리카의 파리 튀니스

　　이베리아 반도와 지브롤터 해협을 사이에 두고 지척에 있는 아프리카 대륙. 지중해 바다를 사이에 두고 서로 패권을 주고받으며 유럽과 이슬람은 문명의 교류를 이루었고, 또한 각자의 고유한 문화를 발전시켜 나갔다. 나는 지중해를 끼고 있는 아프리카 대륙이 궁금해졌다. 스페인에서 영국령인 지브롤터까지 가서 아프리카를 코앞에 두고 발걸음을 돌려야 했으니 더욱 그러했다. 한때 고대 페니키아인들과 로마의 무대였던 북아프리카에는 어떤 문화유산이 남아 있을까, 사하라 사막의 모습은 다른 지역의 사막과 어떻게 다를까. 그런 호기심을 안고 튀니지 Tunisia와 모로코 Morocco로 향했다.

　　아랍 사람들은 지금의 튀니지, 알제리, 모로코를 포함한 북아프리카 지방을 '자지라 알 마그리브' Jazirah al-Maghrib 즉 해가 지는 섬이라 불렀다고 한다. 코발트빛 블루인 지중해와 황금빛 사하라 사막에 둘러싸여 마치 가늘고 기다란 섬처럼 동서로 뻗어있기 때문이다. 마그리브로 불리는 북아프리카 지역은 7세기 이슬람이 들어오면서 이슬람화되었고, 중세에는 이슬람 문명이 꽃피었던 곳이다.

튀니지와 모로코는 북아프리카의 여러 나라 중에서도 이슬람교를 믿지만 유럽 문화의 영향을 많이 받았다. 특히 모로코는 스페인에서 페리를 이용하여 쉽게 갈 수 있는 지리적 위치 때문에, 튀니지는 1300km나 이어지는 아름다운 지중해 해변을 가지고 있으며 매년 여름이면 로마 원형 극장에서 클래식, 오페라, 재즈 등 다양한 음악 축제가 펼쳐지기 때문에 유럽인들의 휴양지로 손꼽히는 지역이다. 게다가 유럽에선 볼 수 없는 이국적인 아랍 문화의 정취가 물씬 풍기는 곳이어서 사랑을 받을 만한 충분한 이유가 있다.

아프리카에는 유명한 사하라 사막이 있다. 사하라 사막은 거대한 문화의 경계를 이루어 남쪽은 전형적인 아프리카 원주민인 흑인들을 중심으로 한 문화가, 사하라 사막 북쪽은 지중해를 끼고 고대 아시리아와 페르시아, 알렉산드로스 대왕의 동방 원정, 로마제국, 반달족, 이슬람제국으로 이어져 유럽과 이슬람이 혼합된 문화가 발달하였다. 거대한 제국을 이룬 이들 문명도 사하라 사막을 넘기는 힘들었던 모양이다.

튀니지는 지중해를 낀 지리적인 위치 때문에 비록 여러 민족의 침입을 받아왔지만 페니키아, 로마를 비롯하여 아랍, 프랑스에 이르기까지 인류의 우수한 문명이 교류하고 혼합되면서 튀니지만의 독특한 문화를 형성하게 되었다. '아프리카의 유럽'이라는 말이 어울리는 튀니지는 이슬람교를 믿으면서도 서구 문화에 매우 개방적이었다. 튀니지를 여행하면서 은연중에 지녔던 아프리카에 대한 편견과 선입견을 깨뜨릴 수 있었다.

우리나라에서 튀니지로 가는 가장 손쉬운 방법은 에어 프랑스를 이용하는 것이다. 파리를 경유하여 튀니지의 수도 튀니스Tunis에 도착한 시간은 새벽 0시 20분. 낯선 도시에 내리면 긴장하게 마련이다. 그러나 다행히 튀니스 공항은 시내와 가까워 택시를 타고 10분 만에 메종 도레Hôtel Maison Dorée 호텔에 도착하였다. 메종 도레 호텔은 튀니스의 중심인 하비브 부르기바Habib Bourguiba 거리와 가까운 중급 호텔인데 배낭 여행자에겐 안성맞춤이었다. 게다가 1950년대식 고풍스런 건물이라 마치 고전 영화의 주인공이 된 것 같았다.

아프리카 속의 유럽, 하비브 부르기바 거리

튀니스의 심장인 하비브 부르기바 거리는 '1987년 11월 7일 광장' Place du 7 Novembre 1987에서 구시가인 메디나Medina의 프랑스 문Porte de France=밥 바르 문, Bab Bar까지 일직선으로 쭉 뻗은 대로이다. 1987년 11월 7일 광장은 벤 알리Ben Ali 총리가 첫 대통령인 하비브 부르기바의 30년 독재 타도를 기념한 광장이다. 광장과 이어진 이 대로는 중앙에 가로수가 늘어서 있는 산책로 양 옆에 노천카페가 있어 시민들의 휴식처 역할을 하고 있었다. 특히 하비브 부르기바 거리와 교차되는 파리 거리Ave Paris는 유럽식 카페와 지중해 음식을 맛볼 수 있는 식당, 상점이 모인 쇼핑거리로 낭만이 넘쳤다. 튀니스의 개방적이고 자유로운 분위기에 절로 마음이 설레었다. 밤이 되면 광장의 시계탑과 분수대는 아름다운 조명으로 장식되어 '아프리카의 파리'라는 별칭이 무색하지 않았다.

하비브 부르기바 거리는 튀니지의 복합적인 문화를 한눈에 보여 주듯 다양한 양식의 건축물들이 세워져있다. 19세기 프랑스풍의 외관을 가진 국립

● 튀니스의 중심인 하비브 부르기바 거리. ● 튀니스 시내를 오가는 트램.

극장, 비잔티움제국의 그리스 정교회 예배당, 이슬람 시대의 철학자이며 역사학자인 이븐 칼둔 1332~1406의 동상이 한 거리에 있었다. 그러나 거리를 달리는 메트로 레제 Métro Léger, 트램전차와 출근 준비로 바쁘게 움직이는 시민들의 모습은 유럽의 어느 도시와 같았다.

파란 하늘을 배경 삼아 화려하게 꾸민 옥상 정원

튀니지와 모로코 등 이슬람 국가들을 여행하다보면 도시마다 구시가인 메디나 Medina가 존재하는 것을 볼 수 있다. 메디나는 아랍어로 '도시'라는 뜻이며 구시가를 말한다. 보통 메디나는 성벽에 둘러 싸여 있고 좁은 골목이 미로처럼 연결되어 있다. 중세 도시의 모습을 간직하면서도 현재의 삶까지 연결되어 있는 골목길을 걷다 보면 아랍의 정취가 물씬 풍겨 나오는 정겨운 모습들을 만날 수 있어 매력적이다.

튀니스의 메디나는 하비브 부르기바 거리의 끝, 작은 분수대가 있는 빅토리아 광장을 지나 프랑스 문 Porte de France＝밥 바르 문, Bab Bar을 들어서면 시작된다. 자이투나 모스크 Zaytouna Mosque＝Great Mosque를 중심으로 재래시장인 수크Souk 거리에는 상점들이 늘어서 있다. 그랑 모스크는 이슬람교도가 아닌 외국인에게 개방되지 않아 아쉽게도 내부를 볼 수 없었다. 다행히 주변 상점의 옥상에 올라가니 모스크가 내려다 보였다. 모스크는 로마의 신전 기둥을 재활용하여 만들어졌다고 한다.

튀니스 메디나의 가장 큰 매력은 바로 가게나 주택의 옥상에 꾸며놓은 테라스다. 오색찬란한 색깔의 타일을 박아 만든 의자와 아치문은 마치 하늘세계의 정원에 와 있는 듯 아름다웠다. 색색의 타일 의자에 앉으니 아치문 안에 그랑 모스크의 뾰족한 첨탑미나렛이 쏙 들어와 그림 액자가 따로 없다. 좁고 답답한 메디나에 살던 사람들은 옥상의 정원을 이처럼 아름답게 가꾸면서 생활의 여유를 찾은 것 같다.

재래시장 수크에는 프랑스 영향을 받은 바게트 빵가게, 지중해 음식인 올리브 절임, 각종 향신료 등을 파는 식료품점을 비롯해 튀니지 남성들의 전통 모자인 쉐시아Chechias, 붉은 색 펠트 천으로 만든 모자, 아랍식 가죽 샌들, 물 담배 기구, 화려한 수가 놓인 스카프와 의상들까지 다양한 물건들을 구경할 수 있었다. 특히 흰 레이스가 달린 큰 장갑과 쿠션이 걸린 가게가 눈에 띄었다. 가게 안은 화려한 장식의 물건들이 가득한데 결혼식 때 신랑이 신부에게 선물하는 물건들을 파는 곳이었다. 이곳에서는 결혼식을 위해 신부는 손에 헤나로 곱게 염색을 하는데 묻어나지 말라고 장갑을 끼는 풍습이 있다고 한다.

메디나의 수크 여기저기를 구경하는데 날씨가 꽤 춥다. 아무리 지중해라지만 1월의 겨울 날씨를 너무 만만하게 보았다. 그리스나 터키와 달리 튀니지는 지중해 지역이라도 겨울에 외투를 입지 않고 바깥 날씨를 견디기 어려웠다. 결국 여러 가게를 찾다가 '젤라바'이슬람 국가들은 남녀 모두 무릎 아래까지 내려오는 긴 외투를 입는다.라는 긴 겨울 외투를 사 입었다. 여행할 때는 배낭의 무게를 줄이기 위해 최소한의 옷만 챙겨가는데, 현지 날씨가 안 맞을 경우에는 옷을 사 입기도 한다. 필요에 의해 산 옷이지만 우리나라에 돌아오면 좋은 기념품이 된다. 그 나라의 고유한 디자인과 색이 담겨있고, 여행지의 추억이 담겨 있기 때문이다.

튀니지의 보물창고, 바르도 박물관

튀니스에서 가장 유명한 곳은 바르도 박물관 Bardo Museum 이다. 이곳에서는 고대 카르타고, 로마, 초기 크리스트교, 이슬람 시대에 이르기까지 튀니지의 역사를 한눈에 볼 수 있다. 특히 로마 시대 모자이크 장식은 3층을 가득 채울 정도로 규모가 엄청났다. 예술적 가치도 이탈리아 로마에 전혀 뒤떨어지지 않는 훌륭한 수준이어서 무척 놀라웠다. 바르도 박물관은 19세기 중반 유럽, 스페인의 이슬람 양식, 튀르크-페르시안 양식을 절충하여 지어진 베이리칼 Beylical 궁전 건물을 박물관으로 개조한 것인데 그야말로 튀니지의 다양한 문화를 엿볼 수 있다.

튀니지에는 원주민인 베르베르 Berber, 북아프리카의 유목 민족 족이 살고 있었다. 기원전 1100년경 지중해를 중심으로 세력을 확장한 페니키아 Phoenica, 현재 레바논의 티레 인이 동부 해안으로 들어와 카르타고 Carthage 를 건설하였다. 이후 카르타고는 600년 동안 서부 지중해 해상권을 장악하면서 무역 도시로 크게 번성하였다. 그러나 기원전 264년부터 지중해의 새로운 강자로 떠오른 로마와의 3차례 포에니 전쟁에서 패배함으로써 지중해 해상권을 잃고 기원전 146년 로마의 지배에 들어갔다.

포에니 전쟁에서 승리한 로마는 서지중해의 패권을 차지하고 세계 제국으로 발전하는 계기를 마련하였다. 현재 튀니지에서 카르타고의 유적과 이

● 옥상 정원의 아치문 사이로 보이는 그랑 모스크의 첨탑. ● 프랑스 문을 들어서면 구시가인 메디나가 시작된다.

후 건설된 로마의 신전 도시인 두가Dougga, 로마 원형 경기장이 남아 있는 엘 젬El Jem 등에서 로마 유적과 문화의 흔적을 찾아볼 수 있다. 그러나 역사에 있어 절대 강자는 없듯 로마제국은 4세기 후반 동·서 로마로 분열하면서 쇠 퇴의 길을 걷게 되었다.

5세기 중엽에는 중국의 한족에게 밀린 흉노족훈족의 일파가 서쪽에 있 는 게르만 세력권 안으로 이동해오자 게르만족은 대이동을 시작하였다. 게르 만족의 대이동으로 유럽은 일대 혼란에 휩싸이고, 로마는 게르만족에 의해 멸망하고 만다.476년 서로마 멸망 이는 오늘날 게르만족에 의해 중세 유럽이 형성 된 원인이 되었다. 이 시기 게르만족의 일파인 반달족Vandal이 북아프리카로 내려와 반달 왕국을 건설한다. 현재 튀니지는 반달 왕국에 속하였다.439년 기

메디나의 재래시장, 수크에는 지중해를 대표하는 올리브 절임을 비롯해 쉐시아 모자, 결혼준비물품,
전통 옷 등 다양한 이슬람 물건들을 판다.

원전부터 페니키아를 비롯해 수많은 외세에 시달려왔던 베르베르족은 이때부터 소왕국 형태로 곳곳에서 저항운동을 벌여 현재에 이르고 있다.

동로마제국인 비잔티움은 이후 1000년을 더 존속하는데 유스티니아누스 황제에 의해 533년 튀니지는 비잔티움제국의 지배를, 이후 670년에는 이슬람제국의 영향 하에 들어간다. 16세기에는 오스만제국과 스페인의 세력 다툼에서 해적 쟁탈전의 무대가 되어 시달림을 당하였고, 마침내 1574년 오스만제국의 속국이 되었다. 1881년에는 이웃인 알제리에 주둔했던 프랑스군의 침입으로 프랑스의 보호령이 되었다가 지속적인 저항 운동을 통해 1956년 독립하여 오늘에 이르고 있다. 이런 역사적 배경으로 인해 현재 튀니지는 아랍어와 프랑스어를 공용어로 하고 있고, 프랑스 문화의 흔적이 많이 남아있다.

박물관의 1층에는 고대 페니키아인들이 숭배했던 신들의 조각상과 돌 비석인 토핏 Tophet 이 전시되어 있다. 토핏은 페니키아인들이 신에게 제사 지낼 때 자식을 제물로 바친 것을 돌에 새겨놓은 것이다. 제사장이 희생될 아이를 잡고 있는 토핏을 보며 섬뜩한 느낌도 들었지만 그 시대의 의식이었기 때문에 지금의 잣대로 비난할 수는 없을 것 같다. 사랑하는 맏아들을 제물로 바치고 의식을 행한 것을 보면 강렬하면서도 절박한 마음이었다는 것을 짐작할 수 있다.

자식을 제물로 바치는 전통은 로마에 이르러 ‘소’로, 이슬람 시대에 이르러서는 ‘양’으로 대체된다. 박물관의 1, 2층 전시실에서 로마시대 대형 모자이크 장식들과 초기 가톨릭의 세례반과 십자가 장식, 바람의 신, 바다의 요정, 큐피드에 둘러싸인 비너스와 디오니소스 신 등 로마와 초기 크리스트교 시대의 다양한 모자이크를 만날 수 있었다. 특히 ‘수스의 방’은 환상적이었다. 방에 들어서자 바닥과 사방 벽이 온통 바다의 신 넵튠과 바다 세계에 대한 모자이크로 가득 차있어 물속을 걸어 다니는 듯한 착각에 빠졌다. 튀니스에서 동남쪽으로 2시간 30분 거리에 위치한 '수스'Sousse는 로마가 건설한 도시 중 하나인데, 이곳에서 발견된 모자이크를 수스의 방에 전시하고 있었다.

　　　이곳의 모자이크를 통해 당시 로마 사람들의 생활상을 알 수 있었다. 연회 장면, 검투사 시합, 사냥 장면, 서양 장기를 두는 장면 등이 새겨진 모자이크를 통해 카르타고를 지배했던 로마의 문화를 읽을 수 있었다. 3세기경 만들어진 제우스 신, 헤라 여신, 아폴로 신 조각상 등 북아프리카에서 로마 문화유산을 보면서 고대 지중해 세계를 통일했던 로마제국의 세력과 그 문화 전파력에 또 한번 놀라게 되었다. 바르도 박물관에는 이외에도 이슬람 문화유산도 만나게 되는데 이슬람 양식의 정원과 분수대, 타일 장식, 색유리 창문, 주택의 실내 인테리어 장식 등이 그것이다. 바르도 박물관을 둘러보며 튀니지는 북아프리카의 작은 나라이지만 유구한 역사와 문화를 간직한 나라임을 느낄 수 있었다.

가장 화려하고 환상적인 수스의 방. ● 로마의 모자이크를 통해 로마 신화의 많은 신들과 그들의 생활상을 알 수 있다.

● 이슬람 양식의 중정.

● 다문화의 나라 튀니지의 역사를 한눈에 볼 수 있는 바르도 박물관.

튀니스(Tunis)

◎ 가는 방법

* **비행기** : 직항이 없고 에어 프랑스(Air France)로 파리를 경유하여 튀니스로 들어간다.
- 유럽에서 도착하는 페리(Ferry)는 라 굴레트(La Goulette) 항구에 도착한다. 이곳에서 교외 기차인 TGM 기차를 타고 도심으로 들어오거나 택시를 이용한다. 이탈리아의 트라파니(Trapani), 나폴리(Naples), 제노아(Genoa), 프랑스의 마르세유(Marseilles), 코르시카 섬의 바스티아(Bastia) 등에서 연결된다.
* **버스** : 버스는 2종류. 국영 버스회사에서 운영하는 에어컨이 달린 고속버스 신트리(SNTRI), 미니버스로 인원수가 차는 대로 출발해 빠른 것이 특징인 루아쥬(Louages)가 있다.
- **남부 버스터미널(Gare Routière Sud)** : 젤라스 공동묘지(Jellaz Cemetery) 건너편과 남부 루아쥬 터미널(Louages to Southern Tunisia)은 튀니지 남부 지방의 도시를 운행한다. 토제르(Tozeur) 7시간, 마트마타(Matmata) 8시간, 수스(Sousse) 2시간 30분, 카이루완(Kairouan) 3시간, 두즈(Douz) 8시간, 엘 젬(El-Jem) 3시간, 스팍스(Sfax) 5시간.
- **북부 버스와 루아쥬 터미널(Gare Routière Nord & Louages stations)** : 튀니지 북부 지방의 도시를 운행. 르 케프(Le Kef) 3시간, 비제르테(Bizerte) 1시간, 타바르카(Tabarka) 3시간 30분.
* **기차**
  • **튀니스 빌(Tunis Bille) 기차역** : 바르셀론 광장(Place Barcelone)에 위치. 수스 2시간, 스팍스 3~4시간, 토제르 8시간 30분, 장두바(Jendouba) 2시간 30분, 엘 젬 3시간, 가베스(Gabès) 6시간, 갑사(Gafsa) 7시간 30분. (www.sncft.com.tn)

• **TGM 기차역(Tunis-Goulette-Marsa Station)** : 튀니지 근교의 페리가 출발하는 선착장. 라 굴레트(La Goulette) 20분, 카르타고(Carthage) 30분, 시디 부 사이드(Sidi Bou Saïd) 35분 소요.
- 시내 메트로 레제와 버스, 택시를 이용할 수 있다.
• **메트로 레제(Métro Léger)** : 전차로 정류장은 하비브 부르기바 거리에서 바르셀론 광장(Palce de Barcelone)에 있다. 5개 노선이 있는데 1번은 남부 버스와 루아쥬 터미널을, 3번과 4번은 북부 버스와 루아쥬 터미널을, 4번은 바르도 박물관을 연결한다.

◎ 주요 볼거리

• **메디나(Medina)** : 로마 신전 기둥들을 활용한 자이투나 모스크(Zaytouna Mosque = Great Mosque)를 중심으로 재래시장인 수크(Souk) 거리에는 상점들이 늘어서 있다.
• **바르도 박물관(Bardo Museum)** : 튀니지의 역사를 한눈에 볼 수 있는 박물관으로 놓쳐서는 안 될 곳. 메트로 레제 4번을 타면 된다.

◎ 숙박 및 간단 정보

• **그랑또텔 드 프랑스(Grand Hôtel de France)** : 8 Rue Mustapha M'barek, 전화 71-326-244, hotelfrancecetunis@yhoo.fr, 싱글 17~19/ 더블 23~27TD.
• **오텔 메종 도레(Hôtel Masion Dorée)** : 3 Rue el-Koufa, 전화 71-240-632, 싱글 27.5~38 /더블 35~46TD. 1950년대 건물이지만 깨끗하고 직원들이 친절하다.
* **환전** : 튀니지 디나르(TD)이므로 달러나 유로를 가져가 환전한다. (1$ = 1.3 TD, 1 TD = 약 790원 정도)

공항
북부 버스와 루아쥬 터미널
(Gare Routiére Nord & Louages stations)
튀니스
마린 TGM 기차역
신시가 TGM 기차역
메디나
프랑스 거리
공항버스 정류장
관광안내센터
대성당
빅토리아 광장
하비브 부르기바 거리
(Habib Bourguiba) 1987년 11월 7일 광장
오텔 메종 도레
(Hôtel Masion Dorée)
메트로 레제
튀니스 빌 기차역
(Tunis Bille)
남부 루아쥬 터미널
그랑또텔 드 프랑스
(Grand Hôtel de France)
남부 버스 터미널

지중해를 호령하던 카르타고의 영광은 어디에

튀니스의 중심인 1987년 11월 7일 광장에서 동쪽으로 5블록 내려가면 TGM Tunis-Gouette -Marsa 기차역이 있다. 튀니스와 근교인 마르사를 연결하는 TGM은 카르타고 Carthage 와 튀니스의 산토리니라 불리는 아름다운 지중해 마을인 시디 부 사이드 마을로 간다. 이 기차를 이용하면 두 곳을 하루에 돌아볼 수 있다. 튀니스에서 13km 떨어진 카르타고는 한적한 전원 마을이었다. 시골 간이역 같은 작은 기차역의 이름은 '카르타고 한니발' Carthage Hannibal. 우리가 잘 알고 있는 고대의 영웅, 바로 한니발의 고향이다. 역을 빠져 나와 언덕을 오르니 눈부시게 파란 하늘 아래 야자수가 늘어선 하얀 집들이 옹기종기 모여 있다. 그러나 한니발의 흔적을 찾기는 어려웠다. 2000년이 지난 지금은 아름다운 지중해 휴양지 마을일뿐이었다.

　　이탈리아의 남부 시칠리아 섬은 지중해 건너편 아프리카와 가장 가까운 곳이다. 로마는 이 섬의 절반을 식민지로 가지고 있던 카르타고에게 평화협정을 어기고 공격을 가했다. 이것은 1000년 동안 지중해의 무역 중심지로 번영을 누려왔던 강대국 카르타고에게 내민 도전장이었다. 이렇게 시작된 포에니 전쟁은 지중해 패권을 차지하려는 로마와 그것을 지키려는 카르타고의 처절한 한판 승부였다.

　　한니발Hannibal, 기원전 247~기원전 183은 1차 포에니 전쟁에서 패배한 하밀 바르카스의 아들로 어렸을 때부터 로마에 대한 복수심을 키워왔다. 그들은 카르타고의 새로운 식민지였던 카르타고 누에바 에스파냐로 이주하여 이곳의 총독이 되면서 로마에 대한 설욕을 준비하게 되었다. 한니발은 5만 명의 군대를 이끌고 알프스 피레네 산맥을 넘어 로마의 후방을 공격하여 로마를 공포에 떨게 만들었다. 당시 중장보병을 주력부대로 하여 9만 명의 로마군을 '포위섬멸전'을 사용하여 공격함으로써 칸나에 전투에서 큰 승리를 거두었는데, 이 전술은 당시 군사상 처음 사용된 것으로 뛰어난 전술가로서의 면모를 보여주는 것이었다. 그는 최정예 기병을 후방에, 좌익과 우익에 기병들을 포진하였고 정면의 보병들에게는 싸우지 말고 후퇴할 것을 명령하였다. 결국 수적으로 우세했던 로마군은 카르타고 군에 포위당하여 크게 패하고 말았다.

　　그러나 한니발은 불운했다. 로마의 젊은 장군 스키피오가 카르타고를 공격함에 따라 본국으로 돌아갈 수밖에 없었다. 그리고 자마 전투에서 자신의 전략인 포위섬멸전을 배운 로마에게 대패하였다. 카르타고를 지키기 위해 사력을 다했던 한니발은 허무하게 로마에 무릎을 꿇고 말았다. 그 후에도 그는 로마에 대한 보복 기회를 노렸지만 로마군에 쫓기다 자살하는 비참한 최후를 맞았다.

카르타고인들은 지중해가 바라보이는 비르사 언덕 Byrsa Hill 위에 신전과 주거지를 건설하여 적군을 감시하였다고 한다. 그러나 로마에게 패한 카르타고는 17일 내내 불타 폐허가 되어버렸다. 이렇게 카르타고가 불타버린 것은 역청 때문이라고 한다. 역청은 천연 타르의 일종으로 페니키아 사람들이 배를 만들 때 틈새를 메워 방수를 위해 사용했던 것이다. 이것을 카르타고인들은 흙 담의 외벽에도 발랐는데 인화성이 강해 카르타고 전체가 잿더미로 변하게 된 것이다.

카르타고의 폐허 위에 새로운 로마 도시가 건설되었다. 이후에도 여러 민족의 침략을 받은 터라 지금은 고대 카르타고의 번영을 찾아볼 수가 없었다. 비르사 언덕에 올라 푸른 지중해가 바라보이는 쓸쓸한 역사의 현장 위에 서니 세월의 덧없음이 느껴진다. 비르사 언덕 주변에는 로마 유적만이 남아 있는데 그것마저도 기둥들만 여기 저기 흩어져 있을 뿐이다. 나는 희미하게 남아있는 카르타고의 잔해들과 로마의 유적들이 남은 곳을 돌아보는 통합 티켓을 사고, 그 발자취를 더듬어 보았다.

비르사 언덕의 쓸쓸한 카르타고 박물관

비르사 언덕 중간에는 카르타고 박물관 Musée de Carthage이 있다. 규모는 작지만 고대 페니키아의 생활상을 알려주는 좋은 안내자 역할을 하고 있었다. 전시실에는 최초의 알파벳 문자인 페니키아 문자와 전성기를 누렸던 당시의 카르타고 지도, 카르타고 항구와 비르사 언덕의 신전을 복원한 그림을 보면서 카르타고의 옛 모습을 상상해 볼 수 있었다.

바르도 박물관에서 봤던 토핏 tophet – 아이의 희생 장소에 세우는 비석이 이곳에도 전시되어 있었다. 그런데 이곳의 토핏에는 사람을 추상적으로 표현한 그림이

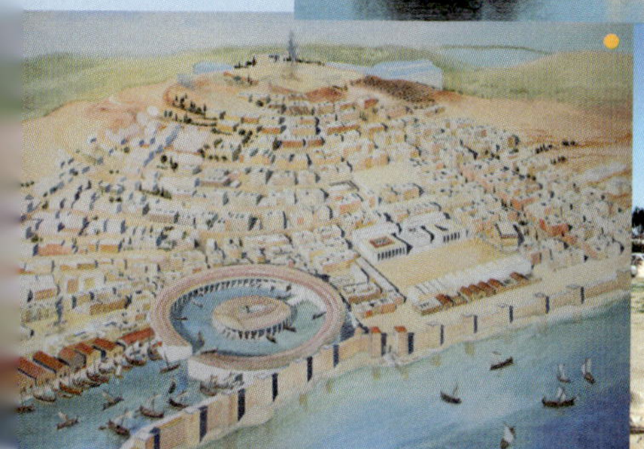

● 한적한 카르타고의 모습. ● 지중해의 해상권을 장악했던 강국 카르타고의 상상도. ● 비르사 언덕 전경. ● 지중해가 보이는 아름다운 언덕 위의 로만 빌라.

새겨진 것이 인상적이었다. 머리에 해당하는 동그라미는 현세를, 팔을 들어
올린 것 같은 일직선 모양은 죽음을, 그리고 양손에 쥔 작은 원은 태양과 달
을, 사람의 몸 부분을 표현한 삼각형 모양은 내세를 나타낸다고 한다. 이것은
바로 인간의 삶과 죽음, 그리고 내세에 대한 염원을 상징적으로 표현한 것인
데 맏아들을 희생 제물로 바친 곳에 세웠다고 한다.

● 제물로 바쳐진 아이를 희생하던 동굴.
● 아이의 모습을 새겨놓은 토핏.

제물로 바쳐진 아이들을 위로하는 토핏 살람보

　　박물관을 나와 카르타고 시내로 이동하면 페니키아인들이 아이를 제물로 바치기 위해 희생한 장소와 6천 개의 토핏들이 하나의 군을 이루며 서있는 토핏 살람보_{Tophet of Salammbô=Sanctuary of Tophet}가 있다. 이곳은 야외 신전터와 아이들의 희생이 이루어진 흔적을 찾아볼 수 있었다. 안내자를 따라 간 곳은 어두침침한 동굴이었다. 그곳에는 놀랄만한 돌이 이리저리 놓여있는데, 바로 이곳에서 아이의 양손을 돌 위에 얹고 이마를 닿게 한 다음 목을 잘랐다고 한다. 안내자는 바로 내 앞에서 시범까지 보였다. 이렇게 컴컴한 동굴 안에서 아이는 얼마나 공포에 떨었을까. 부모는 죽는다는 사실을 알리고 이곳까지 데리고 왔을까, 아니면 아무것도 모르는 아이를 이곳까지 와서 제물로 바쳤을까, 동굴 안에 있는 내내 머리 속이 복잡했다. 동굴을 나오면 6천 개에 달하는 토핏들이 늘어선 곳이 나온다. 방금 전 박물관에서 봤던 추상화된 문양을 새긴 토핏과 아예 아이의 모습을 그대로 새긴 것까지 수없이 많았다. 수천 년을 지나오면서 많은 토핏이 소실되었을 텐데 아직도 이렇게 많은 토핏이 남아있으니, 생각할수록 마음이 아팠다.

지중해가 바라다보이는 로만 빌라

　　로마는 세계 곳곳에 탁월한 토목·건축 유적을 남겼다. 로마는 시민들을 위해 도로, 수도, 원형 경기장, 대형 목욕탕 등 기반시설을 잘 갖춘 도시였다. 카르타고의 시내 곳곳에도 로마 문화유산들이 남아있다. 원형극장과 로마 극장, 로마 시대 주택인 로만 빌라, 안토닌의 온천 목욕탕 등이 그것이다. 지중해가 바라다보이는 곳에 위치하는 로만 빌라_{Roman Villa}는 화려하고 아름다운 로마 주택이었다. 돌이 깔린 길 양옆에 기둥들이 늘어선 정원과 곳곳에 놓인 조각상들, 바닥에는 카펫을 깔아 놓은 듯한 모자이크 장식으로 보아 귀족이나 부호의 집이었을 듯싶다. 아름다운 전망과 인테리어가 훌륭한 집에 살고 싶은 인간의 욕망은 시대를 넘어섰던 것 같다.

카르타고에서 지중해안 쪽으로 가면 2세기경 만들어진 안토닌의 온천 목욕탕Termal Antonin이 있다. 지금은 아름다운 돌기둥과 흔적들이 남아 있을 뿐이지만, 2세기경 이 목욕탕은 바닷물을 끌어들여 만든 해수탕이라고 한다. 또한 도서관, 수영장, 연회장의 부대시설까지 갖추고 있는 사교의 중심이었다. 수준 높은 로마 문화를 보여 주는 온천 목욕탕은 지중해가 바로 보이는 곳에 수로를 만들고 로마의 둥근 아치 형태의 목욕탕 건물이 이어져 있다. 돌을 데워 만든 열탕까지 있을 정도로 발달된 목욕 문화를 보여주고 있다.

카르타고(Carthage)

◎ 가는 방법

* 튀니스 TGM 기차역에서 근교 기차로 30분 정도 걸린다.

◎ 주요 볼거리

* **카르타고 박물관(Musée de Carthage)** : 페니키아와 로마의 유적이 전시되어 있다. 비르사 언덕의 가운데 자리하고 있다.
* **토핏 살람보(Tophet of Salammbô = Sanctuary of Tophet)** : 페니키아 아이들의 희생 장소였던 곳. 로마 유적인 로만 빌라(Roman Villa), 원형 극장, 안토닌의 온천 목욕탕(Termal Antonin) 등을 둘러볼 수 있다.
* **카르타고 국제 축제(Carthage International Festival)** : www.festival-carthage.com.tn 매년 7~8월에 로마 극장에서 국제적 음악, 춤 공연이 펼쳐진다.

지중해에서 **바다** 보기
차 마시기
생각 멈추기

시디 부 사이드
하마메트
두가
엘 젬
카이루완

코발트빛을 옮겨 놓은 해변 도시

　　카르타고 유적을 둘러본 후 TGM_{Tunis-Gouette-Marsa}철도를 다시 타고 시디 부 사이드_{Sidi Bou Saïd} 마을로 향했다. 튀니스에서 16km 떨어진 이 마을은 그리스의 산토리니 섬을 그대로 옮겨 놓은 듯한 풍광이다. 그리스 정교회 예배당 대신 모스크가 있고, 푸른색 철문에 까만색의 못을 박아 무늬를 냈다는 것이 다를 뿐이다. 새하얀 도화지에 파란 물감을 톡톡 찍어 놓은 듯 대문과 창문, 테라스 모두가 파랗다. 꼭 지중해의 바다빛을 옮겨 놓은 것처럼 예쁘다.

　　좁은 골목으로 접어드니 지중해 지역에서 많이 피는 붉은 부겐벨리아 꽃이 하얀 담장 위에 늘어져 있다. 강렬한 색채 대비가 하나의 미술작품 같고, 첨탑까지 모두 하얀색인 모스크도 인상적이었다. 스페인 안달루시아 지방에 남아 있는 이슬람 문화가 혼합된 독특한 모습이다. 이곳은 튀니스 시민

● 온통 하얀 모스크에 파란색 장식이 군더더기 없이 깔끔하고 예쁘다. ● 시디 부 사이드의 상징인 파란 대문.

들이 주말 나들이로 즐겨 찾는 곳이라 관광객뿐 아니라 현지인들도 많았다.

튀니지의 산토리니, 시디 부 사이드

유명한 나트Café de Nates 카페는 그리스풍 건물에 아랍식으로 장식되어 이국적인 모습을 더했다. 아랍식 카펫 위에 향긋한 사과 향의 물 담배 연기가 피어오르는 카페에서 바다로 지는 노을을 바라보는 것은 튀니지에서의 낭만을 더한다. 시디 부 사이드 언덕 위에 자리한 또 다른 해변 카페Café Sidi Chabaane 에서 탁 트인 푸른 지중해를 감상하였다. 아름다운 전망을 바라보며 카페에서 느긋하게 앉아있으니 이런 것이 여행의 달콤함이 아닐까 싶다. 튀니지와 모로코 사람들이 민트 티Mint tea를 즐겨 마신다기에 나도 한번 시켜보았다. 녹차를 끓여서 설탕을 약간 넣고 싱싱한 민트 잎을 듬뿍 띄워 내왔다. 민트는 마음을 진정시키는 효과가 있어 여행 내내 즐겨 마셨다.

지중해 도시 하마메트에서 풍경도기

튀니스에서 미니버스인 루와쥬Louages를 타고 남동쪽으로 1시간 정도 내려가면 지중해 연안의 휴양도시인 하마메트Hammamet 가 있다. '카르타고'나 '시디 부 사이드'에서 그림 같은 지중해를 바라보다가 아쉬움이 남아 바닷가 해변을 거닐 수 있는 해변 도시를 찾아 나섰다. 호텔 주인의 적극 추천에 하마메트로 향했다.

하마메트에 내리니 거대한 성채가 바닷가를 끼고 서 있다. 15세기에 만들어졌다는 성채카스바 Kasbah 는 지중해의 작은 섬인 몰타Malta의 기사단이 침입해 왔을 때 이들을 막아낸 역사를 갖고 있다고 한다. 하마메트는 유럽인들에게 인기있는 지중해 휴양 도시로 리조트와 호텔, 카페, 식당 등이 잘 갖추어

● 성채로 둘러싸인 해변의 노천카페. ● 빨강과 파랑의 조화가 재미있는 하마메트 메디나 안의 문.

져 있었다. 성벽 꼭대기에 오르니 수평선이 바라보일 정도로 탁 트인 바다가 내 품 안에 들어왔다. 성벽 사이로 보이는 구시가 건물들은 온통 하얀색이다. 특히 모스크의 하얀 지붕이 파란 바다와 어울려 마치 그림 같다.

성채와 연결된 구시가에는 다양한 쇼핑거리가 이어진 아랍풍의 시장 골목이 있다. 가게들을 기웃거리다 다리가 아파지면 성벽 아래 해변 카페로 가서 테이블을 차지하고 앉아 쉬었다. 꼭 무언가를 봐야한다는 강박 관념에서 자유롭지 못한 나에게 하마메트는 휴식을 선물한 곳이었다. 하얀 포말을 만들어내는 바다의 장난을 즐겁게 바라보며 민트 티와 물 담배를 즐기는 사람들 속에서 어느새 나도 하나의 풍경이 되었다.

여기서 잠깐 몰타 기사단에 대해 알아보자. 몰타 기사단은 1080년에 크리스트교 성지인 예루살렘을 순례하는 사람들을 보호하는 목적으로 결성된 종교 기사단이다. 이들은 13세기 예루살렘이 이슬람 세력에 함락되자 키프로스 왕국으로 근거지를 옮겼고, 14세기 그리스의 로도스 섬을 정복하여

햇빛을 받아 눈부시게 빛나는 흰 모스크와 파란 지중해.

정착했으나 16세기 오스만제국에 의해 추방되었다. 갈 곳 없이 떠돌던 기사단에게 스페인의 카를로스 5세가 스페인령인 몰타 섬에 근거지를 마련해 주었다. 기사단은 이때부터 18세기 후반까지 몰타 섬에 거주하면서 크리스트교를 수호한다는 미명 아래 오스만의 무역을 방해하거나 이슬람의 상선들을 공격했다. 일종의 해적 행위를 한 것이다. 하마메트도 이런 이유로 몰타 기사단의 공격을 받았다. 이렇듯 지중해는 고대 페니키아부터 해상권을 놓고 여러 나라가 서로 사활을 걸었던 치열한 삶의 현장이었다. 비록 여행자의 눈에는 아름답고 평화롭게만 보이지만 말이다.

　　몰타 기사단은 19세기 로마에 정착하여 인도주의적 · 종교적인 기사단 조직으로 바뀌었으며 1986년 몰타 공화국으로 인정받게 되었다.

지중해의 낭만

시디 부 사이드(Sidi Bou Saïd)

하마메트(Hammamet)

– 가는 방법 : 튀니스 TGM 기차역에서 근교 기차를 타고 35분 정도 걸린다.

– 주요 볼거리 : 지중해를 끼고 있는 아름다운 마을로, 하얀색 집과 푸른색 문이 있는 좁은 골목을 산책하고 지중해의 석양을 감상한다.

– 숙식 : 나트 카페(Café de Nates, Place Sidi Bou Saïd), 시디 샤반느 카페(Café Sidi Chabaane, Rue Sidi Chabaane)는 지중해 해안 절벽을 끼고 있어 테라스에서 보는 전경이 아름답다.

– 메디나에서 북동쪽으로 800m 지점에 있는 파스퇴르 광장(Place Pasteur)에 루아쥬(Louages, 미니버스) 정류장이 있다. 튀니스에서는 1시간 소요.

– 주요 볼거리 : 15세기에 만들어진 성채 카스바(Kasbah)를 둘러본 후 성벽 아래 해변 카페에서 지중해를 감상한다. 성채와 연결된 구시가 아랍 풍의 시장 골목에는 다양한 쇼핑거리가 있다. 메디나 성벽 아래 지중해를 바라볼 수 있는 해변 카페(Café Sidi Bou Hdid)가 인기다.

아프리카 속의 로마와 이슬람

튀니스에서 남서쪽으로 110km 떨어진 두가 Dougga 는 테베르숙 Tebersouk 산맥과 칼드 Kalled 계곡이 펼쳐지는 곳에 위치하는데 로마 도시의 원형이 거의 완전하게 남아있는 것으로 유명하다. 두가는 이미 2~3세기경 5천 명 이상이 살던 대도시였다고 한다. 현재의 두가 신도시 New Dougga 가 세워진 20세기 전반까지 로마인들이 만든 도시에서 사람들이 살았다고 하니 로마가 건설한 도시가 얼마나 튼실하였는지 알 수 있다.

튀니스에서 국영 버스 회사인 신트리 SNTRI 버스를 타고 두가로 갔다. 두가 유적은 신시가에서 3km 더 올라간 언덕 위에 있는데 버스는 신시가 어딘가에 나를 내려주고 먼지 바람을 일으키며 떠나버렸다. 낯선 곳에서 어찌할 바를 몰라 영어를 할 줄 아는 사람을 찾았다.

로마 도시의 흔적이 그대로 남아있는 두가 유적. 로마식 변기에 앉아 모델이 된 사베르. 무대의 기둥까지 남아있는 원형극장.

너무도 친절한 사베르

다행히 프랑스에서 공부를 하다가 방학에 고향집으로 내려온 사베르 Saber를 만났다. 유창한 영어로 선뜻 도와주겠다고 했다. 그리고 나를 사촌 집에 잠시 기다리게 한 다음, 친구에게 자동차까지 빌려 두가 유적지에 데려다 주고 안내까지 해 주었다. 역시 무슬림들은 친절하다. 지금까지 여러 이슬람 나라를 여행하면서 현지인들의 도움을 많이 받았다. 외국 손님들에게 호기심을 갖고 도움을 베푸는 무슬림들에게 고맙다는 말을 전하고 싶다.

두가는 2세기경 세워진 로마 도시인데 3천5백 명의 관중을 수용하는 반원형극장과 21개의 신전, 행정 중심 구역, 대형 목욕탕, 시민들의 거주지 등 도시 원형이 그대로 남아 있다. 대리석이 넓게 깔린 로마의 도로를 지나 행정 중심 구역인 시가 안으로 들어가자 광장처럼 넓은 노예 시장이 나왔다. 지중해를 호수로 바꾸어 버린 거대한 제국 로마는 정복지의 원주민들을 노예로 데려와 자신들을 시중들게 했다. 노예 시장 광장에 서니 쇠사슬에 끌려온 노예들이 주인을 따라 여기저기 뿔뿔이 흩어지는 장면이 떠올랐다. 그들의 고통과 한숨 섞인 비탄의 소리가 바람에 실려 들리는 것 같았다. 노예 시장을 지나 올라가면 두가에서 가장 중요한 '쥬피터 제우스의 신전'이 나온다. 파란 하늘을 배경으로 아름다운 기둥 장식들이 그 위용을 자랑하듯 우뚝 서있다. 이탈리아 로마의 제우스 신전보다 보존 상태는 훨씬 나았다. 왼편으로는 행정 건물들의 거리인 포룸 Forum과 헤라 신전 등 건물의 기둥들이 마치 숲을 이룬 듯 펼쳐졌다.

동쪽에 위치한 로마 극장은 거의 완벽하게 보존되어 있어 해마다 7~8월이면 '두가 페스티벌'이 열린다고 한다. 사베르는 유럽 관광객들도 많이 찾는 유명한 페스티벌이라고 설명하고 내가 여름이 아닌 겨울에 온 것을 아쉬워했다. 나도 아쉬운 마음에 극장의 돌계단에 앉았다. 칼드 계곡의 평원이 한 눈에 들어왔다. 겨울 햇살이지만 따뜻했다.

극장에서 내려와 대형 목욕탕을 지나 언덕 아래 로마 주택가를 지나는데 재미있는 것을 발견하였다. 대리석으로 만든 의자식 변기였다. 바로 옆에는 수로가 흐르고 있었다. 로마식 비데였을까? 사베르는 나를 위해 변기에 앉아 모델이 되었는데 아주 그럴 듯한 자세였다. 당시 세련된 로마 시민들의 도시 생활을 알려 주는 유적이다.

로마의 '라스베가스' 엘 젬의 콜로세움

튀니스에서 동남쪽으로 3시간 30분 거리에 있는 엘 젬 El-Jem 에는 원형을 그대로 간직한 거대한 콜로세움 Colosseum, 원형 경기장 이 있다. 엘 젬에 도착하여 높이 36m, 너비 124m의 3층 건물인 원형경기장의 웅장한 자태를 보고 깜짝 놀랐다. 이렇게 작은 마을에 3천 명을 수용할 수 있는 거대한 경기장이 있다. 엘 젬의 원형경기장은 이탈리아 로마와 베로나에 남아 있는 것과 비교

두가의 헤라신전.

해도 손색이 없을 정도의 거대한 규모를 자랑하고 있다. 그러나 엘 젬은 현재 인구 1만 5천 명이 사는 작은 마을에 불과하다.

페니키아에 의해 세워진 엘 젬은 이후 로마의 지배를 받았다. 원형 경기장은 2세기경 올리브 무역으로 큰 돈을 모은 무역업자들에 의해 세워졌다고 한다. 이곳은 '로마의 라스베가스'로서 검투사의 시합과 다양한 로마 시대 오락거리가 펼쳐졌다. 영화 〈글래디에이터 Gladiator〉는 검투사 노예들의 시합 장면과 당시 로마 시민들의 열광하는 모습을 매우 스펙터클하게 보여준다. 이들 검투사들은 노예 중에서 선발되어 검술 훈련을 받은 후 시합에 올라가면 죽을 때까지 싸워야 한다. 상대를 죽여야만 자신이 살 수 있었다. 뿐만 아니라 사나운 사자들을 가둬두었다가 갑자기 무대 위로 튀어나오게 하여 검투사를 공격하게 하였으니 그들의 운명은 로마 시민들의 오락을 위해 희생되는 것이었다.

원형 경기장의 아치로 된 출입구로 들어가자 1층에 검투사들과 사자들을 가두었던 작은 쪽방들이 남아 있었다. 그곳을 지날 때 사자의 으르렁거리는 소리와 검투사들의 기합 소리가 귓전에 맴도는 듯했다. 영상의 힘일까, 시합을 앞둔 검투사와 사자 간의 긴장감이 감도는 그 순간이 느껴졌다. 2, 3층으로 올라가 대리석 돌 의자에 앉았다. 관중석을 꽉 채운 로마 시민들은 사

엘 젬 원형경기장 내부.

자와 검투사의 대결에 흥분하며 함성과 환호를 보냈을 것이다. 우리가 영화를 보며 느꼈던 스펙터클을 그들은 일상적으로 즐기고 느꼈으리라.

이슬람의 성지, 카이루완

튀니스에서 남쪽으로 두 시간 거리에 위치한 카이루완Kairouan은 튀니지에서 가장 이슬람 분위기가 진한 곳이다. 그도 그럴 것이 670년 아랍 부족이 아프리카에 진출하여 처음 세운 도시이자, 125개의 모스크와 성자들의 무덤이 많아 이슬람교의 4대 성지 중 하나로 꼽힌다. 튀니지의 북쪽이나 지중해 연안의 도시 대부분은 로마 문화의 영향이 많이 남아있지만 카이루완은 확실히 그 분위기가 달랐다.

카이루완으로 가는 길에 겨울비가 내렸다. 촉촉하게 젖은 아랍식 성채로 둘러싸인 메디나에는 수크 시장와 모스크들이 모여 있고 아랍인들이 이슬람 공동체를 이루며 살던 모습이 남아있었다. 먼저 '낙타 모스크'라고 불리는 비르 바로우타 Bir Brouta로 향했다. 낙타 눈을 가린 채 우물 물을 끌어올렸다고 해서 낙타 모스크라 하는데, 이곳의 우물은 무함마드가 태어난 메카Mecca와 연결되어 있다고 해서 성수로 여겨진다. 사람들이 모이면 낙타는 눈이 안 보이는 채로 둥글게 원을 그리며 걷는다. 낙타의 힘을 이용해 깊은 우물 속의 물을 끌어 올리는 것이다. 이슬람교도들에게는 아주 의미 깊은 곳이어서 성지 순례를 오는 사람들이 많았다.

그랑드 모스케 Grande Mosquée = Grand Mosque는 메디나의 북동쪽 한 쪽 모서리에 위치하는데 9세기경 성채와 같은 형태로 지어진 것이 특징이다. 넓은 정원은 거대한 대리석 바닥이 깔려 있고 정원 중앙에는 빗물을 저장할 수 있는 구멍을 내어놓았다. 한편에는 기도 방향을 알려주는 이슬람교의 성지, 메카의 방향을 표시하는 돌이 서있다. 모스크 예배당과 회랑은 4백 개의 대리석 기둥이 숲을 이루고 있다. 코린트 양식의 기둥 열주들이 늘어서 있는 것을 보면 로마와 비잔티움 양식의 건물에서 가져와 건축한 것임을 알 수 있었다.

메디나 외곽의 '이발사 모스크'로 알려진 자오이아 시디 사하브_{Zaouia Sidi Sahab}는 17세기 건축으로 아라베스크 문양을 다양한 색채의 타일 장식으로 표현하여 외관이 매우 아름다웠다. 이 모스크는 성자의 수염을 가져온 '아부 자마 엘 벨라오위'_{Abu Zama el-Belaoui}의 무덤이 있는 곳이다. 이렇듯 카이루완은 발길 닿는 곳마다 모스크와 성자의 무덤을 만나게 되니 과연 성지다운 면모이다.

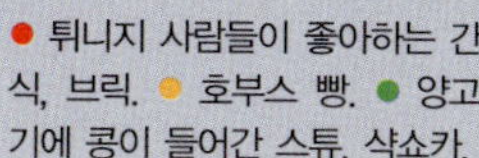

카이루완에서는 이슬람식 음식을 맛볼 수 있었다. 브릭(brig)은 얇은 전병 안에 야채, 치즈, 계란을 넣고 반으로 접어 튀긴 것인데 튀니지 사람들이 즐겨 먹는 간식이다. 샥쇼카(chakchoka)는 양고기와 콩이 들어간 스튜로 호부스 빵(아랍지역에서 주식으로 먹는 빵)을 찍어 먹기 알맞다. 또 하리싸(Harissa)는 우리나라의 고추장 같이 매운 고춧가루 소스로, 역시 튀니지 사람들이 즐겨 빵을 찍어 먹는 소스이다. 여행 중 우리나라 음식이 그리울 때마다 식당에서 매콤한 하리싸를 주문해 느끼한 속을 달랬다.

● 튀니지 사람들이 좋아하는 간식, 브릭. ● 호부스 빵. ● 양고기에 콩이 들어간 스튜, 샥쇼카.

●메디나의 재래시장 수크. ● 카페에서 물 담배를 피우는 사람들.●● 자오이아 시디 사하브의 성자 무덤과 돔 장식. ● 수크의 가게들.

● 이발사 모스크라고 불리는 자오이아 시디 사하브의 회랑 ● ● 낙타 모스크 안의 우물과 물을 긷던 낙타 모형.

두가(Dougga)

*가는 방법

튀니스 남서쪽 테베르숙(Tebersouk) 산맥과 가깝다. 튀니스와 르 케프에서 신트리(SNTRI)나 루아쥬 버스로 2시간 거리. 뉴 두가(New Dougga)에 내리면 두가 유적까지 3km 걸린다. 걷거나 택시를 이용. 두가 유적에는 숙박할 곳이 없으니 당일치기로 다녀오는 것이 좋다.

*주요 볼거리

로마 유적은 시민들 거주지와 행정 중심지역으로 구분된다. 거주지에는 수로와 열탕 시설을 갖춘 대형 목욕탕을 비롯한 주택 단지가, 행정 중심지역에는 노예 시장 광장, 쥬피터(제우스)의 신전, 반원형극장 등이 남아 있다.

엘 젬(El-Jem)

* 가는 방법

* **버스** : 루아쥬 정류장은 원형경기장 박물관 근처에 있다. 스팍스(Sfax) 1시간, 수스(Sousses) 1시간 30분.
* **기차** : 스팍스(Sfax) 1시간, 수스(Sousses) 1시간.

*주요 볼거리

동부 지방의 수스와 스팍스 중간에 있는 작은 마을이지만 아프리카 최대 규모의 로마 원형경기장이 남아 있어 유명한 곳이다. 로마와 베로나의 원형경기장과 비교해도 손색이 없는 규모이다.

• 엘 젬 국제 교향악축제 : www.festivaleljem.com 7월 중순부터 8월 중순까지 엘 젬 원형경기장에서 국제 교향악 축제가 열린다.

*숙박

• **오텔 쥘리위스(Hôtel Julius)** : 전화 73-690-044, 싱글 13~16 / 더블 17~26 $. 엘젬의 유일한 호텔. 기차역 바로 오른쪽이며, 방에서 원형경기장이 보인다.

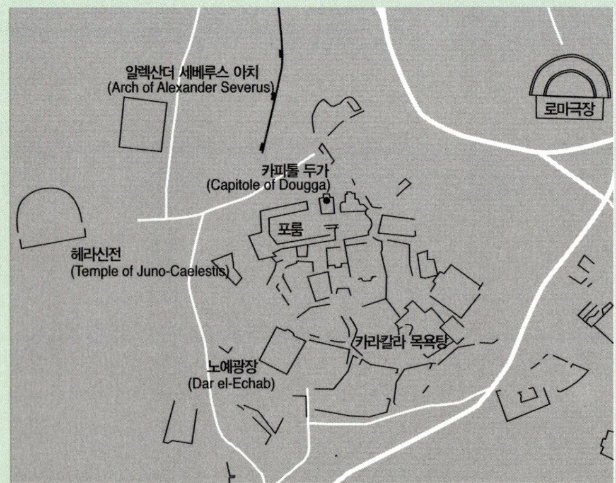

두가 유적지

*가는 방법

- **신트리(SNTRI) 버스 :** 튀니스 3시간. 토제르(Tozeur) 4시간 30분, 수스 2시간 30분, 스팍스 3시간, 두즈(Douz) 7시간, 가베스(Gabès) 4시간 15분, 갑사(Gafsa) 3시간.
- 루아쥬는 수스, 스팍스, 튀니스, 하마메트 등의 도시를 수시로 운행한다.

*주요 볼거리

- **메디나 안 :** 비르 바로우타(Bir Brouta)에서 메카와 연결되었다고 믿는 성수(물)를 낙타가 끌어 올리는 모습을 볼 수 있다. 근처에 수크(시장)와 9세기에 만들어진 세 개의 문 모스크(Mosque of the Three Doors)가 있다.
- **그랑드 모스케(Grande Mosquée = Grand Mosque) :** 모스크 예배당과 회랑은 400개의 대리석 기둥이 숲을 이루고 있는 것이 특징인데, 로마의 것을 활용한 것이다.

*주변 볼거리

- **자오이아 시디 사하브(Zaouia Sidi Sahab) :** '이발사 모스크'로 알려진 곳. 17세기 건축으로 아라베스크 문양 타일 장식이 아름답다.

*숙식

- **오텔 사브라(Hôtel Sabra) :** Place des Martyrs, 전화 77-230-263, 1인 10 TD. 카이루완 메디나로 들어가는 입구 앞에 있으며 방에서 메디나 성벽을 한눈에 조망할 수 있다.
- **오텔 메네마(Hôtel Menema) :** rue Moez ibn Badiss, 전화 77-226-182, 욕실 없는 방 10/욕실 있는 방 20TD, 아침 포함.
- **사브라 식당(Restaurant Sabra) :** Ave de la République, 전화 77-235-095. 튀니지 전통음식인 브릭(brig)과 샥쇼카(chakchoka)를 저렴하게 먹을 수 있다.

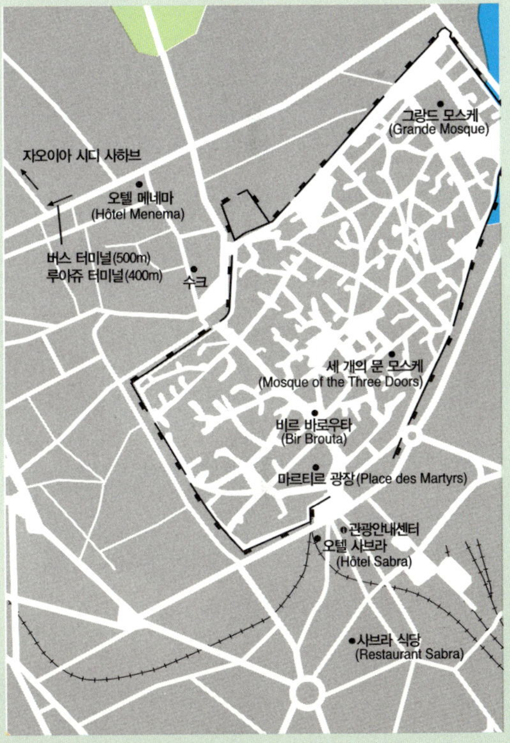

황금빛 사하라 **사막**과 **오아시스**

토제르

두즈

마트마타

사하라 사막이 시작되다

　　카이루완에서 남서쪽으로 3시간 더 내려가면 사하라 사막의 길목인 오아시스 도시 토제르Tozeur가 있다. 황량하고 메마른 사막 지역을 달리다 싱그러운 야자수가 보이기 시작하니 '아! 이제 살았구나!' 하고 안심이 되었다. 사하라 사막을 건너온 상인들의 마음도 아마 나와 같았으리라. 타는 듯한 모래사막 끝에 만난 녹색은 생명과 같은 물을 마시며 쉴 수 있다는 안도감과 행복감을 불어 넣어 주었다. 토제르는 오아시스의 달콤함을 안겨준 곳이다. 낙타 상인들의 길목으로 로마시대부터 전초 기지로 중요하게 여겨졌던 곳이다.

　　토제르 시내 중심에는 오아시스를 상징하는 원형 탑이 세워져 있다. 도자기 타일로 장식한 원형의 탑 위로 생명의 상징인 작은 물줄기가 졸졸 흐르고 있다. 토제르에도 구시가인 메디나가 있는데 주거지와 시장, 기념품 가게들이 모여 있었다. 좁은 골목길의 가게들은 갤러리처럼 물건들을 전시해 놓았는데, 오아시스 수로와 집을 그린 그림부터 전통 인형, 카펫, 못 장식이 들어간 나무 문, 푸른색 도자기, 다양한 전등갓 등 볼거리가 풍성했다.

카림 호텔Hotel Karim은 건물 외벽과 내부가 모두 도자기 타일로 장식되어 있고 작은 정원이 아름다웠다. 특히 2층 방에서 거리를 내다보면 오아시스 수로가 흐르는 주변으로 야자수가 늘어서 있는 모습이 보여 더욱 좋았다. 저렴한 가격으로 좋은 전망의 예쁜 건물에서 묵으니 천국에 온 듯한 느낌이었다.

밤에 더 아름다운 다르 차라이트 박물관

토제르 시내 중심에서 서쪽으로 1km 떨어진 곳에 다르 차라이트 박물관Museum Dar Charait이 있다. 튀니지 각 부족들의 민속의상과 생활양식을 전시한 민속박물관이라고 할 수 있다. 전시실에는 옷과 장신구까지 갖춘 밀랍인형이 당시의 생활 모습을 그대로 재현하고 있었다. 부엌의 향신료와 말린 고추를 매달아 놓은 것에서 아라비아 커피와 주전자까지 여성들의 공간과 남성들이 모여 담소와 서양 장기를 두는 남자들의 방을 볼 수 있었다. 이슬람교는 남녀구별이 엄격하기 때문에 생활공간이 이처럼 나뉘어져 있다. 또한 각 부족들의 화려한 결혼 풍습을 알 수 있는 예복과 장신구들도 전시되어 있었다.

이 박물관은 어둠이 내린 다음 찾는 것이 좋다. 아마 밤 12시까지 문을 여는 박물관은 이곳이 유일하지 않을까. 보통은 오후 5, 6시면 문을 닫기 때문에 쫓기듯이 다니게 마련이다. 그런데 토제르에서는 시간에 전혀 구애받지 않고 늦은 밤까지 마음껏 구경할 수 있어 별세계 같았다. 사막 도시의 밤은 아름다운 조명을 밝혀 빛의 향연을 펼친다. 사막의 무미건조함을 달랠 길

● 메디나안의 오아시스 원형 탑. 사막의 타는 듯한 목마름을 이곳에서 해결할 수 있다. ● 메디나 아치 사이로 카펫과 토산품들 가게가 보인다. ● 토제르의 전통 인형.

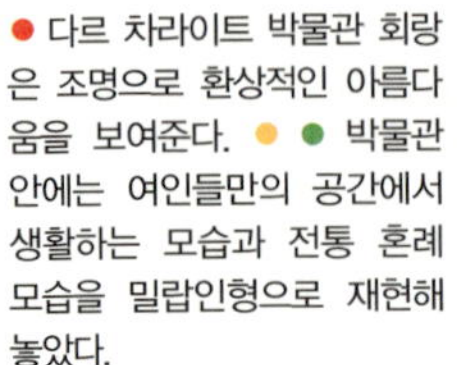

● 다르 차라이트 박물관 회랑은 조명으로 환상적인 아름다움을 보여준다. ● ● ● 박물관 안에는 여인들만의 공간에서 생활하는 모습과 전통 혼례 모습을 밀랍인형으로 재현해 놓았다.

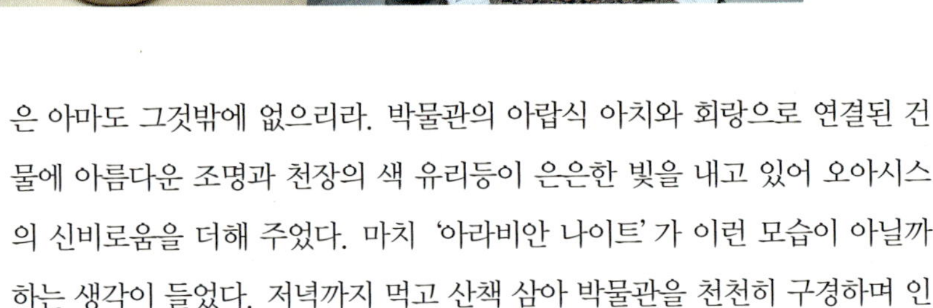

은 아마도 그것밖에 없으리라. 박물관의 아랍식 아치와 회랑으로 연결된 건물에 아름다운 조명과 천장의 색 유리등이 은은한 빛을 내고 있어 오아시스의 신비로움을 더해 주었다. 마치 '아라비안 나이트'가 이런 모습이 아닐까 하는 생각이 들었다. 저녁까지 먹고 산책 삼아 박물관을 천천히 구경하며 인상적인 오아시스의 밤을 보냈다.

양을 제물로 바치는 '이들 아드하'

토제르에 도착한 다음 계획은 토제르 주변 마을과 협곡인 '옹 제멜' Ong Jemel 지역을 돌아보는 것이었다. 이곳은 톡특한 자연 지형으로 영화 〈스타워즈 Star Wars〉와 〈잉글리쉬 페이션트 The English Patient〉를 촬영한 곳이다. 그런데 도착한 다음날이 1월 10일, 이슬람력으로 12월 10일인 '이들 아드하' Eid al Adha 의식의 날이었다. 이날은 전국적으로 양을 제물로 바치는 날로 이슬람 명절과 같았다. 이 때문에 여행사는 물론이고 버스, 가게까지 영업을 하지 않았다. 결국 나는 하루종일 발이 묶여 버렸다. 작은 마을인 토제르에는 특별한 일도 없고 카림 호텔도 조용하긴 마찬가지였다. 호텔 직원인 아멧이 하루 종일 심심할 테니 자신의 집으로 함께 가자고 했다. 나는 눈이 번쩍 뜨였다. '이들 아드하' 의식을 볼 수도 있을 테고, 현지인들의 삶과 문화를 조금이나마 이해할 수 있는 기회이니 더 말해 무엇하겠나.

아멧과 함께 찾아간 집은 토제르에서 20분 정도 떨어진 곳인데, 어머니, 형님 부부, 남동생, 여동생이 함께 살고 있었다. 모두들 나를 반갑게 맞이해 주었다. 아멧의 집은 희생될 양을 직접 키우고 있었는데 오늘 희생될 양은 따로 묶어 두었다. 양을 쳐다보는데 왠지 안쓰러웠다. 그런데 양우리에서 애기 울음 비슷한 소리가 나더니 집안 식구들이 모여 웅성거렸다. 새끼양이 태어난 것이다. 한쪽에서는 태반이 묻어 잘 걷지도 못하는 새끼양과 또 한 쪽에선 희생될 양이 있으니 참 아이러니한 상황이었다.

텔레비전에서는 의식 장면이 전국으로 생중계되고 있었고, 아멧은 아침 9시를 전후하여 양을 희생시킬 거라고 했다. 아멧의 형과 남동생은 의식을 준비했다. 나는 이 과정을 비디오카메라에 모두 담았다. 먼저 마당 한 가운데 향을 피우고 메카를 향해 절을 한 다음 양에게 고통을 주지 않기 위해 급소를 한 번에 칼로 베었다. 공포 영화도 잘 못보는 내가 어디서 그런 강단이 나와 촬영을 했는지 모르겠다.

'이들 아드하'는 예언자 아브라함의 전통에 따라 어린 양을 희생시켜

신의 제단에 바치는 의식이다. 부유한 사람들은 여러 마리 양을 잡아 가난한 사람들에게 나눠주는데 이로써 이슬람 공동체 의식이 형성되었다. 지금은 1 년에 한번 농촌 경제를 도와주기 위해 전국적으로 1가구당 한 마리씩 양을 희 생하는 의식으로 발전하였다고 한다. 이를테면 '아랍식 추곡 수매' 로 어려운 농촌 경제를 살리는 식이다. 이날 전국적으로 희생당하는 양의 수만도 엄청 나 양을 키우는 농가는 소득을 올릴 수 있으니 일석이조인 셈이다.

아멧의 남자 형제들은 양털을 벗겨내는 작업을 하기 시작했다. 양의 머리를 베어낸 후 다리 부분에 칼집을 내 풍선 불듯이 바람을 불어넣으니 몸 이 부풀어 올랐다. 그런 다음 칼로 양털을 벗겨내는데 솜씨가 기가 막혔다. 유목민의 후예인 만큼 그들만의 기술이 전수되는 것 같았다. 더 놀라운 광경 은 피 한 방울 흘리지 않고 내장과 살코기를 분리하고 아주 깨끗하게 잘라내 는 모습이었다.

여자들은 마당 한쪽에 숯을 피워 깨끗하게 다듬은 양고기와 내장을 바쁘게 구워내고 있었다. 구운 고기는 향신료가 들어간 소금에 찍어서 먹었 다. 내게도 한 접시를 주었는데 썩 내키지 않았지만 호의를 거절하면 안될 것 같아 먹어 보았다. 그런데 이게 어찌된 일인가! 양고기의 누린내가 전혀 없고 너무 맛있었다. 이제까지 마음속으로 죽은 양에게 미안했는데 이렇게 맛있다 니 나도 별 수 없는 인간이었던 것이다. 먹으면서 부끄러워졌다. 사막에서 살 아왔던 그들에게 양고기야말로 신성한 양식이었을 것이다. 농경 생활이 어려운 땅에 살고 있는 그들에게 양은 중 요한 식량 공급원이었다.

중요한 의식을 생전 처음 보는 외국인에게 보여줬던 아멧과 그 가족들의 친절한 마음이 고마웠다. 나는 한국에서 가져간 '누룽지' 사탕 한 봉지를 가족들에게 내밀었다. 아멧의 조카들이 특히 좋아했고 가족들은 서로 하나씩 입에 넣어주느라 바빴다. 가족들이 모두 오물오물 녹여먹으면서 맛있다고 하는 모습을 보니 정말 사람 사는 것 같은 훈훈한 정이 느껴졌다. 아멧의 가족 덕분에 튀니지를 추억하면 따뜻한 마음을 가진 사람들이 떠오른다.

의식과 식사가 끝나자 아멧은 가족이 운영하는 대추 야자 농장인 팔메라이Palmeraie를 구경시켜 주었다. 토제르에 처음 도착했을 때 보았던 야자수가 큰 농장을 이루고 있었다. 그는 가족 농장을 아주 자랑스러워했다. 수로로 물을 끌어와서 키우는 대추 야자나무는 아멧 가족의 든든한 희망이었다. 환경의 어려움을 극복하고 오아시스를 일구며 살아왔던 사람들의 삶을 가까이 느낄 수 있었던 순간이었다.

● 아멧의 가족. ● '이들 아드하' 의식 때 희생될 양. ●● 남자들은 잡은 양털을 벗겨내 고기와 내장을 다듬고, 여인들이 구워냈다.

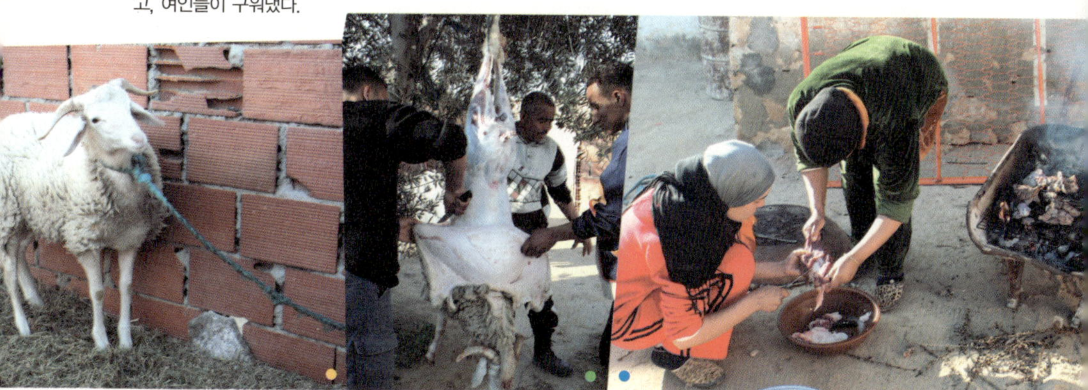

꿈꾸는 자만이 오아시스를 발견할 수 있다

아드하 의식이 끝난 다음날도 여행자들은 모이지 않았다. 차가 운행되지 않은 여파가 며칠은 가는 모양이었다. 할 수 없이 나는 우리 돈으로 약 10만 원 정도를 내고 혼자서 사륜 구동차Jeep 투어를 가게 되었다. 토제르 근교에 있는 작은 오아시스 마을과 협곡, 사막을 가게 되는데, 이렇게 오지로 갈 때는 여러 명이서 함께 가는 것이 좋다. 경제적으로도 그렇고, 혹시 있을 위험 상황에서 서로 도움을 줄 수 있기 때문이다. 그러나 어쩔 수 없는 상황이라 혼자 떠나게 되었다.

지프로 오아시스 투어를 하다

맨 처음 토제르를 떠나 황량한 벌판을 지나 북쪽으로 20km 떨어진 오아시스 마을인 쉐비카Chebika에 도착하였다. 녹색의 야자수가 자라는 이곳은 옛날부터 베르베르인들이 살던 주거지로 성채와 함께 오아시스 수로가 남아 있었다. 이렇게 사막 지역에 물이 폭포수가 되어 흐르는 것이 놀라웠다. 바위 절벽 속의 동굴에서 작은 샘물이 솟는데 그것이 흘러 경사진 곳을 만나 폭포가 된 것이다. 이 물이 새어나가지 않게 수로를 만들고 마을까지 끌어왔으니 당시의 관개 시설이 상당히 발달하였음을 알 수 있었다. '사막의 오아시스'를 보고 새삼 물의 고마움을 깨달았다. 옛 성채 꼭대기에 오르자 야자수가 자라는 곳만 녹색이고 그 주변은 삭막한 황토색이었다. 야자수가 자라는 곳이 바로 수로가 흘러가는 곳임을 확인할 수 있었다.

쉐비카에서 또 다른 오아시스 마을인 타메르자Tamerza로 가는 길은 '하이 아틀라스 산맥'의 파노라마 같은 풍경이 펼쳐진다. 나무라고는 거의 찾아볼 수 없는 봉우리를 굽이굽이 돌아 올라가는 중간 전망대에서 뜻밖의 광경과 만났다. 거대한 암석의 협곡 사이에 거대한 폭포 줄기가 하얀 포말을 일으키며 지상으로 내리 꽂고 있었다. 물이라고는 전혀 찾아볼 수 없는 황량한 이곳에서 갑자기 만난 폭포는 자연의 신비함을 느끼게 했다.

거대한 협곡 마을, 미데스

타메르자에서 튀니지와 이웃한 알제리 국경 쪽으로 더 올라가면 미국의 그랜드 캐년과 같은 단애 절벽으로 유명한 마을 미데스Mides가 나온다. 마치 부드러운 모카 케이크를 자른 듯 층마다 다른 절벽의 모습이 절경을 이루고 있었다. 어쩌면 이렇게 서로 다른 흙과 돌이 켜켜이 쌓여 거대한 조각품을

● 타메르자의 폭포. ● 쉐비카 오아시스의 수원지. 동굴 안에서 샘이 솟는다.

만들어낸 것인지 놀라웠다. 아무리 유명한 조각가라 하더라도 자연이 빚어낸 예술품보다 더 나을 수는 없을 것 같다. 발아래의 까마득한 절벽을 내려다보며 새가 되어 날고 싶은 생각이 들었다. 새처럼 자유롭게 협곡의 구석구석을 날아가 달라지는 풍경을 마음에 담고 싶었다. 계곡 주변에서는 '사하라 로즈' 라고 하는 장미 모양의 돌 장식을 파는데 이것은 사하라 사막의 모래가 굳어 돌이 된 것이라 한다. 아마도 오랜 세월 사막의 모래 바람을 견딘 끝에 이런 아름다운 장미꽃 모양의 결정체가 만들어진 것 같다.

영화 스타워즈의 탄생지, 옹 제멜

미데스에서 토제르로 돌아오는 길에 영화 〈스타워즈〉와 〈잉글리쉬 페이션트〉를 촬영했던 옹 즈멜Ong Jemel에 들렀다. 토제르에서는 북쪽으로 30km 떨어져 옹 즈멜의 입구 표지판을 지나치자 갑자기 아스팔트길이 끝나면서 모래 언덕의 사막이 시작되었다. 이제야 사륜 구동차의 진면목을 발휘

● 메디스 협곡. 오랜 세월 만들어진 듯 층층이 쌓여있다. ● 무채색뿐인 사막에서 여러 색상의 스카프가 더욱 화려하다. ● 숏가르사 전망대와 소금 사막. 하얗게 보이는 것이 소금이다. ● 영화 〈스타워즈〉의 촬영 세트가 그대로 남아 사람들을 불러 모은다.

● 사막 한가운데 화려한 조명을 밝힌 합시 호텔. 베르베르인들이 관람객들을 맞고 있다. ● 베르베르 여인들의 베틀짜는 모습. ● 이슬람 전통 춤인 밸리댄스.

할 수 있는 짜릿한 순간이 왔다.

　　운전기사는 내가 놀라는 것이 재미있는 양, 모래 언덕을 향해 미친 듯이 질주하여 꼭대기에서 미끄럼타듯이 내려왔다. 모래 언덕의 급경사 때문에 자동차가 앞으로 쏠려 꼭 뒤집힐 것 같은데도 불구하고 차는 잘도 내려왔다. 비명이 절로 터져 나왔다. 옹 제멜은 바로 이런 스릴과 쾌감을 느낄 수 있어 여행객들의 인기를 모으는 것 같았다. 자동차가 움직이는 대로 몇 번 구르고 나니 스트레스가 확 날아가는 기분이었다. 사막이어도 모래 언덕이 높아야 이런 급경사를 이루어 투어의 재미를 더하니 옹 제멜은 그런 점에서 최적의 조건을 가진 곳이라 하겠다.

　　여러 모래 언덕을 넘어 가니 숏 가르사 Chott Garsa 를 볼 수 있는 전망대가 나왔다. 숏 가르사의 숏 Chott 은 '제방, 둑길'이라는 프랑스어에서 유래한 것으로, 소금기가 있는 호수가 말라 사막화된 곳이었다. 사막의 모래 위에 눈이 온 듯 하얀 소금 결정체들이 얇게 깔려 있는 모습이 매우 이색적이었다. 튀니지는 작은 나라이지만 아름다운 지중해와 사막, 오아시스 마을, 단애협곡에 소금 사막까지 볼수록 매력적인 곳이었다.

다시 모래 언덕을 넘어가니 기대했던 〈스타워즈〉의 세트장이 모습을 드러냈다. 둥근 지붕의 집들, 다양한 모양의 탑, 우주선 모형들이 늘어서 있어 외계인들의 기지 같은 분위기이다. 조지 루카스 감독은 사막의 여러 지역을 답사하다가 튀니지의 특이한 지형이 맘에 들어 영화촬영지로 정했다고 한다. 튀니지는 영화 촬영장을 제공한 덕에 많은 관광객을 유치할 수 있었으니 문화 산업의 위력을 다시 한 번 실감하게 된다.

사막의 밤 하늘 아래 베르베르 전통춤을

토제르의 또 하나 볼거리는 사막 위에 세워진 합시 호텔 Hotel Hafsi의 베르베르족 전통춤 공연 Planet Oasis Tozeur이다. 여행사를 통해 공연 티켓을 사면 호텔 측에서 치량을 보내준다. 나는 공연 티켓을 산 다음 차를 타고 합시 호텔로 향했다. 토제르 시내를 벗어나 사막 한가운데 위치한 호텔 앞에 도착하니 검은 두건을 쓰고 말을 탄 베르베르인들이 호위하듯 서있다.

야자수에 화려한 조명으로 장식한 길을 따라 환영 음악을 연주하는 사람들이 늘어서 있다. 이들을 지나 안내받은 이동식 천막으로 들어갔다. 베르베르족 여인들이 자신들의 생활 양식을 재연해 보여주고 있었다. 실을 잣고, 카펫을 짜고, 빵을 굽고 야자 잎을 엮어 바구니를 만드는 모습은 베르베르족 일상의 단면이었다. 이어 호텔의 안내자는 모래사막 위에 커다란 장작을 쌓아 불을 피워놓은 곳으로 관람객들을 불러 모았다. 전통춤 공연 전에 베르베르족의 마상 쇼가 벌어졌다. 말을 타고 보여주는 여러 묘기는 그들의 용맹함을 보여주기에 충분하였다.

사막의 밤하늘 아래 흥겨운 북 장단에 맞춰 벌어지는 공연이 끝난 후 거대한 천막 안에서 저녁식사를 하면서 전통 음악과 춤 공연을 보았다. 음식은 타보나 tabouna라고 하는 베르베르인들이 즐겨먹는 납작한 빵과 함께 스프가 나오고 계란이 들어간 브릭 brig을 먹고 나니 주 요리인 쿠스쿠스 couscous가 나왔다. 지중해 지역의 대표적인 아랍 음식으로 고기와 야채, 좁쌀을 함께 넣어 만든 것이다. 맛은 괜찮지만 좁쌀이 까끌까끌해 목으로 부드럽게 넘어가지 않았다. 디저트로는 도너츠와 오렌지, 다트 대추야자 열매가 나왔다.

식사 도중에 전통음악과 노래가 연주되었다. 긴 총을 들고 춤추는 사람, 항아리를 계속 쌓아 머리에 이고 춤추는 묘기, 병을 머리에 이고 춤추는

모습, 요란한 구슬이 달린 옷을 입고 밸리 댄스를 추는 여인들의 공연이 이어
졌고 마지막에는 손님들과 함께 어우러져 함께 춤을 추며 사막의 오아시스에
서 펼쳐지는 공연은 끝이 났다.

옛날 사하라 사막을 횡단하는 낙타 상인들은 오아시스 마을에서 이렇
게 휴식을 취하며 쉬었을 것이다. 사막에서의 달콤한 휴식이 바로 이런 것 아
니었을까, 덕분에 잊을 수 없는 오아시스에서의 인상적인 밤을 보내게 되었다,

토제르(Tozeur)

◎ 가는 방법

*** 버스**

- **신트리(SINTRI) 버스** : 튀니스 7시간, 카이루완 (Kairouan), 4시간 30분, 갑사(Gafsa), 1시간 30분, 수스(Sousse), 5시간 45분.
- **지역 버스** : 두즈(Douz) 3시간 30분, 가베스 (Gabès), 4시간 30분.
- **루아쥬** : 네프타(Nefta) 30분, 가베스 3시간 30분, 튀니스 7시간.

◎ 주요 볼거리

- **다르 차라이트 박물관(Museum Dar Charait)** : 튀니지 각 부족들의 민속의상과 생활 양식을 볼 수 있는 곳으로, 밤에는 조명이 비춰 야 경이 아름답다.
- **구시가(Ouled el-Hadef)** : 좁은 골목의 갤러 리 같은 분위기의 가게들은 구경만 해도 즐겁다.

◎ 주변 볼거리

- 토제르 근교 투어를 이용하면 오아시스 마을 쉐비카 (Chebika), 타메르자(Tamerza)의 수로와 폭포, 거 대한 협곡 마을 미데스(Mides), 영화 〈스타워즈〉의 탄생지인 옹 제멜(Ong Jemel)의 세트장을 돌아 볼 수 있다.
- Planet Oasis Tozeur (www.planet-oasis.com) : 베르베르족의 전통 식사는 물론 음 악과 춤 공연을 함께 볼 수 있는 곳. 여행사에서 저 녁 식사가 포함된 티켓을 구입하면 된다. 전화 76-460-310.

◎ 숙박

- **오텔 레지던스 카림(Hôtel Résidence Karim)** : 150 ave Abdulkacem Chebbi, 전화 76-454-574 싱글 15/더블 26TD. 마차 (Caleche) 정류장 건너편에 위치하며 타일 장식 과 정원이 아름답고, 옥상 테라스에서 팔메라이(대 추 야자 농장)가 보여 전망이 좋다.
- **레지던스 와르다(Résidence Warda)** : 29 ave Abdulkacem Chebbi, 전화 76-452-597, 싱글 18.5/더블 28.5TD. 도심 가까이에 위 치하며 정원이 있다. 무엇보다 친절하다.

황금 모래의 물결 두즈

두즈Douz는 사하라 사막의 일부인 그랑떼르그 오리엔탈Grand Erg Oriental의 끝부분에 있는 오아시스 마을이다. 그랑떼르그 오리엔탈은 '큰 모래 바다'라 이름 붙은 곳으로 황금 모래의 물결과 신비로운 그림자가 조화를 이루는 사막이다. 두즈는 바로 이 신비로운 사막 투어가 시작되는 곳으로 여행자들이 많이 모인다. 매년 11월에는 '사하라 페스티벌' 축제가 열리는데 전통적인 사막의 스포츠와 형형색색의 전통의상과 음악의 퍼레이드 등이 볼만하다고 한다. 하지만 방학 때만 여행할 수 있는 나에게 이런 축제는 늘 희망 사항에 불과했다.

베르베르족의 목요 시장

　　토제르에서 동남쪽으로 1시간 30분 거리에 있는 두즈는 그랑떼르그 오리엔탈 주변에 살고 있는 베르베르인들이 생활용품을 팔고 사는 목요 시장이 서는 곳으로도 유명하다. 나는 시장을 구경하기 위해 목요일에 맞춰 두즈에 도착하였다. 그러나 ‘이들 아드하’ 의식으로 인해 지난 화요일에 이미 큰 장이 섰기 때문에 이번 목요일에는 장이 서지 않는다는 것이다.

　　목요 시장을 구경하고 두즈에서 하루 묵을 생각으로 호텔 숙박을 예약했지만 취소하고 바로 사하라 사막 낙타 투어를 가기로 하였다. 사막 낙타 투어를 가기 전 남은 시간에 두즈 광장 주변의 시장을 둘러보았다. 시장이 크지는 않지만 베르베르족의 카펫 가게나 양털로 만든 전통 의상, 여러 장신구들, 가죽으로 만든 신발, 색유리가 들어간 전등갓 등 물건들이 다양했다.

● 두즈의 전통시장, 수크. ● 두즈에서 만난 사람들.

낙타의 느릿한 걸음에 몸을 맡기고 사하라 사막을 걷다

한산한 목요 시장을 둘러본 다음 오후 3시, 사하라 사막 1박 2일 투어를 위해 출발했다. 여행사 직원은 두즈 마을이 끝나는 지점에 위치한 사하라 페스티벌 축제장에 나를 내려주었다. 그곳에서 낙타를 모는 낙타꾼을 만나 1박 2일 동안 필요한 생수, 음식 재료, 조리 도구, 텐트, 침낭 등을 낙타 등에 모두 옮겨 실었다. 역시 '이들 아드하' 때문에 사막 투어를 하는 여행자는 달랑 나 혼자였다.

낙타꾼의 이름은 영어의 카멜 camel과 같았는데, 내가 탄 낙타는 그가 끄는 대로 천천히 사막으로 나아갔다. 사막은 평온하기 그지없었다. 문명의 손길이라고는 어디에도 찾을 수 없는 고요함 그 자체였다. 낙타의 느릿한 움직임에 몸을 맡긴 채 MP3를 통해 들려나오는 피아노 음악을 들으며 사막을 바라보았다. 이전의 황량한 사막과는 다르게 너무도 평온하고 안온한 느낌, 아름다운 자연의 조화, 그런 것이 느껴졌다. 바쁘게만 살아왔던 내게 사막은 느림의 미학을 알려 주는 듯했다. 사막을 여행하는 중에는 걱정이나 근심 모두 내려놓고 홀가분하게 자연을 만날 수 있었다.

5시가 넘자 해넘이가 시작되었다. 바람에 의해 만들어진 모래 위의 물결이 오렌지 빛으로 물들어갔다. 이제 두즈 마을의 그림자도 보이지 않았다. 사막 한가운데로 들어온 것이다. 6시가 가까워지자 해가 저물어 하늘은 보랏빛과 푸른빛이 감돌았다. 카멜의 손길은 부쩍 바빠졌다. 낙타가 도망가지 못하게 다리를 묶어 두고 죽은 나뭇가지를 꺾어 땔감을 마련하였다. 풀 한포기 자라지 않는 모래밭을 지나 저녁 때는 그나마 바짝 마른 나뭇가지들이 듬성듬성 있는 곳에 자리를 잡은 것이다. 카멜은 텐트를 치고 저녁 준비를 했다. 감자, 양파, 당근을 다듬고 토마토 페이스트를 넣어 마카로니를 만들어 주었

사막의 일출. 검은 모래와 주황빛 구름의 대비가 아름답다.

는데 생각보다 맛있었다. 모닥불 앞에 앉아 민트차를 마시며 캄캄한 하늘을 올려다보았다. 이곳만큼은 내 세상이었다. 아무에게도 방해받지 않는 이 고요함과 한적함이 너무 좋았다.

밤이 깊어가자 기온이 계속 내려가고 몹시 추웠다. 옷을 다 입은 채로 두꺼운 매트리스를 깐 침낭 안에 들어갔다. 추워서 잠을 이루지 못하고 이리저리 뒤척이며 날이 밝기를 기다렸다. 어느새 밖에서 카멜이 아침을 준비하는 소리가 들려왔다. 일어나 텐트 밖으로 나오는 순간 사막의 지평선 위로 피어오르는 주황빛 구름들과 마주쳤다. 구름이 많아 선명하지는 않지만 장관을 이룬 사막의 일출을 만났다.

내가 정신없이 셔터를 누르는 동안에도 카멜은 밀가루 반죽을 열심히

80

바람에 의해 만들어진 모래 위의 물결.

치대어 빵을 굽고 있었다. 불을 피워 재를 만든 다음, 반죽한 것을 잿더미 속에 파묻었다. 신기하게도 밀가루 반죽은 공기 방울을 만들어내더니 구수한 빵으로 익어갔다. 카멜은 구워진 빵에 묻은 재와 모래를 헝겊으로 완전히 털어낸 후 민트 티와 함께 내왔다. 카멜이 만들어준 빵은 그 어떤 비싼 빵보다 더 맛있었다. 아침을 먹은 후 짐을 챙겨 낙타를 타고 두즈 마을로 출발했다. 이제 다시 문명세계로 돌아가는 것이다. 낙타 위에서 멀어져 가는 사막을 돌아보았다.

두즈(Douz)

◎ **가는 방법**

- **신트리(SNTRI) 버스** : 튀니스 8시간, 가베스 (Gabès) 2시간, 스팍스(Sfax) 4시간
- **지역버스** : 토제르(Tozeur) 2시간, 가베스 3시간, 자프란(Zaafrane), 20분.
- 루아쥬는 가베스, 자프란, 케빌리(Kebili), 튀니스 등 의 도시를 수시로 운행한다.

◎ **주요 볼거리**

- 그랑떼르그 오리엔탈(Grand Erg Oriental) 사

막 투어 : 사하라 사막 투어로 두즈의 여행사에서 낙타 또는 4륜 구동차로 사하라 사막을 체험할 수 있다.

- **목요 시장** : 튀니지의 마지막 유목민들의 생활용품 이 거래되는 시장으로 유명하다.

◎ **숙박**

- **오텔 20 마르스(Hôtel 20 Mars)** : rue 20 Mars, 전화 75-470-269, 싱글 11/더블 16TD.
- **오텔 드 라 떵뜨(Hôtel de la Tente)** : rue el-Hounine, fax 75-470-468, 싱글 10/더블 20TD.

◎ **공연**

* **사하라 축제(Sahara Festival)** : 매년 11월 두즈 에서 열린다. 전통 음악과 의상 퍼레이드, 사막 스포 츠 등이 인기 있다.

베르베르족과 스타워즈의 만남 마트마타

두즈로 돌아온 나는 베르베르족의 전통 주거지인 동굴식 집이 남아있는 마트마타 Matmata 에 가기로 했다. 그러나 직행 루와쥬가 없어 합승택시를 탔다. 마트마타는 튀니스에서는 남쪽으로 8시간, 두즈에서는 동쪽으로 3시간 정도 거리이다. 이곳은 베르베르족이 뜨거운 사막의 햇빛을 피해 지하 동굴식 집을 짓고 사는 마을인데, 역시 조지 루카스 감독 덕분에 여행객의 발길이 끊이지 않는 곳이었다.

조지 루카스는 외계인이 살 것 같은 곳을 찾아 여러 지역을 찾아다녔는데 이곳에 와 본 후 바로 결정하였다고 한다. 마트마타의 원추형 봉우리들이 솟아있는 특이한 지형과 베르베르인의 지하 동굴집이 그의 눈을 사로잡은 것이다. 마트마타에서도 가장 유명한 곳은 오텔 시디 드리스 Hôtel Sidi Driss 이다.

<스타 워즈>의 스태프들이 머물며 영화 세트장으로 사용한 곳인데, 암벽을 뚫고 들어가 만들었다. 영화 세트의 한 부분이었던 벽과 문 장식이 지금도 남아 있었다. 호텔의 마당은 지붕 없이 뚫려있어 하늘이 보이지만 식당과 객실이 있는 곳은 자연의 암벽을 뚫어 만들었다. 내가 묵은 방도 동굴처럼 파 들어가 문을 달아놓았다. 그러나 신기하게도 방안이 답답하거나 습기 차지 않고 쾌적하였다. 환경에 적응하며 살아온 베르베르인의 삶의 지혜가 돋보였다.

　　마트마타 인근의 투잔 마을은 베르베르인들이 모여 사는 곳인데, 여기서도 동굴집 내부를 구경하였다. 동굴집은 겉모습과는 달리 내부는 깔끔하게 정리되어 있었다. 침실, 부엌, 카펫을 짜는 여인의 방, 곡물을 저장하는 창고 등 공간 구분이 잘 되어 있었다. 특히 베르베르족의 카펫은 우리가 흔히 보던 아라베스크 문양과 달리 아이가 사막과 낙타, 어린아이 등을 그린 것처럼 순박하게 짜 놓아 자꾸 눈길이 갔다. 결국 낙타와 아이가 있는 방석용 카펫 하나를 사고야 말았다. 베르베르 여인들이 한 올 한 올 색을 맞추며 만든 카펫은 색감이 밝아서 그들의 솜씨가 더욱 돋보였다.

● 베르베르인들의 마을인 투잔의 전경. ● 투잔 기념품 가게.

● 오텔 시디드리스 정문과 카페.　● 오텔 정문.　● 오텔 카페.　● 마트마타에 남아있는 반 지하주택.

마트마타(Matmata)

◎ 가는 방법

* 버스와 루아쥬는 마을 중심에 있다. 루아쥬는 가베스, 신트리(SNTRI) 버스는 튀니스(8시간)를 운행한다.

◎ 주요 볼거리

* 베르베르족의 동굴 주거지 : 베르베르족의 거주지로 1976년 영화 〈스타워즈〉의 배경이 된 곳. 오텔 시디 드리스(Hôtel Sidi Driss)에 머물면서 군데군데 남아 있는 영화 세트장을 둘러본다.

◎ 주변 볼거리

* 마트마타 주변 투잔 마을과 하다다 성채를 돌아보는 반나절 투어를 이용하면 편리하다.

- 투잔(Toujane) 마을 : 마트마타에서 남동쪽으로 23km 떨어진 바위산 중턱의 베르베르족 마을로 전통 주택과 카펫 등의 수공예품을 만날 수 있다.
- 하 다 다 성 채(Ksar haddada) : 곰 라 센 (Ghomrassen) 근처의 성채로 반원형의 아치가 인상적이다. 고대 베르베르족들이 돌과 진흙을 이용하여 동굴식으로 만든 것이다.

◎ 숙박

- 오텔 시디 드리스(Hôtel Sidi Driss) : 전화 75-240-005, 싱글 16/더블 32TD. 영화 〈스타워즈〉 스태프들이 머물며 영화 세트장으로 사용한 곳. 독특한 지하 동굴집으로, 아침이 제공되며 점심, 저녁 식사도 할 수 있다.

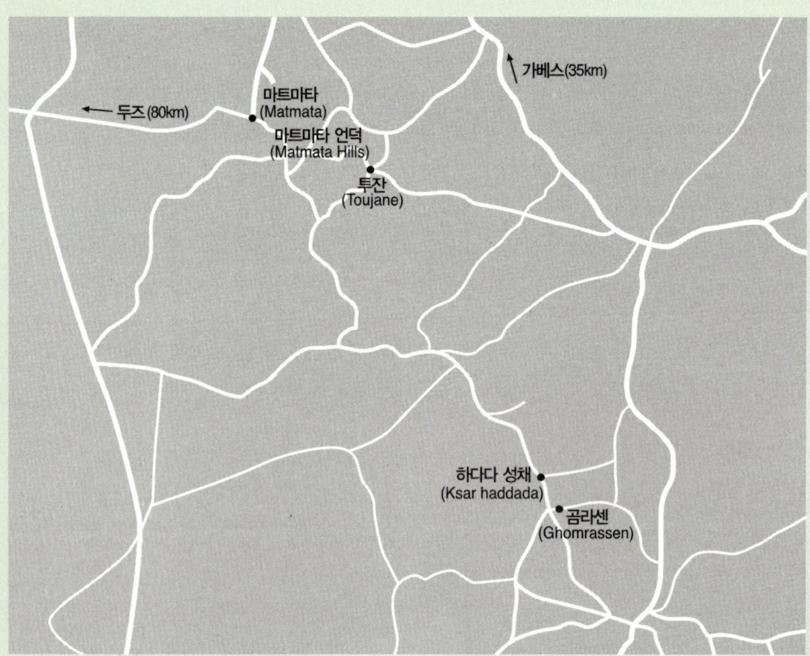

이슬람교의 성립

7세기 초 메카(Mecca)의 상인이었던 무함마드(Mohammed)가 유대교와 이슬람교의 영향을 받아 알라를 유일신으로 하는 이슬람교를 창시하였다. 무함마드는 우상숭배를 철저히 배격하고 신 앞의 모든 인간은 평등한 존재임을 강조하여 민중의 지지를 얻었다. 이슬람교와 크리스트교는 우상 숭배를 거부하고 유일신의 존재, 하나님에 의한 천지 창조와 최후의 심판, 천국과 지옥의 존재, 마리아의 아들 예수의 각종 기적과 복음, 승천을 믿는다. 그러나 이슬람교는 인간의 원죄를 부정하고, 예수는 하나님의 아들이 아닌 선지자이며 무함마드가 최후의 예언자라는 것, 인간은 믿음이 아닌 선(善)의 실천을 통해서 구원 받을 수 있다고 주장하는 것이 다르다.

이슬람의 사회

이슬람은 경전인 '쿠란(Quran)'에 의해 일상생활의 규율이 정해지는 종교 중심의 사회이다. 남녀 차별, 일부다처제, 돼지고기를 금기하는 식생활, 가난한 이에 대한 구제 활동, 일정한 시간마다 행해지는 예배의식(1일 5회), 성지 순례, 단식(1년에 한 달씩 아침 5시부터 오후 5시까지 해있는 동안 금식하는 라마단) 등은 모두 쿠란의 계율에 따른 사회 모습이다.

이슬람에 대한 편견에서 벗어나기

- **한손에는 칼 한손에는 쿠란** : 아랍인들은 성전(지하드)을 통해 이슬람교를 포교하고자 했다. 그리고 전쟁터에서 죽는 것을 명예롭게 생각했다. 그러나 아랍인들은 정복한 민족에게 이슬람교를 강요하기보다 인두세(지하드)를 내면 정복민의 풍습과 종교를 인정해 주는 관용정책을 베풀었다. 서유럽에서 유대인들이 배척당했으나 이슬람 지배하에서 종교와 풍습을 지킬 수 있었던 것이 이를 증명해 주고 있다.

- **일부다처제** : 사막에서 살아가는 아랍인들의 생존 방식이었다. 부족 간의 전쟁이 많았던 이들은 전쟁에서 진 부족의 여성과 아이들, 노약자들을 거두어 돌봐주는 관습이 내려왔다. 그러나 현재는 일부 부유층을 제외하고 일부일처제를 따르고 있다.

- **여성의 노출 불가** : 종교 생활을 독실히 하기 위함이며, 사막의 뜨거운 햇살을 막아 머리와 피부를 보호하는 의미이기도 하다. 특히 여성들의 머리카락은 성욕을 자극한다하여 반드시 히잡(스카프)과 검은 차도르를 입어야만 한다. 이는 아내와 딸을 보호하기 위해 검은 천을 똑같이 뒤집어쓰게 한 것에서 비

롯된 것으로, 요즈음은 외출할 때만 입는 경우가 많다.

– **음주 금기** : 술을 마시면 실수를 하기 때문에 철저히 금기한다. 이슬람 남성들은 물 담배를 즐겨 피운다. 또한 가정을 중요하게 생각하여 가족 중심의 생활이 몸에 배어 있다.

중세시대 찬란한 문명의 꽃을 피운 이슬람 문화

낙타 상인으로 동서 세계를 오가며 활발한 무역활동을 해온 아랍인들은 그리스, 로마, 이란, 인도, 중국 등 세계 각지 문화를 이슬람교라는 체계 속에 잘 녹여 수준 높은 이슬람 문화를 만들어냈다. 이슬람 건축을 대표하는 모스크는 둥근 지붕과 뾰족한 탑을 특징으로 하며, 내부는 아라베스크 문양으로 장식하였다. 아라베스크는 우상 숭배를 금지했던 이슬람교 교리에 따라 인물이나 동물의 조각상 대신 꽃 모양을 닮은 기하학적인 문양으로 빈틈없이 화려하게 장식하는 것을 말한다.

이슬람 문화 중 가장 뛰어난 분야는 자연과학이다. 수학에서 대수와 삼각법이 개발되고 천문학에서 지구 구체설과 1년을 365.242198일로 계산해 당시 유럽의 그레고리우스 달력보다 정확했다. 아라비아 숫자는 오늘날 전 세계인이 사용하고 있다. 연금술사들에 의해 화학적 작용을 발견하게 되었고, 아리스토텔레스 사상의 영향을 받은 '이븐 시나'의 《의학사전》은 17세기까지 유럽 의과대학의 교재로 사용될 정도였다. 이러한 자연과학의 발달은 유럽에 전해져 유럽의 근대 과학 성립에 큰 영향을 끼쳤다.

이슬람 제국의 변천

• **무함마드의 아라비아 반도 통일(632)**
  ↓
• **정통칼리프 시대(632~661)** : 무함마드 사후 그의 후계자(칼리프)를 선출, 성전(지하드)을 통한 이교도 정복을 꾀해 이집트, 북아프리카에 걸친 대제국 건설.
  ↓
• **옴미아드 왕조(661~750)** : 4대 칼리프 알리를 시해하고 무아위야가 다마스쿠스에서 건국, 칼리프를 세습하고 서북인도, 이베리아 반도에 걸친 대제국 건설.
  ↓
• **아바스 왕조(동 칼리프, 750~1258)** : 아바스 가문이 바그다드에서 건국.
  후 옴미아드 왕조(서 칼리프, 756~1031) : 몰락한 옴미아드 왕조의 일족이 이베리아 반도의 코르도바에 건국, 서방 이슬람 문화의 중심으로 발전.

- **9세기 이후 아바스 왕조가 분열하면서 각지의 이슬람 세계는 여러 왕조로 분열.**
  - 파티마 왕조(909~1171) : 카이로 중심으로 이집트와 시리아 지배.
  - 사만 왕조(874~999) : 중앙 아시아에서 건국, 튀르크족의 이슬람화에 기여.
  - 부와이 왕조(932~1055) : 카스피해 남쪽에서 건국.

동이슬람 세계

- **셀주크 튀르크** : 11세기 중앙아시아 유목민인 튀르크족이 바그다드에 입성하여 술탄(군주) 칭호 획득, 12세기 이후 십자군 전쟁으로 약화되어 13세기 몽고에 의해 멸망.
- **오스만 튀르크(1299~1922)** : 튀르크계의 오스만족이 13세기 말 오스만제국 건설, 14세기 말 술탄 칭호를 획득하여 이슬람 세계의 지배자로 등장. 비잔티움제국을 멸망(1453)시킨 이후 서아시아 전체, 북아프리카 해안, 흑해 북안, 코카서스, 유럽의 헝가리, 루마니아에 걸친 대제국 건설.

서이슬람 세계

- **이집트 지역** : 파티마 왕조에 이어 아이유브 왕조(1169~1250), 맘루크 왕조(1250~1517) 발전.
- **북 아프리카** : 베르베르족의 이슬람화, 모로코 지역에 이드리스 왕조(788~11세기), 알모라비드 왕조(11세기~1147), 알모하드 왕조(1130~1269), 메리니드 왕조(13~16세기 중반), 사디안 왕조(16세기 중반~17세기 중반), 알라위테 왕조(17세기 중반~ 현재).
- **이베리아 반도** : 나스르 왕조(1232~1492) 성립, 유럽에 이슬람 문화 영향.

Morocco
모로코

탕헤르
세우타
쉐프샤우엔
페스
라바트
메크네스
카사블랑카
에사위라
마라케시

개방적이고 활기 넘치는 이슬람 도시

라바트

메크네스

모로코 왕국의 수도 라바트

튀니지에서 비행기를 타고 모로코의 카사블랑카로 향했다. 튀니지와 국경을 마주하고 있는 알제리Algeria는 정치적 분쟁이 있어 육로로 통과하는 것이 어려웠다. 모로코는 북 아프리카의 서쪽 끝에 위치하며 북쪽으로 지중해, 서쪽으로 대서양, 동쪽으로는 알제리, 남쪽으로 사하라 사막을 사이에 두고 모리타니아Mauritania와 국경을 마주하고 있다. 또한 지중해와 대서양을 동시에 끼고 있으면서 북쪽에 아름다운 리프 산맥Rif Mountains과 아틀라스 산맥Atlas Mountains 지대, 남쪽에는 서사하라 사막까지 다양한 지형이어서 하루에 눈 쌓인 산악 지대에서 뜨거운 사하라 사막까지 여행할 수 있다. 이 때문에 등산, 캠핑, 트레킹, 스키, 서핑, 래프팅, 승마, 사막 투어와 문화유산을 함께 보려는 여행객들의 발길이 끊이지 않는다.

　　모로코는 튀니지와 마찬가지로 북아프리카의 원주민인 베르베르인들이 기원전부터 아틀라스 산맥을 중심으로 살고 있었다. 그들은 국가 형태가 아닌 부족 중심의 정치 체제인데 튀니지와 마찬가지로 페니키아, 카르타고, 로마, 반달, 비잔티움제국, 아랍에 이르기까지 약 3천 년 동안이나 외세에 시달려 왔다. 오랜 세월에도 강인한 민족성을 지닌 베르베르족은 자신들의 언어와 문화를 지키며 지금까지 명맥을 유지하고 있다.

　　유럽에서 모로코로 가는 가장 일반적인 방법은 스페인 남부 안달루시아 지방의 알헤시라스Algerciras에서 배를 타고 모로코의 북부 탕헤르Tangier로 가는 것이다. 그러나 나는 튀니지를 먼저 여행한 후 비행기로 카사블랑카에 도착하였다. 모로코의 '무함마드 5세'Mohammad V 국제공항은 카사블랑카에서 남서쪽으로 30km 떨어져 있다. 이곳에서 수도인 라바트Rabat까지 셔틀 기차가 운행되어 1시간 10분만에 라바트에 도착하였다. 2500년의 역사가 믿어지지 않을 정도로 현대적인 모습이었다. 프랑스는 모로코를 식민 지배하면서

카사바의 전망대에서 내려다 본 대서양과 오웨드 보우 레그렉 강이 만나는 곳.

페스Fés에서 대서양을 끼고 있는 라바트로 수도를 옮겼고, 그로 인해 라바트가 모로코의 중심지로 발전한 것은 불과 100여 년 전이다. 라바트는 매력적인 메디나의 카스바성채, 수크시장가 있지만, 동시에 17세기 해적들의 근거지라는 오명도 갖고 있다. 아프리카의 황금과 노예를 찾기 위한 해적, 약탈자, 대박을 꿈꾸던 모험가와 이슬람교로 개종한 가톨릭교도들이 일확천금을 노리며 이곳에 모여들었기 때문이라고 한다.

라바트는 대서양으로 연결되는 오웨드 보우 레그렉Oued Bou Regreg 강을 사이에 두고 라바트와 살레Sale 지역으로 크게 나뉜다. 살레는 주로 주거지역이고, 라바트는 신시가와 함께 메디나구시가가 함께 공존하는 곳이다. 라바트 빌Rabat Ville 기차역을 나오면 신시가의 중심거리인 무함마드 5세 거리Ave. Mohammad V가 시원스레 뻗어있다. 이 길 주변에는 현대적인 빌딩이 숲을 이루고 있지만 야자나무 가로수들 때문에 삭막해 보이지는 않았다.

모로코의 독립 영웅, 무함마드 5세

모로코의 택시는 미터기로 운행하며 값도 저렴해서 시내에서 이동이 편리했다. 무함마드 5세 거리에서 택시를 타고 동쪽으로 15분 정도 가면 모로코 국민의 존경을 받는 무함마드 5세의 무덤이 나온다. 멋진 군복을 입은 기마병이 보초를 서고 있는 입구를 지나면 360개의 돌기둥이 늘어서 있는 광장이 나타난다. 광장 왼쪽의 '투르 하산'Tour Hassan이란 거대한 미나렛과 오른쪽의 무덤이 서로 마주하고 있다. '투르 하산'은 높이가 44m에 달하는 사각형의 거대한 탑으로 이슬람 세계에서 가장 크고 높은 탑 중의 하나이다. 그러나 1775년 지진으로 부분 손상을 입었다고 한다. 이곳에서 라바트와 살레 지역, 오웨드 보우 레그렉Oued Bou Regreg 강과 대서양까지 한눈에 관측할 수 있

● 로마 포룸의 유적 뒤로 이슬람 성곽이 둘러싸고 있다.
● 첼라 사원, 모스크와 미나렛. ● 굳건하게 서 있는 첼라의 성채. 아랍식으로 매우 견고하게 보인다.

었다고 한다.

투르 하산 옆에는 1971년 현재 모로코 국왕인 핫산 2세 Hassan II 가 아버지 무함마드 5세를 위해 만든 무덤이 있다. 무함마드 5세는 19세기 말 프랑스에 점령당한 모로코를 독립시키기 위해 애쓴 국민적인 영웅이다. 오늘의 모로코가 있게 한 왕으로 여겨 모로코 사람들의 참배가 끊이지 않았다. 무덤은 아랍과 스페인의 영향을 받은 전통적인 모로코 양식으로 지어졌다. 안으로 들어가니 하얀 대리석으로 만들어진 관이 놓여 있고, 관 주변에는 모로코의 국기가 사방에 세워져 있다. 벽면과 천장 내부는 화려한 아라베스크식 무늬가 황금색과 함께 연속적으로 장식되어 있어 왕에 대한 예우가 극진함을 알 수 있었다.

베르베르 - 로마 - 이슬람 - 베르베르로 이어지는 역사의 바퀴

라바트 중심에서 동남쪽 외곽에 위치한 첼라 Chellah 는 베르베르족이 기원전 3세기부터 정착하여 살던 곳이다. 라바트의 오래된 역사를 말해주는 이곳은 기원전 1세기 말 살라 콜로나 Sala Colona 도시가 건설되었다. 이후 로마에 정복당하여 로마의 도시로, 8세기 이슬람의 침입 때는 이슬람 성채로 바뀌었다. 이후 14세기에 베르베르족에 의해 독립된 도시가 건설되었다. 이러한 역사를 대변하듯 첼라에는 여러 시대 문화가 함께 공존한다. 첼라의 성곽은 이슬람식 성채로 육중한 두 기둥이 견고하다. 원형이 그대로 보존된 성곽 유적 안으로 들어가니 모스크와 미나렛이 서있다. 지금은 거의 방치되어 있지만 사원 양식은 그대로 남아 있었다.

모스크 내부에 메카를 향한 벽감인 미흐랍과 아랍식 아치의 회랑, 종교 학교였던 메데르사 Medersa 건물이 이어져 있었다. 메데르사는 이슬람교의

민트티.

경전인 쿠란을 공부하는 곳으로, 학생들이 공부하는 강의실과 기숙사 방들이 있고, 마당에는 분수대와 함께 손과 발을 씻을 수 있는 세면대 터가 남아 있다. 이슬람교에서는 하루에 다섯 번 몸을 깨끗이 씻고 기도에 참여해야 하기 때문에 사원이나 종교 학교에는 반드시 분수대가 마련되어 있다. 그 옆에는 로마 시대의 공회당이었던 바실리카와 신전, 행정 기관 건물들이 모여 있는 포룸Forum, 목욕탕 등이 남아 있었다. 지금은 이름 모를 야생화와 고라니들이 이곳을 지키고 있다. 그러나 오랜 세월을 두고 여러 민족들이 같은 곳에 터전을 잡고 살았던 것을 보면 예전에는 분명 활기 넘치는 도시였을 것이다.

거대한 성벽의 문을 열면 다른 세상이

라바트 신시가 중심에서 북쪽으로 몇 블록 걸어 올라가면 메디나 성벽을 만날 수 있다. 밥 알 하드Bab al-Had 문으로 들어가면 모로코 사람들이 즐겨 먹는 먹을거리와 과일, 의류 등 생활용품을 파는 재래시장인 수크Souq가 이어진다. 얇은 전병을 구워 만든 크레페, 다양한 케이크, 둥근 호부스 빵, 양념한 올리브 절임 가게들을 지날 때면 나도 모르게 군침이 돌았다. 이슬람 도시는 모스크를 중심으로 형성되어 있다. 모스크와 수크는 늘 함께 있어 무슬림들은 모스크에서 기도를 드리고 수크에서 물건을 팔거나 사고 그간의 소식도 나눈다. 라바트의 메디나 북쪽 끝에 위치한 카스바Kasbah, 성채는 17세기의 모습이 남아 있다. 바다를 상징하는 물결무늬를 장식한 우다이야Oudaia 문을 따라 들어가면 어느새 다른 세상으로 접어들었음을 느낄 수 있다. 바로 미로 같은 좁은 골목을 따라 파란색과 하얀색 벽이 어우러진 고풍스런 주택가 때문이다. 스페인 안달루시아 지방의 건축 양식을 본뜬 것으로 집집마다 대문

● 얇은 전병을 구워 파이를 만드는 가게. 구워진 전병은 종이처럼 얇다. ● 우다이야 문을 들어서면 미로 같은 골목의 구시가가 시작된다. ● 카스바의 좁은 골목 주택가. ● 가게 앞에 가득 내놓은 호부스 빵. ● 허브가게.

과 문패 장식이 독특했다.

오래된 나무 대문에는 그 집의 역사를 말해 주는 연도가 새겨져 있다. 또한 집 주인의 직업을 상징적으로 표현하여 큰 가위가 대문에 그려진 집의 주인은 재단사라는 것을 알 수 있다. 대문마다 행운을 부르는 손 장식과 도자기 화분에 꽃나무를 정성스레 가꾸어 놓아 마치 스페인의 안달루시아 지방에 와있는 느낌이었다.

골목마다 예쁜 집 구경을 하면서 올라가다보니 전망대까지 올라왔다. 이곳에서는 오웨드 보우 레그렉 Oued Bou Regreg 강과 대서양이 만나는 전망을 볼 수 있다. 왜 이곳에 성채를 지었는지 그 이유를 알 수 있을 듯하다. 바다와 강이 만나는 경치가 아름다울 뿐만 아니라 외부의 침입을 관찰하고 방어하기에도 매우 유용하다. 옛날에는 군사적으로 중요한 곳이었겠지만 지금은 아름다운 전망대로, 라바트 시민들의 데이트 코스로 그 역할을 다하고 있다.

전망대에는 아름다운 전망을 바라보면서 민트티를 마실 수 있는 곳으로는 '모로코 카페'가 유명하다. 나는 민트티와 달콤한 모로코 디저트를 주문하고 다리를 쉬었다. 카페는 성벽의 자연 지형을 이용해서 모로코 전통 양식으로 지어졌는데 오웨드 보우 레그렉 Oued Bou Regreg 강과 살레 지역이 한눈에 들어오는 전망이 무엇보다 훌륭했다.

이슬람 왕조의 모로코 왕국

7세기 중반 아랍족의 북아프리카 진출이 시작되었다. 788년 바그다드를 수도로 했던 아바스 왕조의 귀족 이드리스(Moulay Idriss) 1세가 모로코에 정착함으로써 최초의 독립 국가인 이드리스 왕조가 탄생되었다. 그는 베르베르 여인과 결혼하여 이드리스 2세를 낳았고 베르베르족의 동화 정책에 힘을 기울였다고 한다. 이드리스 2세는 수도를 페스로 옮겨 지금까지 이어지는 모로코 왕국의 기반을 다졌다.

11세기 이후 여러 이슬람 왕조가 교체되었고, 알라위테 왕조(Alaouite 17세기 중반~)가 현재까지 이어지고 있다. 14세기부터 20세기 초까지 지중해와 북아프리카의 대부분 지역은 오스만제국의 지배를 받았지만 모로코는 그 영향에 들지 않았다. 그러나 16~17세기 포르투갈, 스페인, 영국 등의 침략을 자주 받았고, 19~20세기 초 서양 열강들의 식민지 경쟁 각축장이 되어 1830년 프랑스에 점령되었다. 1912년 모로코는 북부 지중해 연안이 스페인에게, 카사블랑카 중심으로 남부는 프랑스의 보호령으로 분할되었다.

1920년대 베르베르족의 봉기를 계기로 민족주의운동이 싹트기 시작하여 1927년 알라위테 왕조의 무함마드 5세(Mohammad V)를 중심으로 독립운동이 일어났다. 그 결과 1956년 프랑스로부터 독립하여 현재 입헌 군주제인 모로코 왕국에 이르고 있다.

모로코 남자의 구애를 물리치는 방법

이슬람 국가에서는 여성 보호 차원에서 남자들이 낯선 여자에게 말을 걸거나 쳐다보는 것이 금지되어 있다. 그래서 이슬람 국가를 여행할 때는 치안을 걱정하지 않아도 되고 비교적 안전하다고 생각했다. 그런데 모로코는 워낙 유럽인들이 많이 찾아와서 그런지 무척 개방적이었다. 자국의 여성들에게는 할 수 없는 행동을 외국 여성에게는 과감하게 했다.

혼자 차를 마시거나 거리를 걸어 다닐 때면 어김없이 모로코 남자들이 말을 걸어왔다. 횟수가 잦아지자 결국 지쳐버렸다. 비장의 카드를 꺼낼 수밖에. 반지 낀 손가락을 보여주고 조카 사진을 내보이며 딸이라고 말했다. 이렇게 유부녀 행세를 해야만 모로코 남자들은 포기하고 발길을 돌렸다. 모로코 여행을 계획하는 젊은 여성들은 반지나 조카 사진을 준비해 가면 덜 시달리며 여행할 수 있을 것이다.

◎ 가는 방법

* **비행기** : 직항은 없고 에어프랑스로 파리를 경유하여 무함마드 5세(Mohammad V)공항으로 간다. 라바트까지 셔틀 기차 1시간 10분 소요.
* **페리** – 유럽에서 모로코로 입국
- 지브롤터(Gibraltar)에서 모로코의 탕헤르(Tangier)까지 FRS(www.frs.ma) 페리 회사가 운행한다.
- 스페인의 알헤시라스(Algeciras)에서 모로코의 탕헤르(Tangier)까지 1시간 30분~2시간 30분 소요.
- 스페인의 타리파(Tarifa)에서 모로코의 탕헤르(Tangier)까지 35분 소요.
* **기차** : 아프리카에서 가장 훌륭한 시설과 노선을 갖고 있다. (ONCF, www.oncf.org.ma)
- **라바트 빌(Rabat ville) 기차역** : 페스(Fès) 3시간 30분, 메크네스(Meknès) 2시간 30분, 탕헤르(Tangier) 4시간 30분, 마라케시(Marrakesh) 4시간 30분.
* **버스** : 가르 루티에르(Gare routière)와 CTM 버스 터미널 두 곳이 함께 있다.
- **CTM(Compangnie de Transports Marocains) 버스터미널** : 국영 버스로 모로코 대부분 지역을 운행한다. 카사블랑카(Casablanca) 1시간 30분, 에사위라(Essaouira) 8시간, 페스 3시간 30분, 마라케시 5시간, 탕헤르(Tangier) 4시간 30분.
- **가르 루티에르(Gare routière)** : CTM 버스 이외의 다른 버스 회사들이 운행한다. 카사블랑카, 페스, 마라케시, 탕헤르, 쉐프샤우엔(Chefchaouen) 등 여러 지역으로 출발하는 버스가 있다.

◎ 주요 볼거리

- 라바트는 하산 2세 거리(Ave Hassan II)를 중심으로 메디나와 신시가로 나뉘고, 오웨드 보우 레그렉(Oued Bou Regreg) 강을 사이에 두고 라바트와 살레(Salé) 지역으로 나뉜다.
- **투르 하산(Tour Hassan)과 무함마드 5세의 무덤(Mausoleum of Mohammad V)** : 12세기에 만들어진 거대한 미나렛(첨탑)인 투르 하산 건너편 광장에는 무함마드 5세의 무덤이 있다.
- **첼라(Chellah)** : 베르베르족이 기원전 3세기부터 정착하여 살던 곳. 이후 로마의 도시로, 8세기 이슬람 성채로 바뀌었다.

◎ 주변 볼거리

- 구시가(Medina)의 수크(시장)와 카스바(Kasbah, 성채)의 스페인 안달루시아 풍의 주택들과 정원을 둘러본다. 그리고 전망대에 오르면 오웨드 보우 레그렉 강과 대서양, 살레 지역의 풍경이 한눈에 내려다 보인다.

◎ 숙박 및 간단정보

- **오텔 도르세이(Hôtel d'orsay)** : 11 Ave Moulay Youssef, 전화 037-701319, 싱글 211/더블 264Dh. 라바트 빌 기차역이 가까운 깨끗한 호텔.
- **오텔 센트랄(Hôtel Central)** : 2 Rue Al-Basra, 싱글 90~120/더블 130~170Dh. 라바트 신시가 중심에 위치하여 이용하기 편리하다.
* **환전** : 모로코의 화폐는 디르함(Dh)이므로 달러나 유로를 가져가 환전한다. (1$=8.87Dh, 1Dh=약115

대 서 양
카스바
살레 지역
오웨드 보우 레그레 강
메디나
하산 2세 거리
빌 누벨
(신시가)
오텔 센트랄
(Hôtel Central)
투르 하산
(Tour Hassan)
무함마드 5세 거리
무함마드
5세의 무덤
(Mausoleum of
Mohammad V)
가르 루티에르 방향 (3km)
라바트 빌 기차역
오텔 도르세이
(Hôtel d'orsay)
첼라

세상에서 가장 아름다운 이슬람 무덤

모로코는 아프리카에서 철도 시설이 가장 잘 갖춰진 나라로 유럽과 비슷한 수준이다. 국영 철도인 CTM Campagnie de Transports Morocains으로 모로코의 주요 도시를 이동할 수 있어 여행하기에 편하다. 라바트에서 CTM 기차를 타고 서쪽으로 2시간 15분 정도 달려 모로코의 4대 도시 중의 하나인 메크네스 Meknès에 도착하였다. 11세기 베르베르족에 의해 건설된 메크네스는 17세기 중반 알라우테 Alaouite 왕조를 세운 모울래이 이스마일 Moulay Ismail이 이곳에 수도를 정하면서 술탄의 도시가 되었다. 그 당시 지어진 아름다운 건축물이 남아 있어 메크네스는 모로코의 베르사유라 불린다.

모울래이 이스마일은 당시 포르투갈과 영국의 침입을 막아냈고 알제리에 주둔하고 있던 오스만제국과 스페인의 진출을 저지하는데 성공하였다.

또한 프랑스 루이 14세와도 외교 관계를 유지하면서 모로코의 근대화에 노력하였다. 특히 도시 곳곳에 아름다운 건축물들을 세워 자신의 치세를 드높였다고 한다. 메크네스 구시가인 메디나 입구의 엘-하딤El-Hadim 광장에 있는 '밥 엘 만수르'Bab el-Mansour 문은 17세기 모로코 전통 양식을 잘 보여 준다. 모울래이 이스마일 때 건축을 시작하여 그가 죽은 후인 1732년에 완성된 것인데 아랍식 아치와 아라베스크 무늬를 녹색 도자기 타일로 장식한 것이 특징이다. 지금은 세월의 흐름에 빛이 바랬지만 당시에는 모로코에 있는 그 어떤 문보다 아름다웠을 것이다.

이 문을 지나 언덕 아래로 15분 쯤 걸어 내려가면 '모울래이 이스마일의 무덤'Mausoleum of Moulay Ismail이 나온다. 메크네스를 사랑했던 술탄 모울래이 이스마일의 마지막 휴식처인 이 곳은 모로코에서 가장 아름다운 무덤으로 손꼽힌다. 무덤 입구에 녹색기와로 장식된 문을 들어서면 작은 물줄기가 솟아나는 분수대가 있다. 그 주변으로 벽과 천장의 타일 장식, 광창은 매우 정교하고 아름다워 탄성이 절로 나온다. 물소리의 청량감과 함께 무덤 내부의 아름다운 장식은 마음을 차분하고 편안하게 만들었다. 작은 분수대는 왕을 참배하러 온 사람들의 목마름을 달래 주는 선물이었다. 나는 그 물을 마시고 참배의 길로 들어섰다.

참배의 길은 바로 무덤으로 이어지지 않고 여러 개의 아치문을 따라 정원과 넓은 연못으로 이어졌다. 차분한 마음으로 사색하듯이 찾아오라는 뜻일까. 하늘이 시원스레 열린 정원 한가운데 넓은 연못을 건너 금박으로 장식된 나무문 너머 왕의 무덤이 있었다. 무덤은 으스스한 지하 세계를 떠올리게 되지만 이슬람 문화는 무덤을 마치 모스크를 참배하는 것처럼 아름답게 꾸미는 것이 특징이다. 또한 물이 귀한 아랍 지역의 특성을 반영하듯 항상 분수대

● 모울래이 이스마일 무덤의 중정. 바닥과 기둥에 이르기까지 정교한 타일로 장식하여 매우 아름답다. ● 아랍식 아치와 초록색 타일 장식이 아름다운 밥 엘 만수르 문. ● 모울래이 이스마일 무덤과 연결된 문. 나무문에 금박으로 화려하게 장식하였다. ● 메디나가 시작되는 엘 헤딤 광장.

헤리 에 수와니의 아름다운 연못 정원.

와 연못을 함께 만드는 것이 기본이다.

호수처럼 아름다운 연못 정원

　　무덤을 나오니 마차꾼들이 손님을 기다리며 호객 행위를 하고 있다. 이곳에서 남쪽으로 1km 떨어진 헤리 에 수와니Heri es-Souani에는 거대한 성벽과 함께 지하수를 끌어올려 만든 대형 연못 정원이 있다. 나는 마차를 타고 헤리 에 수와니로 향했다. 성벽을 따라 지나가는 길은 타임머신을 타고 17세기로 돌아간 듯한 느낌이었다. 자동차를 통제하고 현대적인 건물도 없어 영화 세트장처럼 고즈넉했다. 이윽고 헤리 에 수와니에 도착하니 다음 입이 쩍 벌어졌다. 호수 같은 연못 정원이었다.

　　생명처럼 물을 소중하게 여긴 이들의 염원을 단박에 느낄 수 있었다. 넓은 연못을 따라 산책할 수 있는 산책로도 있고, 주변으로 옛 성벽이 서 있어 호수에 그림자를 드리워 평화로운 분위기였다. 가족과 연인, 친구끼리 손잡고 산책하는 사람들도 많아 모로코 사람들의 여유로움을 느낄 수 있었다.

메크네스(Meknès)

◎ 가는 방법

* **버스** : CTM 버스터미널에서 카사블랑카(Casablanca) 4시간, 페스 1시간, 마라케시(Marrakesh) 8시간, 탕헤르 5시간, 라바트(Rabat) 2시간 30분.
* **기차** : 기차역은 두 군데. 무함마드 5세 거리(Ave Mohammad V)에서 동쪽으로 두 블록 떨어진 엘 아미르 압델카데르(El-Amir Abdelkader) 기차역이 편리하다. 카사블랑카(Casablanca) 3시간 30분, 페스 1시간, 마라케시 7시간, 탕헤르 4시간, 라바트 2시간 15분.

◎ 주요 볼거리

* **밥 엘 만수르 문(Bab el-Mansour)** : 메크네스의 입구. 엘 하딤 광장(Place el-Hadim)에 면해 있다. 1732년 모울래이 이스마일의 아들에 의해 완성된 것으로 아랍식 아치와 녹색 타일로 장식한 것이 특징이다.
* **모울래이 이스마일의 무덤(Mausoleum of Moulay Ismail)** : 모로코 장인 기술의 진수를 보여 주는 아름다운 무덤이다. 아랍식 아치, 타일 장식, 분수대, 연못 정원, 황금 장식의 나무 문 등이 인상적이다.

◎ 주변 볼거리

* **헤리 에 수와니(Heri es-Souani)** : 25km에 달하는 관개 수로가 호수처럼 만들어진 곳. 모울래이 이스마일이 1만 2천 마리의 말에게 물을 먹이기 위해 만들었다고 한다.

◎ 숙박

* **오텔 투링(Hôtel Touring)** : 34 Blvd Allal ben Abdallah, 전화 035-522351, 싱글 65~85/더블 90~100Dh.
* **오텔 툽칼(Hôtel Toubkal)** : 49 Ave Mohammad V, 전화 035-522218, 싱글 70/더블 120Dh.

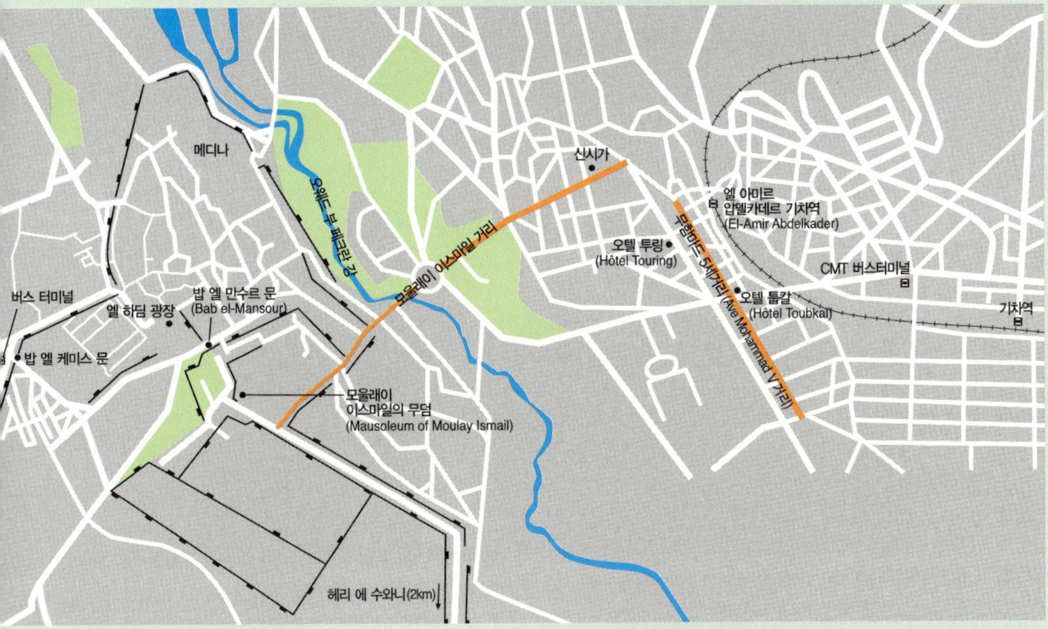

모로코의 **정신**과 **문화**의 고향

페스

쉐프샤우엔

무수한 골목을 잇는 진한 삶의 향기 페스

페스Fés는 메크네스에서 동쪽으로 1시간 거리에 있다. 모로코 첫 번째 이슬람 왕조였던 이드리스Idriss 왕조의 이드리스 2세Idriss II가 809년 이 곳에 수도를 정한 이후 아랍 문화의 터전으로 발전해 왔다. 도시 전체가 중세 시대 모습을 그대로 간직하고 있어 1976년 유네스코 문화유산으로 지정된, 모로코의 가장 유서 깊은 도시이다. 튀니지의 카이루완과 스페인의 코르도바에서 추방된 안달루시아 지방의 순례자, 지식인, 상인, 군인, 신비주의자, 망명자들이 이곳으로 모여 들었을 때 페스는 이들을 받아들여 서로 다른 문화가 공존할 수 있는 토양을 만들었다. 그 결과 페스는 다양한 문화가 조화를 이루어 모로코 문화와 종교의 중심지로 성장할 수 있었다.

9세기 후반 이곳에 모로코에서 가장 큰 규모를 자랑하는 카이라윈 모스크Kairaouine Mosque가 건축되었다. 모스크의 부속 대학은 세계에서 가장 오래된 대학 중의 하나이다. 서양의 중세 대학이 12세기에 설립된데 비해 2세기 정도 앞선 것이다. 중세 시대 이슬람은 자연 과학이 뛰어났는데 페스 대학에서 천문학·수학 등을 배우기 위해 당시 유럽의 유학생들이 물밀 듯이 몰려들 정도였다고 한다.

지금도 페스 대학 출신들이 모로코를 이끌어 간다고 해도 과언이 아니다. 모로코 독립운동의 핵심 인물을 배출했고 현재와 미래의 모로코를 짊어질 인재들을 계속 키워내고 있다. 투표를 하러 갈 때도 유권자들의 관심은 후보자들이 이 대학 출신인가 아닌가에 집중된다고 한다. 페스는 모로코의 정신과 문화의 고향으로 원심력 같은 역할을 하는 도시이다.

페스는 크게 세 구역으로 나눠진다. 먼저 메디나인 페스 엘 발리(Fés El-Bali)는 9400개에 가까운 좁은 골목길을 따라 350개의 모스크, 대학 터, 종교 학교, 시장, 주택들이 모여 있다. 페스에서 가장 매력적인 곳으로 꼽히는 이곳은 골목을 잘못 들어서면 끝없이 헤매게 되는 미로이다. 또 다른 구역은 페스 엘 제디드Fés El-Jedid로 왕궁과 유대인 지구인 멜라Mellah가 공존하고, 마지막 페스 빌레 노빌레Fés Ville Nouvelle는 20세기 새롭게 건설된 신시가이다.

● 파노라마 언덕에서 거대한 페스의 메디나가 한눈에 들어온다. ● 카이라윈 모스크의 정원. 9세기에 건축된 모스크로 모로코에서 가장 큰 규모이다.

페스의 기차역에 도착한 나는 신시가인 빌레 노빌레 지역에 호텔을 정한 뒤 구시가를 효율적으로 돌아보기 위해 가이드 투어를 신청했다. 가이드의 도움을 받지 않고는 9400개에 이르는 페스의 좁은 미로를 찾아다니는 것이 힘들기 때문이다. 페스의 구시가를 혼자 다닌다는 것이 불가능하다는 것을 얼마 지나지 않아 알 수 있었다. 위로 올라갈수록 양쪽 건물은 서로 맞닿아 키가 작은 나도 지나가기 힘들었다. 노새에 짐을 잔뜩 싣고 가는 사람들을 아슬아슬 피해 가거나, 오가는 사람들이 서로 어깨를 피해가며 지나는 풍경은 페스가 아니고서는 볼 수 없을 것이다.

아프리카에서 가장 아름다운 왕궁

신시가인 빌레 노빌레에서 구시가 쪽으로 걸어가다 보면 먼저 페스 엘 제디드 구역이 나타난다. 도시 전체를 둘러싸고 있는 성곽을 지나면 아프리카에서 가장 아름다운 다르엘 막젠 왕궁 Dar el-Makhzen이 보인다. 14세기 메리니드 왕조 Merinid, 13~16세기 중반 때 완성된 이 왕궁은 안으로 들어갈 수는 없고 입구에서 문 장식만 볼 수 있었다. 나무문에 문양을 장식하고 금박을 입혔는데, 그 화려함에 압도될 정도였다.

금박 나무문 옆의 기둥과 아치는 모로코의 예술적 기교를 종합해 놓은 것 같다. 아랍식 아치, 기하학적 무늬를 색색의 타일로 모자이크 하듯이 맞추어 놓았다. 아치와 모자이크 타일 장식이 어우러진 모습을 보니 이곳이 낙원이 아닐까하는 생각마저 들었다. 정교하게 짜 맞춰 무늬를 만들어 낸 타일 장식은 700년 전 사람들이 손으로 만든 것이라 하는데 그 솜씨가 놀랍기만 하다. 타일의 모든 각이 완전히 들어맞아 기하하적인 문양을 만들어낸 걸 보면 장인이 혼을 불어넣지 않고는 완성하기 힘들었을 것이다. 가이드도 이를 아주 자랑스럽게 설명하였다. 그 모습에서 페스 사람들의 자부심을 느낄 수 있었다.

왕궁의 남서쪽 모퉁이 멜라 Mellah 에는 14세기 유대인의 거주 지역이 남아 있다. 이곳은 좁은 골목길에 오래된 나무 발코니 건물들이 늘어서 있어 스페인의 안달루시아와 비슷한 분위기를 풍긴다. 유대인들은 스페인의 여러 지역에 흩어져 살다가 스페인 국토재정복운동으로 쫓겨나게 된다. 그들은 바다 건너 가까운 모로코로 이주를 해 여러 지역에 흩어져 살았다. 그 중 한 곳이 페스의 엘 제디드였다.

스페인은 상업의 기반을 이루고 있던 유대인들을 추방하면서 경제적인 타격을 받게 되었지만 모로코의 이슬람 왕조는 이들을 포용함으로써 경제적인 이익을 얻게 되었다. 이것은 가톨릭의 배타적인 모습과 이슬람의 관용 정책을 보여주는 단면이라 할 수 있다. 누가 옳은지는 평가할 수 없으나 이슬람교는 타 종교와 민족의 풍습을 인정해 주면서 자신의 실리를 추구하는 공존의 방법을 알았던 것 같다.

9,400개의 미로를 따라 중세로

엘 제디드를 나온 뒤 가이드는 택시를 타고 페스 도시 전체를 바라볼 수 있는 파노라마 언덕으로 안내했다. 카스바가 남아 있는 언덕으로 올라가니 미로처럼 얽힌 듯한 도시가 그 모습을 드러냈다. 왼쪽은 페스 엘 발리, 오른 쪽은 페스 엘 제디드, 가이드의 손끝을 따라가 보니 도시의 규모가 짐작 갔다. 페스가 세계 문화유산으로 지정 받을 수 있는 이유가 여기에 있었던 것 같다. 이제 페스의 구시가인 페스 엘 발리 Fés El-Bali 를 체험할 순서이다. 밥 보우 젤로우 Bab Bou Jeloud 문은 페스 엘 발리로 들어가는 관문이다. 이 문에서부

터 중세 시대로의 흥미로운 여정이 시작된다. 낡았지만 정겨움이 묻어나는 시장은 손님들을 맞기 위해 상품 진열과 정리에 바쁜 모습이었다. 화덕에서 갓 구워낸 빵 냄새가 시장 구석구석에 퍼졌다. 산더미처럼 쌓아놓은 선인장 종류의 샐러드인 '아티쇼크'의 맛이 궁금했다. 뚱땅뚱땅 망치 두드리는 소리가 요란한 대장간을 지나 낙타 상인들의 숙소인 카라반 세라이와 모스크의 첨탑을 지나 네자린 저택 Place an-Nejjarine 으로 향했다.

네자린 저택은 1711년 지어진 것으로 정원이 아름다워 세계 문화유산으로 지정되었다. 현재는 박물관으로 사용되고 있었다. 모울래이 이스마일 때 건립되었다고 하는데, 모두 3층으로 각층마다 회랑과 나무 기둥과 아랍식 아치, 목조 발코니와 스투코 stucco, 석회 반죽을 바른 벽면장식 장식이 매우 훌륭하였다. 옥상으로 이어지는 계단을 올라가자 페스의 구시가가 좀더 가까이 보였다. 350개의 모스크가 있다는 것은 과장이 아닌 듯했다. 뾰족하게 모스크의 첨탑들이 곳곳이 박혀있다.

다시 시장 거리를 따라 내려가니 모울래이 이드리스 2세의 성소

● 모울래이 이드리스의 무덤. 스투코 기법으로 성소를 장식하였다. ● 메디나로 들어가는 밥 보우 젤로우 문. ● 낙타 상인들의 숙소인 카라반 세라이. ● 페스의 좁은 길에는 동키가 짐꾼의 역할을 톡톡히 한다. ● 네자린 박물관의 실내 중정. 나무로 만든 독특한 모로코식 아랍 아치가 특징이다. ● 알타린 대학의 중정. ● 가죽 염색의 첫 공정(하얀 염료).

가 나타났다. 이곳은 모로코의 첫 이슬람 왕조인 이드리스 왕조의 술탄인 모울래이 이드리스 2세의 무덤이다. 그는 페스에 수도를 처음 정한 술탄이다. 이슬람교는 성자에 대한 존경심이 대단한데 모울래이 이드리스를 성자로 추앙하고 그들의 생활 터전에 성소인 무덤을 두고 늘 숭배할 수 있도록 한 것이다. 지금도 모로코인들의 성지 순례지 중 하나로, 성스러운 장소이다. 그들의 종교적인 열정은 이처럼 생활 속에 항상 배어있다.

성소 근처에 있는 메데르사 아타린 Medersa Attaline 은 종교 학교로 14세기 350명의 학생들이 쿠란을 공부하던 곳이다. 학교는 분수대와 연못이 있는 작은 정원을 중심으로 하여 사방에 기숙사 방들이 있었다. 정원의 천장을 올려다보니 투명한 유리 천장으로 덮여 자연 채광이 되었다. 기숙사 방은 4명이 공동으로 생활하는데 나무문과 계단, 각 층의 회랑들 나무 장식들 또한 세밀하고 정교하였다.

페스 엘 발리의 하이라이트는 가죽 염색 작업장인 '탄네리'tanneries 이다. 좁은 골목길의 계단을 올라가면서 이 좁은 골목에 과연 가죽염색장이 있을까 의문이 들었다. 그러나 계단을 올라가 전망대 앞에 서자 상상을 초월하는 광경이 펼쳐졌다. 염색통들이 즐비하게 늘어서 있었고, 허리까지 차는 염색통속에 사람이 들어가 가죽 천을 치대는 작업 과정이 압권이었다. 이 장면을 지켜보면서 심한 악취를 견뎌내야 했다. 양, 낙타, 소가죽을 벗겨 부드럽게 하기 위해 비둘기 똥을 넣은 하얀 염색 통에 담갔다가 물로 씻어내는 과정을 거치기 때문이다. 가죽 제품 전시장에서는 손님들에게 민트잎을 주면서 냄새를 견디라고 알려주었다. 민트잎 향기를 맡아도 악취는 견디기 힘들었다.

보는 것만도 이정도인데 작업하는 사람들의 고충은 얼마나 크겠는가. 손쉽게 사는 가죽 제품이지만 이처럼 힘든 공정을 거치는 줄은 몰랐다. 염색

작업의 통은 하얀색부터, 노란색, 갈색, 붉은색, 검은색 등 다양한데 모두 자연에서 구한 재료로 천연 염색을 한다. 전시장에는 이런 공정을 거친 가볍고 부드러운 가죽 제품들로 가득했다. 가죽 신발, 점퍼, 조끼, 가방 등 우리나라에서는 상상할 수 없는 다양한 색깔의 제품이 많았다.

모로코의 가죽은 전부 수제로 만들고 있었다. 그럼에도 값이 저렴하고 질도 좋아 세계적으로 유명하다. 나도 아랍풍의 가죽 신발을 여러 번 신어본 후에 하나를 골랐다. 연한 베이지의 앞 코가 예쁘게 빠진 이 신발은 아주 가벼워 봄과 초여름에 멋을 내기에 제격이었다.

비둘기 고기는 어떤 맛일까?

아침부터 계속 걸어 다니느라 너무 지쳐서 가이드에게 식사를 하면서 쉴 겸 페스의 전통 요리를 먹고 싶다고 했다. 그가 안내한 식당은 모로코 전통 주택양식으로 한껏 멋을 낸 곳이었다. 높고 둥근 천장 아래 작은 분수대에서 물이 졸졸졸 흐르고 아랍식 주전자와 찻잔, 도자기들이 곳곳에 전시되어 있었다. 색 유리등까지 달아 한껏 멋을 내어 귀족의 집 정원에 초대된 듯한 느낌이었다.

우선 샐러드와 전통 요리인 파스티야Pastilla를 주문하였다. 파스티야는 비둘기 고기를 익혀 잘게 찢고 아몬드, 계피, 레몬, 샤프란, 향신료, 설탕을 섞어 속을 만든다. 밀가루 반죽을 하여 얇게 만든 우와카르ouarkar 빵 속에 만들어 둔 속을 넣고 파이빵을 굽듯이 오븐에 구워낸다. 완성된 파스티야를 먹으면 겉은 파이처럼 바삭하고 안은 아몬드가 고소하게 씹히면서 고기의 맛도 부드러운 것이 특징이었다. 비둘기 고기라서 좀 이상할 거라 생각했는데 닭고기 씹는 맛과 비슷했다. 그리고 모로코 샐러드는 야채를 익혀 가지런하게 내놓는 것이 특징이다. 하리라는 베르베르족의 전형적인 스프로, 물기를 뺀 야채, 양파, 토마토, 콩, 신선한 허브, 양고기를 넣어 푹 끓인 것이다. 저녁 코스 요리 중 처음으로 나온다.

타진은 모로코를 상징하는 것 중의 하나로, 원래는 베르베르족이 흙으로 구워낸 그릇을 일컫는다. 지금은 둥근 바닥에 낮은 테두리가 있는 접시와 원뿔 모양의 뚜껑으로 된 이 그릇에 요리한 것을 타진Tajine이라고 한다. 타진 그릇은 오랫동안 끓여도 수분이 증발되지 않고 요리의 본래 향과 맛을 잘 보존한다고 한다. 타진은 1인용부터 큰 크기까지 다양하다. 모로코 식당에서 여러 개의 화덕 위에 타진 그릇이 올려져있는 풍경을 흔하게 볼 수 있다. 내가 타진을 특히 좋아하는 것은 음식을 주문하면 즉석에서 뜨끈뜨끈하게 만들어 먹을 수 있었기 때문이다. 뜨거운 것이 절로 생각나는 모로코 겨울 날씨에 타진은 안성맞춤이었다. 지글지글 끓는 타진의 원뿔형 뚜껑을 열어 하얀 수증기가 모락모락 피어오르는 그 순간 행복감도 피어오른다.

타진은 종류도 매우 다양하다. 무화과 열매 아몬드 꿀과 계피에 절인 배를 넣은 새끼 양고기 타진, 서양 자두를 곁들인 숫양고기 타진, 레몬과 올리브를 넣은 닭고기 타진, 샤프란과 아몬드를 넣은 닭고기 타진, 콩과 야채를 넣은 타진 등이 있다. 이 중 레몬과 올리브를 넣은 닭고기 타진과 콩과 야채를 넣은 타진이 입맛에 잘 맞았다.

전통적인 방식으로 그릇을 빗는 타진 공방

타진 요리를 좋아한다고 하니 가이드는 타진 그릇을 만드는 공방으로 나를 안내하였다. 타진 그릇이 만들어지는 과정을 자세히 볼 수 있는 좋은 기회였다. 공방의 안내자는 먼저 돌덩어리가 산처럼 쌓여 있는 곳으로 데려갔

● 야채 타진.　● 닭고기 타진.　● 익힌 것이 특징인 모로코식 샐러드.　● 비둘기 고기와 향신료로 속을
만든 파스티야.　● 모로코 스프인 하리라.　● 화덕 위에 여러 개의 타진을 올려 놓고 요리하는 여인.

는데 이것이 바로 타진의 원료가 되는 찰흙의 원석이라고 했다.

이 원석을 갈아 물을 넣고 수십 번을 치대어 찰흙을 만든 다음 물레를 돌려 그릇의 형태를 빚고 그것이 어느 정도 굳으면 여러 색깔의 염료로 무늬를 넣어 디자인한다. 이 공방에는 특히 보라색 염료로 칠해진 것들이 많았는데 이것을 구우면 코발트 블루로 변한다고 했다. 색칠을 한 다음 유약을 바른 후 가마로 옮겨 가마 안에 층층이 그릇을 다 쌓고 나면 가마의 문 입구를 흙벽돌로 쌓아 막아버린다. 공기와의 접촉을 막아 불이 고루 전달되어 잘 구워지도록 하는 것이다. 가마 아래 아궁이에는 인부들이 부지런히 석탄을 넣어 불을 지피는데 우리 도자기 굽는 과정과도 거의 흡사했다. 페스의 도자기 공방은 기계식이 아니라 전통적인 수작업 방식을 따르고 있었다.

우리나라는 조선 시대 임진왜란 이전까지 매우 훌륭한 도자기 솜씨를 가지고 있었다. 임진왜란이 도자기 전쟁이라고 불릴 정도로 일본은 우리의 우수한 도공들을 데려가 기술을 전수받았다. 이후 우리 도자기는 맥이 끊겼으나 일본 도자기는 크게 발달하게 되었다. 대를 이어 기술을 전수하는 것을 가문의 명예로 여기는 일본의 문화적인 영향도 크게 작용한 것이다. 그 결과 오늘날 일본이 도자기 종주국이 되었다. 타진 공방을 둘러보면서 전통을 지키고 사랑하는 페스 사람들이 부러웠다.

● 여러 색깔의 염료로 무늬를 디자인 하고 있다. ● 타진 그릇. 낮은 접시에 원뿔 모양의 뚜껑이 특징이다.

페스(Fés)

◎ 가는 방법

*** 버스**
- **CTM 버스터미널 :** 카사블랑카 5시간, 마라케시 9시간, 탕헤르 6시간, 라바트 3시간 30분, 쉐프샤우엔(Chefchaouen) 4시간, 메크네스(Meknès) 1시간.
- **버스터미널 :** 메디나 밥 엘 마흐룩(Bab el-Mahrouk) 문 밖에 위치. 카사블랑카, 마라케시, 탕헤르, 라바트, 쉐프샤우엔, 메크네스 등 여러 도시들을 운행한다.

*** 기차 :** 신시가의 플로렌스 광장(Place Florence)에서 북서쪽으로 걸어서 10분. 카사블랑카 4시간 15분, 마라케시 8시간, 탕헤르 5시간, 라바트 3시간 30분, 메크네스 1시간.

◎ 주요 볼거리

- **페스 엘 제디드(Fés El-Jedid) :** 다르엘 막젠 왕궁(Dar el-Makhzen)이 매우 아름답다.
- **페스 엘 발리(Fés El-Bali) 워킹 투어 :** 밥 보우 젤루드(Bab Bou Jeloud)문에서 시작하여 네자린 저택(Place an-Nejjarin)을 감상하고 수크의 공예품을 둘러본다. 이어 술탄 모울래이 이드리스 2세의 성소(Zawiyya Moulay Idriss II)를 지나 종교 학교인 메데르사 아타린(Medersa Attaline), 카이라원 모스크(Kairaouine Mosque)와 부속 대학을 살펴본다. 탄네리(tanneries)는 페스의 유명한 가죽 염색 작업장으로, 수작업 천연 염색과정을 볼 수 있다.

◎ 숙박

〈메디나 지역〉
- **오텔 카스카드(Hôtel Cascade) :** 26 Rue Serrajine, 전화 035-638442, 싱글 60/더블 120Dh
- **오텔 람라니(Hôtel Lamrani) :** Talaa Seghira, 전화 035-634411, 더블 룸 150~200Dh.

〈빌 누벨 지역〉
- **유스 호스텔(Youth Hostel) :** 18 Rue Abdeslam Serghini, 전화 035-624085, 도미토리 45~55Dh. 모로코 유스호스텔 중 시설이 가장 잘된 곳 중 하나이다.
- **그랑또텔 드 페스(Grand Hôtel de Fés) :** 12 Blvd Chefchaouni, 전화 035-932026, grandhotel@fesnet.net.ma, 싱글364/더블 456Dh. 중급 호텔로 시설이 깨끗하다.

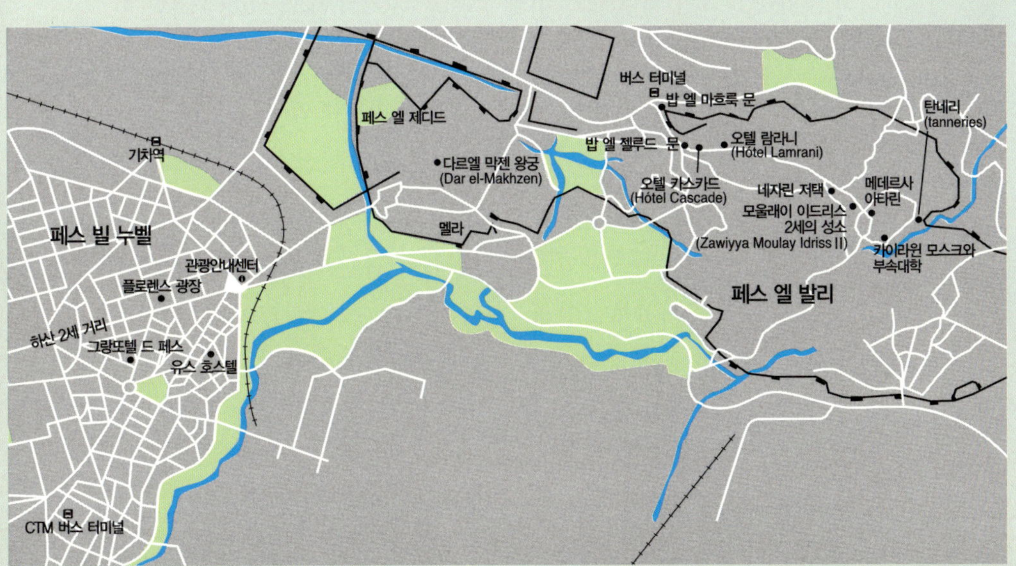

파란 나라의 앨리스가 되어 골목을 걷다

쉐프샤우엔Chefchaouen은 리프Rif 산의 계곡에 있는 작고 조용한 마을이다. 페스에서 4시간 거리를 버스로 가는 내내 심심한 풍경이 이어졌다. 어느덧 멀리서 보이는 풍경에 눈이 번쩍 뜨였다. 경사진 높은 언덕에 마치 흰 눈이 쌓인 듯 하얀 집들이 모여 있었다. 여행자를 설레게 하기에 충분했다. 왜 이런 산꼭대기 작은 마을에 여행자들이 굳이 찾아가는지 알 것 같았다.

버스에서 내리니 마을은 온통 축제 분위기였다. 집집마다 국기가 내걸려 있고 큰 건물에는 모로코 국왕의 사진을 넣은 거대한 현수막이 드리워져 있었다. 국왕이 내일 이곳을 방문하기 때문이란다. 나도 덩달아 마음이 들떴다. 다음날 아침 안타깝게도 안개비가 추적추적 내리기 시작했다. 날씨가 맑아야 쉐프샤우엔의 하얀색 담과 하늘 색 대문이 돋보일 텐데, 변덕스런 지

●● 동화 속의 파란나라처럼 온통 푸른빛의 마을이다. ● 붉은색 모로코 국기와 파란 담벼락의 강렬한 대비. ● 골목의 수돗가에서 물을 긷는 여자 아이.

중해의 날씨와 딱 맞닥뜨린 것이다. 그러나 안개비가 내리는 쉐프샤우엔의 모습은 신비로운 수채화 같았다. 나는 이상한 나라의 앨리스가 되어 메디나의 좁은 골목길 속으로 자꾸만 빠져 들어갔다. 이 마을의 집 색깔은 16세기 아랍–안달루시아 공동체와 융합이 이루어졌던 유대교 공동체의 흔적을 의미한다고 한다. 스페인의 국토재정복운동으로 쫓겨난 이슬람교도와 유대교도들은 쉐프샤우엔으로 도피하였다. 그 결과 아랍과 안달루시아, 유대교의 3가지 문화가 융합되어 기적의 도시가 되었다고 한다. 지금은 모로코에서도 독특한 주택 형태를 이루어 여행자를 불러 모으는데 큰 몫을 하고 있다.

　　예쁜 집들을 구경한 다음 사람들이 국왕을 영접하기 위해 모인 메디나의 우타 엘 함맘 Uta el-Hammam 광장으로 갔다. 사람들이 몇 겹으로 에워싸고 있어서 안으로 들어가기가 어려웠다. 이때는 외국인이라는 것을 활용하는 것도 나쁘지 않겠지. 나는 경찰들에게 당당하게 걸어가 천연덕스럽게 무슨 일이 있냐고 물었다. 경찰의 친절과 사람들의 양해로 나는 앞에서 두 번째 줄에

● 국왕의 행렬을 기다리는 마을 사람들. ● 쉐프샤우엔의 성채, 카스바.

서 국왕의 행렬을 기다렸다. 이윽고 전통 의상을 입은 악단이 피리와 북을 치며 행진하고 뒤를 위어 예복을 차려입은 군인들의 행렬이 이어졌다. 그러나 국왕은 언제쯤 지나가는 걸까, 사람들은 지쳐갔다. 갑자기 경찰들의 발걸음이 빨라지더니 검은 리무진이 몇 대 지나갔다. 그 사이로 국왕을 태운 오픈카가 휙 하고 지나간다. 사람들의 환호가 터져 나왔고 국왕이 손을 흔들며 보내는 인사에 감동하며 기뻐했다. 이렇게 짧은 순간을, 그것도 차로 지나가는 국왕을 보기 위해 오전 내내 사람들은 기다렸다.

ATM 기계에 카드가 먹히다

광장 끝에 위치한 그랜드 모스크 앞 기념식장에서 국왕의 연설이 행해졌고 기념식은 한 시간 만에 끝났다. 국왕 행렬이 떠나자 광장에 모였던 사람들도 썰물처럼 빠져나가고 마을은 다시 평온해졌다. 그날이 마침 토요일이라 나는 은행의 ATM 기계에서 현금을 찾으려고 카드를 넣었는데 아뿔싸! 기계가 내 카드를 먹어버렸다. 저녁 밤 버스를 타고 마라케시로 이동해야 하는데 앞이 캄캄했다. 당장 쓸 현금이 없었다. 결국 기계 앞에 주저앉아 지나가는 마을 사람들에게 도움을 요청했다.

한 아저씨가 나의 사정을 듣고 다른 사람에게 도움을 요청하여 은행 직원의 집을 찾아가보는 것이 빠르다고 알려주었다. 나는 아저씨를 따라 직원 집을 찾아갔다. 아저씨가 나서서 나의 상황을 얘기해 주었다. 직원은 짜증을 냈지만 외국인이고 오늘 마라케시로 가야한다는 설명에 마지못해 열쇠를 들고 나와 은행으로 향했다. 기계를 열어 카드를 빼낸 그는 내 카드 끝부분이 갈라져 걸린 것이라며 불량 카드를 왜 넣었냐며 잔소리를 했다. 그런 행동이 맘에 안 들었지만 카드를 찾은 것만도 얼마나 고마운 일인가. 불량 카드는 두고 여분으로 가져간 카드로 현금을 찾으려고 하니 비밀번호가 생각이 나지 않았다. 결국 비상용으로 갖고 있던 30달러를 디르함으로 바꿔 밤 버스 티켓을 샀다.

버스에 오른 다음에도 잠을 이룰 수가 없었다. 밤새 가슴을 졸인 나는 10년은 늙어버린 기분으로 마라케시에 도착했다. 새벽 6시, 한 호텔에 들어갔지만 주인은 신용카드는 안 된다며 현금을 찾아오라고 하였다. 할 수 없이 쉐프샤우엔에서 문제를 일으켰던 그 카드를 인출기에 넣었다. 다시 카드가 먹히면 어쩌나, 긴장된 순간이었는데 다행히 돈을 세는 소리가 들리고 현금이 나왔다. '아휴! 드디어 살았다.' 돈이 얼마나 고마운지 눈물이 날 지경이었다.

쉐프샤우엔(Chefchaouen)

◎ 가는 방법

*** 버스 :** CTM 버스를 비롯해 여러 버스들이 정류장을 공동으로 사용하고 있다.

CTM 버스는 페스 4시간, 탕헤르 3시간. 다른 버스들은 카사블랑카 6시간, 탕헤르 3시간, 메크네스 5시간, 라바트 5시간 소요.

◎ 주요 볼거리

리프 산맥 한줄기에 자리 잡은 쉐프샤우엔은 모로코에서 가장 아름다운 마을로 손꼽힌다. 특별한 볼거리가 있는 것은 아니지만 구시가(메디나)의 하얀색 집, 하늘색의 담장과 대문이 조화를 이루는 스페인 안달루시아 풍의 마을 풍경이 여행객들에게 인기가 있다. 메디나의 중심은 '우타 엘 함맘(Uta el-Hammam) 광장' 이고 그 주변으로 카스바(성채)와 그랑드 모스케(Grande Mosquée)가 모여 있다.

◎ 숙박

- **오스탈 게르니카(Hostal Guernika) :** 49 Calle Ibn Askar, 전화039-987434, 더블 룸 140~180Dh. 옥상 테라스에서 내려다보는 전경이 아름답다.
- **호텔 안달루스(Hotel Andaluz) :** 1 Rue Sidi Salem, 전화 039-986034, 1인 1침대 50Dh.
- **호텔 마라케시(Hotel Marrakesh) :** Ave Hassan II, 전화 039-987774, 싱글 140~200/더블 250~300Dh. 구시가로 들어가는 언덕 아래 있으며, 푸른색 방과 옥상 테라스가 예쁘다. 아침과 저녁 식사가 가능하다.

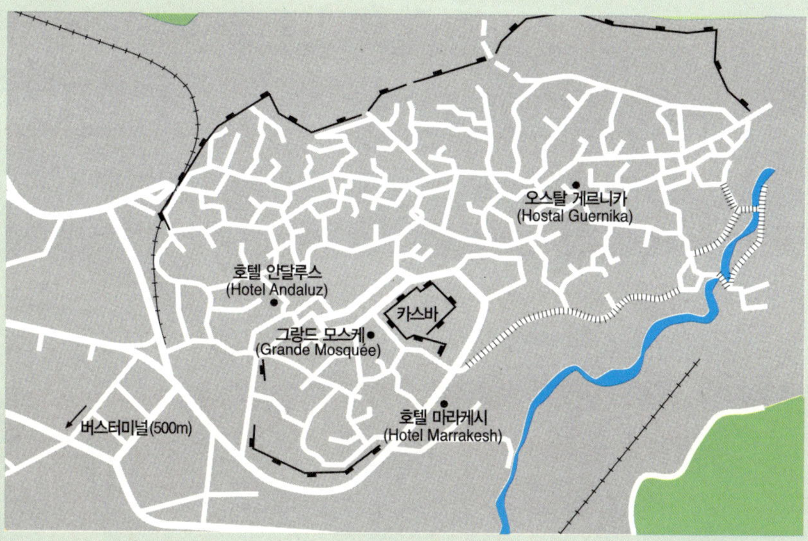

고도의 진지함과 시장의 **활기**가 어우러지다

마라케시

에사위라

카사블랑카

삶이 무미건조하고 재미없을 때
마라케시로 가자

밤 버스 안에서 돈 걱정에 시달렸던 나는 문제가 해결되자 새벽녘에 잠시 눈을 붙였다. 다음날은 맑고 화창한 전형적인 지중해 날씨였다. 따사로운 햇살이 반가워 햇살에 몸을 맡긴 채 천천히 메디나를 눈에 넣었다. 마라케시의 메디나는 페스와는 완전히 다른 분위기였다. 페스가 오래되고 낡은 중세 영화 세트장이라면 마라케시는 붉은 성곽으로 둘러싸인 도시 안에 야자수 나무들과 아름다운 꽃들이 수놓아져 있어 휴양지처럼 밝은 분위기였다. 마라케시는 역시 명성대로 매력적이었다.

가장 먼저 마라케시의 상징인 쿠투비아 모스크Koutoubia Mosque와 첨탑이 눈에 띄었다. 그런데 첨탑이 어디서 많이 본 듯 낯이 익었다. 스페인 안달루시아 지방의 세비야에 있던 히랄다 탑과 너무나 닮아 있었다. 한때 스페인까지 세력을 넓혔던 알모하드 Almohad 왕조 시대에 건축되었기 때문이다. 알모하드 왕조 때 건축된 첨탑 중에서 가장 보존이 잘된 3개를 꼽으라면 스페인 세비야의 히랄다 탑, 라바트의 투르 하산 첨탑, 마라케시의 쿠투비아 모스크 첨탑을 들 수 있다. 여행을 하면서 이런 문화적 연결고리를 직접 확인하게 되면 그렇게 뿌듯할 수가 없다. 이같은 역사적 맥락을 내가 처음 알아낸 것 같은 행복한 착각에 빠져들기 때문이다.

쿠투비아 모스크는 12세기 알모하드 왕조 때 건축되었으나 현재 모스크로 사용되지는 않았다. 첨탑은 높이가 70m로 이곳에 오르면 사방 1마일 반경 내의 모든 사물이 보인다고 한다. 모스크 광장에서 기념 사진전이 열리고 있었는데 1956년 모로코의 독립에 힘썼던 무함마드 5세와 독립운동의 행보가 흑백 사진으로 전시되고 있었다. 사진들은 현대 모로코의 독립 과정을 일별할 수 있는 좋은 기회였다. 전시된 사진에서도 무함마드 5세는 국민들의 정신적인 지주로 숭배되고 있다는 것이 느껴졌다.

북아프리카 최대 종교 학교

페스, 메크네스, 라바트, 마라케시는 모로코의 4대 고도로 꼽힌다. 그 중 마라케시 Marrakesh 는 11세기 알모라비드 Almoravid 와 12세기 알모하드 Almohad 왕조가 수도로 정하면서 발전하였다. 마라케시 남쪽의 사하라 사막과 서쪽의 대서양과도 멀지 않아 제국의 남서부를 아우르는 위치였기 때문이다. 14세기 메리니드 왕조가 수도를 페스로 옮기면서 마라케시는 쇠퇴하다가 16세기 중반 사디안 왕조 Saadian 1554~1664 가 들어서면서 다시 수도의 영광을 되찾았다. 페스가 모로코의 정신과 문화의 수도라고 한다면 마라케시는 모로코의 여느 도시와는 다른 분위기를 갖고 있다. 즉 현대화된 카사블랑카보다 더 아프리카적이고 페스보다 더 베르베르적인 문화가 아랍의 문화와 잘 융합되어 마라케시만의 독특한 매력을 갖고 있었다.

쿠투비아 모스크에서 메디나 북쪽으로 걸어서 알리 벤 유세프 모스크 Ali ben Youssef Mosque와 그 옆에 딸려 있는 알리 벤 유세프 메데르사 Ali ben Youssef Medersa를 찾았다. 알리 벤 유세프 모스크는 1106년 알리 벤 유세프 술탄이 지은 것이다. 그는 마라케시의 성곽을 건축하였을 뿐 아니라 지하 수로를 개발하여 도시 전체에 물을 공급하여 시민들이 일상생활을 영위할 수 있게 하였다. 모스크 안에는 마라케시의 생명과 같은 물이 나오는 수원지와 도시로 물을 공급하던 수도관이 남아 있었다. 마라케시에는 이렇듯 알모라비드 문명의 유산이 곳곳에 남아 있다.

종교 학교인 알리 벤 유세프 메데르사는 14세기 중반 메리니드 왕조 때 그 기초를 닦았고 1565년 사디안 왕조의 술탄 모울래이 압둘라 Moulay Abdullah에 의해 완전히 재건되었다. 북아프리카 이슬람 국가에서 온 교사와 학생이 900명에 달할 정도로 가장 큰 규모를 자랑하는 곳이다. 다른 종교 학교와 마찬가지로 몸을 깨끗이 씻기 위한 목욕탕과 분수대를 지나면 거대한 연못과 함께 기숙사 건물이 나온다. 방 안에는 카펫 위에 쿠란이 놓여져 있고 1인용 책상 옆의 화로에는 차 주전자가 올려져 있었다. 방마다 나 있는 작은 광창 너머로 연못이 내려다보이고 종교적인 명상을 하기에 조용하고 고즈넉한 분위기였다. 이곳 역시 1층과 2층으로 연결된 통로의 나무 장식과 회반죽을 바른 스투코 벽면 장식의 화려함이 돋보였다.

고전적인 아름다움을 간직한 바히아 궁전과 수크

유대인 지구인 멜라 Mellah에는 바히아 궁전 Palais de la Bahia이 있다. 19

● 쿠투비아 모스크와 앞 광
장. ● 요세프 대학 기숙사 방.
● 요세프 모스크의 수원지와
천장의 장식.

● 바히아 궁전을 들어서면
나무와 꽃, 분수대가 어우러
진 아름다운 정원이 나타난
다. ● 궁전의 정교하게 장식
된 나무문. ● 바히아 궁전 색
유리창. ● 수크의 각종 향신
료를 파는 가게.

세기 말 고관의 저택인데 이 세상과는 동떨어진 듯한 아름다움을 지니고 있었다. 궁전 입구를 들어서면 오렌지 나무를 비롯한 여러 종류의 나무들과 꽃들이 마치 식물원처럼 가꿔져 있다. 이어지는 작은 분수대와 정원 주변의 나무 장식이 아름다운 발코니는 걸어오느라 힘들었던 손님의 마음을 위로해 주는 듯했다.

건물 안으로 들어가자 방마다 밋밋한 단조로움을 피해 매우 정교하게 문양을 그려 장식한 문이 눈에 들어왔다. 그리고 방마다 있는 창문을 통해 중정을 감상할 수 있게 해 놓았다. 주거 공간을 나오면 다시 대형 분수 정원이 이어지고 이곳에 딸려있는 응접실은 색유리로 문 장식을 만들어 햇살에 따라 다양한 방 분위기가 연출되도록 하였다. 또한 대형 분수 정원에서 실내 정원으로 이어지게 만들어 어디를 가더라도 항상 나무와 꽃을 볼 수 있었다. 천장에도 나무창을 만들어 햇빛이 들어오도록 하였고, 빨강, 파랑, 초록색 등으로 나뭇잎과 식물 장식을 빈틈없이 그려 넣어 매우 화려하게 장식한 것이 얼핏 우리 나라의 단청과도 비슷한 느낌이었다. 화려한 색상과 문양이지만 질식할 듯 부담스럽기보다 고전적인 아름다움을 내뿜었다. 사람들이 원하는 천국의 모습을 재연해 놓은 것이 아닐까하는 생각이 들 정도였다.

집 구경에 넋이 나가 마치 꿈속을 헤매다 온 것처럼 아득하다. 궁전을 나와 전통시장인 수크로 들어서니 이제야 현실로 돌아온 듯 정신이 들었다. 궁전에서 메디나 북동쪽 모퉁이에 위치한 케사빈 모스크 Qessabin Mosque 까지 이어지는 길은 수크의 진면목을 보여 주는 흥미로운 거리이다. 원하면 뭐든지 구할 수 있다는 수크 거리의 상인들은 지나가는 손님을 놓칠세라 호객 행위와 흥정 솜씨가 만만치 않았다. 가장 모로코다운 수크가 바로 마라케시의 수크라 할 정도로 그들의 상술이 뛰어났다.

마라케시 수크에서 파는 카펫은 다른 지역과는 조금 다르다. 양털로 아라베스크 무늬를 짜 넣은 것이 아니라 조각 천을 이어 붙여 퀼트와 비슷하다. 거기에 금, 은 구슬로 수놓은 것이 특이하고 아름다웠다. 사하라 지역의 베르베르인들이 만들었다는 독특한 카펫이 나의 눈에 확 들어왔다. 각 나라의 독특한 기념품을 수집하는 것을 취미로 삼는 내가 그냥 지나칠 수 없었다. 카펫과 세트로 방석 커버까지 사고 말았다. 나중에 짐 꾸릴 때 부피가 커 애먹었지만 지금은 집안을 장식하는 소품으로 잘 활용하고 있다. 그 밖에도 수크에는 청동으로 만든 전등갓에 색유리로 장식한 것, 고가구, 구리 공예, 유리 공예, 찻잔, 차 주전자, 각종 향신료, 말린꽃과 허브 등 하루 종일 시장 구경만 해도 지루하지 않을 정도로 재미있는 물건들이 넘쳐났다.

모로코의 전통, 골목을 누비는 물장수

메디나 남쪽에 위치한 성채인 카스바의 밥 에르 로브_{Bab er-Rob} 문을 통해 구시가로 들어섰다. 여기서 모로코의 전통 물장수를 만났다. 그는 옷부터 매우 특이했다. 원색의 실로 짠 붉은 옷에 머리에는 여러 가지 색깔의 술이 달린 모자를 썼다. 어깨부터 내려오는 넓은 가죽 벨트에는 물을 마시는 구리 그릇을 여러 개 매달고 등 뒤에 진 물통과 연결한 수도꼭지를 들고 있다. 그가 걸을 때마다 광대의 모습이 떠올라 나는 자꾸 웃음이 나왔다. 물장수는 물통과 연결된 수도꼭지를 멋지게 틀어 물이 흘러나오는 것을 내게 보여주면서 마치 마술이라도 부리는 듯 의기양양해 하였다.

예전 물장수들은 시장 골목골목을 누비며 이렇게 물을 팔았다. 물이 귀한 지역에서 물장수는 얼마나 반가운 존재였을까? 그러나 지금은 아무도 물장수를 기다리지도, 필요로 하지도 않는다. 물장수는 물을 파는 대신 관광

아름다운 중정. 정원과 분수, 연못은 이슬람 건축에서 빠지지 않는다.

객들에게 모델이 되어 주고 돈을 버는 직업인이다. 그런 변화가 씁쓸하지만 여행객에게는 모로코 전통의 단면을 경험할 수 있는 즐거운 기회였다.

성채 안에는 16세기 중반 사디안 왕조 시대의 왕과 가족 66명의 시신이 안치된 사디안 무덤 Saadian Tombs이 있다. 무덤 입구의 어두운 터널을 빠져 나오자 레몬과 오렌지 나무, 야자수가 드리워진 넓은 정원이 나왔다. 이곳 역시 무덤이라고 하기에는 너무나 아름다운 곳이었다. 대리석 관이 놓여있는 무덤 안에는 벌집형 아치와 화려한 문 장식 너머 벽면의 석고 장식과 기둥들이 늘어서 죽은 이를 호위했다. 모로코를 여행하면서 무덤에 대한 고정관념이 깨졌다. 그들이 원하는 사후세계는 이렇게 꽃과 나무가 가득하고 풍부한 물과 아름다운 햇살이 비치는 밝은 곳이리라.

설산을 배경으로 한 메나라 정원 연못

마라케시 도심에서 남서쪽으로 1km 내려가면 놀라운 연못 정원을 만나게 된다. 면적이 200×150미터인 메나라 정원 Jardin Menara에 녹색 타일로 장식된 누각이 물 위에 비치는 모습은 환상적이었다. 누각이 서있는 연못 반대편에는 공연 전용 무대가 마련되어 있다. 더위가 한풀 꺾인 한여름 밤에는 이곳에서 시민들을 위한 공연이 펼쳐진다고 한다. 연못 주변으로는 올리브 나무들이 숲을 이루어 시민들의 산책로로 활용되고 있었다.

메나라 정원을 더욱 아름답게 만드는 것은 병풍처럼 드리워진 아틀라스 산맥이다. 지중해 지역에서 흰 눈을 이고 선 아틀라스 산맥은 예상치 못한 풍경이어서 더욱 아름다웠다. 마라케시는 북으로 미들 아틀라스와 하이 아틀라스 산맥, 남쪽으로 안티 아틀라스 산맥 사이에 위치하고 있다. 아틀라스 산맥은 4천m가 넘는 산봉우리로 이어져 있는데 겨울에는 눈이 하얗게 쌓여 있

● 독특한 옷차림의 모로코 전통 물장수. ● 사디안 무덤 안. 아랍식 기둥과 아치가 장식된 가운데 석관이 놓여있다. ● 무덤 입구의 정원.

다. 마라케시는 여름의 강한 햇빛을 피할 수 있는 11월부터 5월까지가 여행하기에 적절했다. 사막의 선선함과 설산의 모습을 함께 볼 수 있기 때문이다.

밤이 되면 축제가 펼쳐지는 제마 엘 프나 광장

마라케시 중심의 제마 엘 프나 광장 Place Djemaa el-Fna은 밤이 되면 활기찬 광경이 펼쳐진다. 낮에는 그저 평범하던 이 광장이 늦은 오후부터 변신하기 시작했다. 해가 저물 무렵 사람들의 발길이 모이고 상인들은 말린 살구, 아몬드, 땅콩, 대추 야자 등의 견과류를 색깔 맞춰 차곡차곡 잘 쌓아 올린 이동 수레를 끌고 나타났다. 오렌지 생과일주스를 갈아 파는 수레까지 자리를 잡자 광장 가운데서 퍼포먼스가 벌어졌다. 거리의 악사, 곡예사, 뱀쇼를 하는 사람들이 나타나 사람들을 불러 모으고 묘기를 보였다. 그리고 사람들 사이로 구경 값을 받으러 다녔다. 구경하는 사람들은 어느새 양손에 견과류 봉지와 오렌지주스를 들고 있었다.

고기 굽는 냄새까지 코끝을 자극했다. 광장 한편에 설치된 야시장은 저녁 시간이 되자 다양한 꼬치구이, 생선과 고기 바비큐, 야채 샐러드, 구운 야채까지 지글지글 굽는 소리가 대단했다. 주방장들은 손님을 불러 모으기

야시장의 먹거리.

위해 마치 쇼라도 하듯 소금이나 향신료를 뿌릴 때 동작에 얼마나 멋을 부리는지 웃음이 나올 지경이었다. 나름 심혈을 기울이는 그들의 손끝에서 만들어진 음식이 맛있게 보였다. 만약 삶이 무미건조하거나 재미가 없을 때 이곳을 찾는다면 증세가 단번에 호전될 것이다. 그만큼 역동적인 삶의 모습을 만날 수 있다. 그리고 그들의 일상을 엿보면서 자신을 돌아볼 수 있는 기회를 얻을 것이다. 제마 엘 프나 광장은 세상은 살아볼 만하다는 메시지를 우리에게 마구 뿜어내는 곳 같았다. 광장 옆의 쿠투비아 모스크 첨탑에 조명이 켜지자 광장의 활기와 분주함은 더욱 빛났다.

사막에서 펼쳐지는 모로코 전통 공연, 체스 알리

튀니지에서와 마찬가지로 모로코에서도 사막의 오아시스를 재현한 전통 춤을 공연하는 체스 알리 Chez Ali 가 있었다. 나는 티켓을 끊고 공연장에서 운행하는 차를 타고 도심에서 떨어진 공연장으로 갔다. 밤 9시에 도착한 공연장은 사막 위의 오아시스 도시로, 시원한 물소리가 들리는 분수대와 화려한 조명으로 장식한 건물은 테마파크 같았다. 공연을 시작하기 전에 하리라 스프, 양고기 타진, 닭고기 쿠스쿠스, 디저트가 코스로 나왔다. 식사를 하는 동안에도 악단은 식탁마다 돌며 전통 음악을 연주했고 원색이 아름다운 의상을 입은 여인들은 노래와 춤을 보여 주었다. 이들은 베르베르인들로 미들 아틀라스 산맥, 하이 아틀라스 산맥, 안티 아틀라스 산맥 지역에 따라 각기 다른 전통의상을 입고 춤을 추면서 분위기를 고조시켰다.

식사를 마치고 야외무대로 옮겨 전통 춤 공연을 감상하였다. 사막의 모래 위에 마련된 무대에서 여인들의 춤 공연에 이어 모로코 기병의 마상쇼가 흥미진진한 볼거리를 제공하였다. 특히 사격 시범을 보일 때는 영화 〈아라비아 로렌스〉의 한 장면을 보는 듯해 손에 땀을 쥐며 관람하기도 하였다. 영화는 세계 1차 대전 중 터키와의 전투에서 아랍의 지원을 받기 위해 영국군 장교 로렌스가 파견되면서 시작된다. 그는 아랍 지도자들의 마음을 사로잡고 아랍 민족의 독립을 위해 열심히 싸워 '아라비아 로렌스' 라는 영웅적인 칭호까지 얻게 된다. 영화에서처럼 모로코의 기병은 터번과 아랍 전통 의상을 입은 채 흔들리는 말 위에서 놀라운 사격 솜씨를 뽐냈다.

이어 하늘을 나는 양탄자, 낙타를 탄 상인들, 전통 음악과 춤이 어우러졌다. 아랍의 대표적인 문학인 〈아라비안 나이트〉의 한 장면처럼 신비로운 무대 연출이었다.

● 체스알리쇼 중의 마상쇼 한 장면. ● 베르베르 연주단.

마라케시(Marrakesh)

◎ 가는 방법

*** 버스 :** 터미널은 메디나 성벽 밖에 위치한다. 도보로 20분, 택시를 이용하면 편리하다. CTM 버스를 비롯해 여러 버스들이 공동으로 사용하고 있다. 카사블랑카 4시간, 페스 1시간, 탕헤르 11시간, 라바트 5~6시간, 에사위라 3시간.

*** 기차 :** 기차역은 도심 서쪽 신시가 끝에 위치. (시내버스 3, 8, 10, 14번) 카사블랑카 3시간, 페스 8시간, 메크네스 7시간, 라바트 4시간.

◎ 주요 볼거리

구시가인 메디나는 16km에 달하는 붉은 성벽으로 둘러싸였다.

- **쿠투비아 모스크(Koutoubia Mosque)와 첨탑 :** 마라케시의 상징인 첨탑. 12세기 만들어진 것으로 스페인 코르도바의 첨탑보다 2배 정도 더 높다.

- **제마 엘 프나 광장(Place Djemaa el-Fna) :** 유네스코 문화유산. 야시장의 먹을거리도 풍부하고 악사와 곡예사 등 구경거리가 많다.
- **알리 벤 유세프 모스크(Ali ben Youssef Mosque) :** 마라케시의 생명과 같은 물이 나오는 수원지가 있다.
- **알리 벤 유세프 메데르사(Ali ben Youssef Medersa) :** 16세기 완성된 종교 학교로 북아프리카에서 가장 큰 규모를 자랑한다. 기숙사 방과 분수대, 연못 정원이 남아있다.

◎ 주변 볼거리

- **메나라 정원(Jardin Ménara) :** 올리브 나무숲과 설산의 아틀라스 산맥이 병풍처럼 드리워진 아름다운 연못 정원. 시민들의 휴식처로 인기 있다.

◎ 숙박

- **오텔 수리아(Hôtel Souria) :** 17 Rue de la Recette, 전화 024-426757, 싱글 126 / 더블 160Dh.
- **오텔 센트랄 팔라스(Hôtel Central Palace) :** 59 Derb Sidi Bouloukat, 더블 150~ 300Dh.

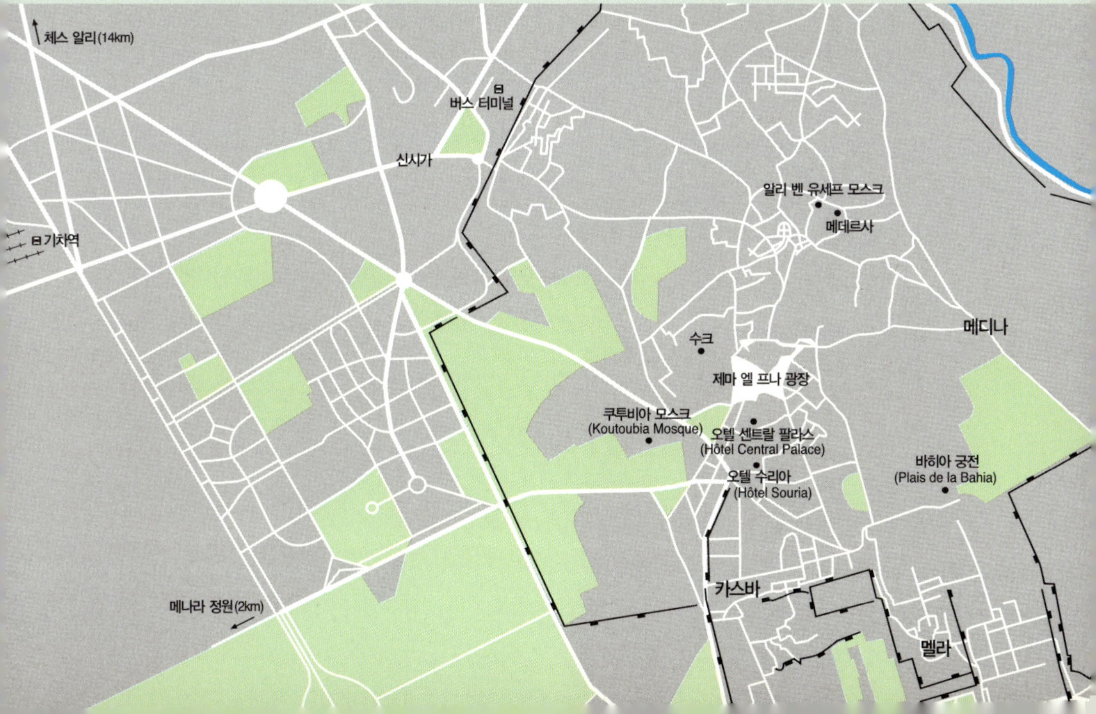

대서양의 거센 바람에도 끄떡 없는 요새
에사위라

모로코는 북쪽으로 지중해와 서쪽으로 대서양을 끼고 있다. 에사위라 Essaouira는 대서양 연안의 항구 도시로, 유럽풍의 요새 도시이다. 마라케시에서 버스를 타고 서쪽으로 2시간 30분 정도 달려가니 성채로 둘러싸인 도시가 나타났다. 이곳도 기원전 7세기부터 사람들이 살기 시작하여 페니키아, 카르타고, 베르베르, 로마가 차례로 들어와 살았고 16세기에는 포르투갈의 침략을 맞아 성벽을 쌓으면서 성채 도시가 되었다.

이후 18세기 알라위테 Alaouite 왕조의 4번째 술탄인 시디 무함마드 벤 압달라 Sidi Mohammed ben Abdallah가 해적들을 피해 안전하게 정박할 수 있는 항구 도시로 발전시켰다. 그는 프랑스 건축에 매료되어 프랑스 건축가를 초빙하고 도로와 해안의 성곽을 비롯해 도시 곳곳에 기념물을 조성하였다. 그 결과 오늘날의 매력적인 항구 도시가 되었다고 한다. 이런 역사적인 배경에 따라 에사위라의 메디나는 포르투갈, 프랑스, 베르베르의 군사적인 건축물들이 혼합된 모습을 보여 주고 있다. 중심 광장인 오델로 정원 Jardin Othello 은 발코니가 있는 건물 아래 노천카페와 식당이 늘어서 유럽 도시의 어느 광장과 비슷한 분위기였다. 며칠 흐리고 비가 오더니 오랜만에 화창하게 개었다. 나는 파란 하늘과 햇살 아래 몸을 녹이며 광장의 식당에서 점심을 먹었다.

에사위라는 대서양 연안에 출몰한 해적들을 막기 위해 도시 전체를 성곽으로 둘러 쌓았다. 1769년 지어진 바닷가의 성채, 스칼라 뒤 포르 Skala du Fort 에 들어서니 대서양의 찬바람이 뺨을 세차게 두드려댔다. 확실히 지중해와 대서양은 바람부터 다르다. 대서양은 지중해에 비해 거센 파도와 바람을 몰고 오는 차가운 성질의 바다이다. 몸이 휘청거릴 정도로 거센 바람을 맞으며 방어벽을 따라 걸었다.

성벽 주변의 갈매기들이 먹이를 찾아 부지런히 몰려다니는 모습을 눈

● 대서양 연안의 유럽풍 요새 도시, 에사위라. ● 솟대와 갈매기들. 긴 장대 위에 물고기 조각을 올려 놓았다. ● 메디나 성벽의 늠름한 아치. ● 메디나 성벽에서 본 대서양의 일몰. ● 아프리카 목각 기념품을 파는 가게.

으로 좇다가 반가운 것을 발견하였다. 옛날 우리 나라 마을 입구에 세워두던 솟대였다. 우리는 높은 장대 나무 위에 오리나 새 조각을 올려놓은 반면 이곳에선 물고기를 조각해 풍어와 도시의 안녕을 기원했다. 우리와 비슷한 풍습이 있다는 것이 반갑고 신기하였다.

항구 쪽 스칼라를 둘러본 뒤 메디나 쪽 성벽으로 걸어가니 성벽 아래 '나무 공예품 거리' 가 나타났다. 거리의 공예품들은 공방에서 직접 만들었다고 하는데 전형적인 아프리카 조각 솜씨가 갤러리 수준이었다. 아프리카의 기타, 북과 같은 악기들, 풍요를 상징하는 여인의 조각상까지 종류도 다양했다. 한 가게에 들어서자 레게 머리의 직원들이 아프리카 전통 악기를 연주하며 노래를 들려주었다. 매년 에사위라에서는 '세계 음악 축제' 가 열린다고 한다. 그리고 해마다 이 축제에서 대상을 받은 노래를 모아 놓은 CD를 보여주면서 에사위라가 아프리카 음악의 메카 역할을 하고 있다며 강한 자부심을 내보였다. 유럽과 이슬람의 문화뿐 아니라 아프리카의 문화까지 다양한 문화가 공존하는 모로코는 지리적 위치를 잘 이용하여 타문화와 자기 문화를 융합하는데 탁월한 능력을 가졌음을 알 수 있었다.

어느덧 해가 뉘엿뉘엿 넘어가기 시작하자 다시 성벽 위로 올라 밥 알바르 문Bab al-Bahr 앞에 섰다. 이 문은 해안에서 메디나로 들어가는 성문 중의 하나이다. 해가 지기 시작하자 시민들과 여행자들이 하나 둘씩 모여 들었다. 모두들 대서양으로 지는 노을을 바라보며 상념에 젖었다. 말은 하지 않았지만 마음으로는 하루의 고단함을 내려놓고 내일의 희망을 비는 듯했다.

영화 카사블랑카의 카사블랑카는 없었다

모로코를 떠나 한국으로 오는 비행기를 타기 위해 카사블랑카로 다시

향했다. 처음 모로코에 도착한 날 라바트로 향하면서 카사블랑카 Casablanca 는 지나쳤다. 카사블랑카에 갔지만 역시 소문대로 영화 〈카사블랑카〉의 낭만을 찾기는 어려웠다.

영화는 파리가 독일의 나치에게 점령된 1940년, 프랑스령 모로코의 항구 카사블랑카를 배경으로 한다. 당시 정치적 망명자, 반 나치 투사들이 카사블랑카로 모여들었다. 미국으로 가는 여권을 구하기 위해 아내와 카사블랑카에 온 반 나치 투사 라즐로 폴 헌레이드 는 카페 '아메리카' 를 찾아간다. 카페 아메리카의 주인 릭 험프리 보가트 은 라즐로의 아내 엘사 잉그리드 버그만 를 보고 깜짝 놀란다. 바로 옛사랑이었기 때문이다. 엘사를 붙잡아 두고 싶어 번민하는 릭을 지켜보며 이들의 사연을 아는 피아니스트 샘이 'As times go by'를 부르는 장면은 지금도 생생하다. 릭은 엘사를 깊이 사랑하는 라즐로의 마음을 알고 두 사람의 탈출을 도와준다.

카사블랑카에는 영화의 낭만은 사라지고 사람들과 자동차 매연으로 복잡한 도시만이 남아 있었다. 대부분의 여행자들도 속물이 되어버린 카사블랑카 앞에서 나처럼 실망을 감추지 못할 것 같다.

148

에사위라(Essaouira)

라 드 라 빌 (Skala de la Ville) 두 개의 해안 성채가 있다. 스칼라 드 라 빌의 성벽 위 산책로에서 드라마틱한 대서양의 노을을 감상할 수 있다.

◎ 가는 방법

* **버스** : 터미널은 메디나에서 북동쪽으로 400m 떨어진 곳. 쁘띠 택시(petit taxi)를 타면 6Dh 정도 나온다. CTM 버스는 카사블랑카 6시간, 마라케시 2시간 30분, 라바트 6시간, 아가디르 3시간 소요.

◎ 주요 볼거리

18세기 유럽식 성채가 남아 있는 해안 도시. 해안의 성벽과 구시가(메디나)는 2001년 유네스코 문화유산으로 지정되었다. 항구 쪽의 스칼라 뒤 포르(Skala du Fort)와 해안선을 따라 도시 외곽을 에워싼 스칼

◎ 주변 볼거리

오델로 정원(Jardin Othello) 중심으로 노천카페와 식당들이 모여 있고 메디나의 수크(시장)도 볼만하다.

◎ 숙박

* **오텔 수이리(Hôtel Souiri)** : 37 Rue Lattarine, fax 024-475339, 싱글 120 / 더블 150Dh. souiri@menara.ma
* **리야드 나클라(Riad Nakhla)** : 2 Rue Agadir, www.essaouiranet.com/riad-nakhla 싱글 200 / 더블 300Dh. 돌기둥과 분수대가 있는 정원, 옥상 테라스를 갖춘 깨끗한 호텔.

Spain
스페인

알칼라 데 에나레스
바르셀로나
세고비아
마드리드
아란후에스
톨레도
메리다
코르도바
세비야
말라가
마르베야
그라나다

태양과 **정열**, **음악**으로 가득차다

여유와 열정이 공존하는 마드리드

　　뜨거운 태양 아래 흥겨운 기타 소리와 박수에 맞춰 정열적인 플라멩코 춤을 추는 사람들, '올 레이!'를 외치며 투우 경기를 보는 사람들, 올리브와 산그리아_{포도주 칵테일}, 파에야_{해물 볶음밥}를 먹을 수 있는 곳, 고야, 가우디, 피카소, 달리 등 예술계의 거장이 태어나고 활동한 곳, 일 년 내내 끊임없이 이어지는 축제의 나라 등등. 이 모든 것은 스페인하면 연상되는 것이다.

　　유럽 대륙의 남쪽 끝, 이베리아 반도에 위치한 스페인은 지중해와 대서양, 유럽과 아프리카 대륙 사이에 있어 예로부터 동양과 서양의 문화를 잇는 다리 역할을 했다. 북으로 피레네 산맥을 넘으면 유럽 대륙과 이어지고 남으로 지브롤터 해협을 건너면 곧바로 아프리카와 연결되어 페니키아인, 카르타고인, 그리스인, 로마인, 아랍인들이 부를 찾아 스페인으로 들어왔다. 그 결과 여러 민족의 문화와 삶의 흔적이 융합되어 스페인은 어느 나라에서도 찾아보기 힘든 독특한 개성을 만들어 냈다.

광활한 고원지대인 중부의 카스티야 Castilla 지방은 방랑 기사 돈키호테가 연상되는 가장 스페인적인 곳으로 지리적, 정치적 중심지이다. 아름다운 지중해를 끼고 있는 카탈루냐 Cataluna 지방은 무역과 상업의 중심지로 번영을 누렸고, 북쪽으로 가면 항상 비가 많이 내려 녹색 삼림지대가 펼쳐지고, 남쪽의 안달루시아 지방은 이슬람 문화의 흔적이 가장 많이 남아있다. 이렇듯 넓은 스페인은 지역별로 다양한 문화가 공존한다.

1492년은 스페인 역사에 있어 기념비적인 해이다. 콜럼버스의 서인도제도 발견에 힘입어 대서양을 건너 신대륙인 아메리카로 진출하기 시작하였다. 결국 그들은 중남 아메리카를 식민지화하여 오늘날 세계의 1/4에 해당되는 거대한 스페인 문화권을 만들어 놓았다. 중남미의 마야, 아스텍, 잉카 문명을 답사하기 위해 여러 나라를 여행하다보니 거대한 스페인 문화권에 대해 놀라지 않을 수 없었다. 이처럼 큰 영향을 끼친 스페인이 궁금했다. 16~17세기 황금기를 누렸던 스페인은 세계사 속에서 어떤 길을 걸어왔을까. 그 궁금증을 풀기 위해 나는 스페인이라는 바다에 풍덩 빠져보기로 했다.

마드리드에 밤늦게 도착했지만 걱정은 없었다. 예전과 달리 한국인 여행자들이 많아지면서 한국인 민박이 유럽 곳곳에 있다. 민박은 집 같은 편안함이 있고, 한국식 아침도 먹을 수 있어 낯선 여행지의 긴장감을 해소할 수 있어 좋다. 내가 묵은 '아리네' 집은 지하철역과 가까웠고, 친절한 여행 정보와 맛있는 한식 아침 덕분에 스페인 여행에 많은 도움이 되었다.

마드리드는 스페인의 수도이지만 사실 다른 유럽 국가의 수도처럼 유서 깊은 역사를 자랑하는 도시는 아니다. 몇몇 역사적인 기념물을 제외하면

19~20세기에 이루어진 현대적인 모습이다. 마드리드의 역사는 10세기경 이슬람의 지배 하에 만사나레스 Rio Mazanares 강둑에 성채를 짓고 마게리트 Magerit 라고 부르면서 시작되었다. 1083년 카스티야 왕국의 알폰소 6세는 이슬람으로부터 국토를 재정복하자는 운동을 벌이며 마드리드를 탈환하였다. 그러나 톨레도보다 중요성이 덜해 빛을 보지 못했다. 마드리드가 스페인 역사의 중심이 된 것은 1561년 펠리페 2세 때이다. 그는 자신의 궁전인 '엘 에스코리알' El Escorial 과 가깝고 지리적으로 스페인의 중앙에 위치한 마드리드로 천도를 결심한다. 왕궁 Palacio Real 이 완성되고 귀족, 관리, 예술가들이 모여들면서 도시는 점점 커지기 시작했다.

마드리드는 스페인의 중앙에 위치하여 톨레도, 엘 에스코리알, 아란후에즈, 세고비아, 쿠엔카 등의 도시로 당일 여행을 다녀올 수 있다. 만약 스페인만 여행한다면 굳이 유레일패스가 필요 없을 정도로 시외버스가 발달되어 있어 버스 여행이 더 편리하다.

생활 속의 친구, 바르와 하몬

스페인 사람들의 삶 속에서 바르 Bar 는 생활 깊숙이 뿌리내리고 있다. 아무리 작은 마을이라도 바르가 있을 정도다. 바르는 아침 일찍부터 저녁 늦게까지 사람들로 붐비는 사교의 장이며 편의점 같은 곳이다. 스페인 사람들은 아침이면 '바르'에서 카페 에스프레소를 마시고 출근을 한다. 점심을 먹거나 가벼운 식사를 할 때도 바르를 찾는다. 저녁에 간단한 식사를 하거나 맥주 한 잔을 하며 하루의 피곤을 풀고 싶을 때, 와인을 한 잔 하고 싶을 때에도 바르를 찾는다. 심지어 화장실에 가고 싶을 때도 바르를 찾는다. 그야말로 없어서는 안 될 존재이다. 우리나라 카페처럼 차나 커피 값이 밥값보다 비싸지

● 스페인 사람들의 하루는 바르에서의 커피 한 잔으로 시작되고, 저녁에 바르에서 간단한 식사와 술 한 잔으로 끝난다. ● 스페인 사람들이 가장 즐겨먹는 하몬. 푸에르타 솔의 하몬 박물관 모습.

않고 저렴하기 때문에 부담없이 갈 수 있는 서민적인 곳이다. 나도 여행하다 목이 마르거나 다리가 아프면 언제든 들러서 쉬곤 했고 특히 화장실을 사용할 수 있어 즐겨 애용하였다.

또한 스페인은 하몬Jamon의 나라이다. 하몬은 스페인식 생고기 햄이다. 바르에 가면 하몬을 천장에 매달아놓고 손님이 원하는 대로 썰어서 샌드위치를 만들어 준다. 하몬은 가을 추수기에 잘 먹인 돼지를 11월에 도살해 살이 오른 다리 부분을 떼어내 소금을 뿌린 후 천장에 매달아 자연 건조 숙성시킨 것이다. 스페인의 건조하고 메마른 날씨에 알맞은 저장법이다.

마드리드 푸에르타 솔솔 광장에는 유명한 하몬 박물관Museo del Jamon이 있다. 여기에서는 온갖 종류의 하몬을 파는데, 천장에 온통 돼지고기 다리가 매달려 있다. 자신이 좋아하는 하몬을 골라 썰어서 사거나 샌드위치로도 먹을 수 있다. 나는 여기에서 하몬 샌드위치를 처음 먹어보았다. 처음엔 생고기를 말린 것이라 질기고 냄새가 나서 먹기 어려웠다. 그러나 금세 그 맛에 중독되어 오히려 훈제된 햄은 인스턴트 같고 하몬이 그리워졌다.

유럽을 여행하다보면 주로 고기나 생선 요리에 빵을 먹어야하기 때문에 밥이 그립기 마련이다. 스페인 여행이 좋았던 이유 중 하나는 바로 밥을 먹을 수 있어서였다. 스페인의 대표 요리인 파에야Paella는 쌀과 해물, 야채 등을 올리브 오일과 함께 넣어 볶듯이 익힌 해물 볶음밥이다. 다른 유럽 국가와 달리 스페인에 쌀 요리가 발달한 것은 8세기 이슬람의 영향 때문이다. 중세 시대 발렌시아 지방을 중심으로 쌀 요리가 발달하다가 17세기 들어 스페인의 쌀 경작이 쇠퇴하면서 쌀 요리는 배척당했다. 그 후 19세기 후반 안달루시아의 과달비키르 강 유역에 쌀을 경작하면서 다시 쌀 요리가 사랑을 받기 시작하여 오늘에 이르렀다.

스페인 파에야는 샤프란이라는 향신료를 넣기 때문에 노란 빛이다. 납작한 냄비에 홍합, 조개, 새우, 오징어 등을 푸짐하게 올린 파에야는 스페인 여행에서 나의 단골 메뉴였다. 그러나 파에야를 먹을 때 소금을 조금만 넣어 달라고 주문하는 것을 잊지 말아야 한다. 아니면 너무 짜서 그림의 떡이 될지도 모른다.

스페인을 대표하는 요리, 파에야

이베리아 반도에 사람이 살기 시작하다

알타미라 동굴 벽화.

이베리아(Iberia) 반도에 사람이 처음 살기 시작한 것은 기원전 1만2천 년경이다. 스페인 북쪽 산탄데르(Santader)에는 세계적으로 유명한 구석기 시대 알타미라(Altamira) 동굴 벽화가 남아있다. 동굴 유적은 보존을 위해 일반 개방을 하지 않아 마드리드 국립 고고학 박물관(Museo Arqueológico Nacional) 앞뜰에서 동굴 모형관으로 대신해야 했다. 스페인의 기원과 역사를 알 수 있는 국립 고고학 박물관은 알타미라 동굴을 재현해 놓은 것부터 스페인에 살아왔던 민족들에 대한 유물들이 잘 전시되어 있다. 이베리아인, 로마인, 서고트족(비시고트족, Visigoths), 이슬람 지배 시대의 문화 양식, 크리스트교의 스페인 문화인 로마네스크, 고딕 양식 등에 관한 전시가 주를 이루고 있다.

알타미라 동굴 모형관은 어둡고 컴컴한 동굴을 그대로 재현하고 천장에 붉은빛의 들소, 말 등이 그려져 있다. 목이 빠져라 올려다보니 선명한 것도 있지만 형체를 알아보기 힘든 것도 있었다. 그러나 사냥에 의존하며 살았을 그들의 간절한 주술 감정이 그대로 표현되어 있어 깜짝 놀랐다.

구석기 시대 이후 기원전 3천 년경 신석기 시대가 이어지고 기원전 2천 년경 아프리카로부터 이베리아족(Iberos)이 이주해 오면서 청동기 문화가 발전하였다. 이베리아인들은 갈색 피부에 검은색 머리의 전투적인 민족이었다. 그들은 대장이 죽으면 자살하는 충성심과 강인함을 갖고 있었다. 그 영향으로 스페인 사람들은 자기가 속한 무리의 지도자에게 충성을 다하지만 전체 틀 속에서 규칙이나 규율에 복종하는 것을 싫어해 개인주의 경향과 지방색이 강하다. 이베리아인들이 남긴 대표 작품인 '엘체의 여인상'(Dama de Elche)의 여인은 우아하고 고귀한 분위기를 자아낸다. 출산과 풍요, 즉 다산을 기원하는 마음을 담은 것으로 여성을 신으로 떠받들었음을 알려 준다. 또 바퀴 모양의 머리를 옆에 늘어뜨린 것이 아프리카의 영향을 받은 것이라고 하니 유럽에 있는 나라지만 그 뿌리는 아프리카였던 것이다.

기원전 8세기경 유럽의 북쪽으로부터 금발의 켈트인들이 철기를 가지고 이주해와 '켈트 이베리아인'으로 살기 시작했고, 기원전 11세기경 지중해 해상활동을 하던 페니키아인들이 스페인으로 건너와 카디스(Cadiz), 말라가(Malaga), 이비사(Ibiza) 등의 식민 도시를 건설하였다. 스페인의 옛 이름인 히스파니아

(Hispania)는 페니키아어에서 유래되었다. 페니키아인들은 알파벳과 금속 도구 제작과 직조 기술을 이 땅에 전해 주었다.

그 뒤 그리스인들이 스페인의 동부 해안 지방에 식민도시를 건설하였고 포도, 올리브 재배와 예술에 영향을 주었다. 카르타고가 지중해 해상권을 쥐고 있을 때에도 스페인의 남부 해안 지역에 진출하였고, 유명한 한니발 장군은 13살 이후 스페인에 살았다고 한다. 로마는 포에니 전쟁에서 승리함으로써 지중해 패권을 차지하였고, 스페인에 속주를 설치하여 총독을 두어 지배하게 되니 이베리아 반도는 로마의 영향 아래 로마제국의 일부로 발전하게 되는 계기가 되었다.

8세기, 이슬람이 스페인을 접수하다

로마가 게르만족에게 멸망한 이후 스페인 지역은 게르만족의 일부인 서고트족의 지배를 받게 된다. 622년에 무함마드가 이끄는 이슬람 세력은 북부 아프리카에 진출하고 711년에는 드디어 이베리아 반도까지 들어와 이슬람 제국을 건설하였다. 이로써 스페인은 1492년 국토재정복운동(레콩키스타, Reconquista, 722~1492)이 성공할 때까지 거의 800년 동안 이슬람의 지배를 받게 된다.

756년 후기 옴미아드 왕조의 아브드 알 라흐만 1세(Abd ar-Rahman, 756~788)는 코르도바를 중심으로 새로운 왕국을 세우게 되는데 바로 '알-안달루스(Al-Andalus) 왕국'으로, 당시 유럽 대륙 최고의 문화 국가로 발전했다. 이 시대에는 이슬람교로 개종한 크리스트교도와 이슬람 문화를 수용하나 개종하지 않은 크리스트교도들, 크리스트교로 개종한 아랍인(무어인)들이 함께 어우러져 살았다.

스페인의 이슬람 지배는 크게 코르도바(756~1031) 시기, 세비야(1040~1248) 시기, 그라나다(1248~1492) 시기로 나눈다. 코르도바를 중심으로 번영을 누린 알-안달루스 왕국은 1031년 왕조의 내분으로 여러 소왕국으로 분열되었다. 이후 이슬람의 거점은 세비야로 옮겨지게 되었다. 1085년 크리스트교도들이 톨레도를 정복함으로써 이슬람 세력은 경제적 위기와 내정 혼란을 가져 왔다. 이에 이슬람 국가인 북아프리카 모로코의 알모라비드 왕조의 지원을 받으려다 오히려 지배를 받게 되자 스페인의 이슬람교도들이 반란을 일으켰다. 1170년 역시 모로코의 알모하드 왕조가 건너와 이들을 지배하였다.

1248년 세비야가 크리스트교에 정복되자 이슬람 세력은 그라나다를 중심으로 하는 나스르 왕조(1232~1492) 최후의 거점으로 그 영역이 축소되었으나 14세기 유세프 1세와 무함마드 5세의 치세 때 알람브라 궁전을 건축하는 등 번영을 누렸다. 그러나 1492년 스페인의 국토재정복운동으로 인해 이슬람 세력은 스페인에서 완전히 축출되었다.

중세, 스페인에 크리스트교 국가 건설

스페인의 중세는 이슬람의 침입을 받은 이후 8세기부터 국토를 재정복하는 과정에서 아스투리아스, 나바라, 아라곤, 카탈루냐 지역 등에 가톨릭을 신봉하는 국가가 세워지면서 시작된다. 스페인의 크리스트교 국가 중 제일 먼저 세워진 곳은 북서부 산악 지대인 아스투리아스 지역이다. 이곳의 서고트 귀족들에 의해 왕위에 오른 펠라요(Don Pelayo, 718~737)는 718년 코바동가(Covadonga) 전투에서 이슬람군을 격퇴하는데 성공한다. 이때부터 이슬람을 축출하기 위한 스페인의 '국토재정복운동'이 본격적으로 시작되었다. 이후 아스투리아스는 레온 왕국과 연합을 이루었으나 11세기 카스티야가 이 지역을 흡수해 카스티야－레온 왕국이 세워지게 되었다.

11~12세기에 걸쳐 이베리아 반도의 여러 나라는 다섯 개의 국가로 정리되는데, 카스티야(Castilla)－레온(Leon) 왕국, 아라곤(Aragon)－카탈루냐(Catalunya) 연합 왕국, 나바라(Navarra) 왕국, 포르투갈(Portugal) 왕국, 그라나다(Granada) 왕국이 그것이다. 이 중 포르투갈 왕국은 카스티야에서 분리 독립하여 오늘날 포르투갈의 기원이 된다. 그라나다 왕국은 국토재정복운동으로 밀려난 이슬람의 최후 거점이 되었던 곳이다. 포르투갈과 그라나다를 제외한 나머지 왕국은 국토재정복운동이 계속되는 과정 속에서 통합 과정을 밟게 되었다. 1469년 카스티야의 이사벨(Isabel, 1451~1504, 재위 1474~1504) 공주와 아라곤의 페르난도(Fernando, 1452~1516, 재위 1479~1516) 왕자가 결혼하면서 에스파냐 왕국의 탄생을 맞이하게 되었다. 1474년 이사벨 여왕이, 1479년에 페르난도 국왕이 즉위식을 가지면서 이사벨 여왕은 대내 정책에, 페르난도 국왕은 대외 정책에 힘을 기울였다. 그 결과 나바라 왕국을 합병하고 1492년 그라나다에 남아있던 이슬람 최후의 나스르 왕조(Nasarid) 왕국을 정복하면서 스페인은 드디어 통일된 왕국으로 발전하게 되었다.

16세기, 스페인의 황금시대가 열리다

이사벨 여왕의 딸인 후아나(Juana)는 오스트리아 황제 막시밀리아노(Maximiliano)와 결혼하고 펠리페를 낳았다. 이사벨 여왕과 페르난도 국왕에 이어 스페인의 왕위에 오른 펠리페는 1516년 카를로스 1세(Carlos I, 1500~1558, 재위 1516~1556)로 즉위함과 동시에 신성 로마제국의 카를로스 5세를 겸임하게 되었다. 그는 오스트리아 합스부르크 왕가와 스페인의 혈통을 이어받은 관계로 독일과 스페인의 왕위를 모두 계승하게 된 것이다. 카를로스 1세 때 스페인은 유럽과 아메리카에서 정치적 주도권을 장악할 수 있었으나 그는 스페인의 왕보다 신성로마제국 황제의 정책 수행에 힘썼기 때문에 스페인 국민의 반감을 샀다.

그의 아들 펠리페 2세(Felipe II, 1527~1598)가 왕위에 오르며 스페인은 유럽 정치의 중심이 되었고, 절대 왕정을 꽃피우게 되었다. 펠리페 2세는 본격적인 관료 조직을 통해 국가 질서를 수립했고, 1571년

레판토(Lepanto) 해전에서 오스만제국에 승리하여 지중해 해상권까지 장악하였다. 1580년 포르투갈을 합병하여 전 이베리아 반도를 통합하고 아메리카와 아프리카 등지에 식민지를 확보해 스페인 최고의 시대를 맞이했다.

엘도라도를 찾아 신대륙으로

스페인의 크리스트교 국가 왕들의 업적 중에서 가장 위대한 것은 아메리카의 발견일 것이다. 그들은 수백 년 동안 국토재정복운동을 통해 얻어진 힘과 종교적 통일에서 오는 일치를 바탕으로 미지의 세계로 나아 갔다. 당시 스페인은 이슬람의 영향으로 유럽에서도 가장 앞선 항해술과 인쇄술을 가지고 있었고, 또한 오스만제국이 막고 있는 지중해를 우회하는 방법을 찾아야만 했다. 1492년 콜럼버스의 신대륙 발견은 스페인 뿐 아니라 유럽의 역사를 뒤바꾼 세계사적 의미를 갖는다.

1521년 에르난 코르테스(Hernan Cortez)는 아스텍 문명을 파괴하고 멕시코를 정복하였다. 이어 1533년 프란시스코 피사로(Francisco Pizarro)가 잉카 문명을 멸망시키고 페루를 정복하였다. 이로써 중앙 아메리카의 멕시코에서 남아메리카 끝인 칠레에 이르기까지 식민지화를 이룬다.

원래 스페인인들은 이베리아 반도에서 유대인, 무어인(스페인을 지배했던 아랍인)들의 문화를 자양분으로 삼았으나 결국 그들을 추방하고 거부했다. 스페인은 아메리카에서 옥수수, 감자, 토마토, 사탕, 담배 등의 농산물과 광산을 개발해 금과 은을 끊임없이 가져올 수 있었다. 식민지로부터 얻은 물질의 풍요로움은 스페인 절대 왕정의 영광을 가져다주었다. 그러나 17세기 이후 급격하게 쇠퇴한다. 영국과 프랑스의 중상주의 정책에 점점 밀렸고 아메리카 등의 식민지를 유지하기 위한 군사 비용과 화려한 왕실을 유지하는데 많은 재정이 필요하였다. 그러나 식민지에서 확보한 원료들과 금은 등을 산업에 투자할 수 있는 기반은 약했다.

결국 1776년에 일어난 미국 독립혁명에 영향을 받은 중남아메리카 식민지들이 19세기 초 독립을 선언하고 독립전쟁을 일으키자 스페인은 독립을 인정하게 되었고 많은 해외 식민지를 상실하게 되었다.

마드리드의 중심 푸에르타 델 솔

마드리드의 중심점이 되는 푸에르타 델 솔Puerta del sol, 솔 광장은 마드리드 시내 워킹 투어의 시작점이자 끝나는 지점이다. 광장 남쪽 시계탑이 있는 붉은 벽돌 건물 앞 보도에는 'km 0'이라는 표시가 있다. 스페인 각지의 도로 길이를 측정하는 기준으로, 솔 광장이 스페인의 중심이자 시작이라는 것을 상징한다. 솔 광장에는 만남의 장소로 널리 알려진 곰 동상과 카를로스 3세의 동상이 서 있다. 솔 광장을 기점으로 서쪽에 왕궁이, 동쪽으로 프라도 미술관이 위치한다는 것을 기억하면 마드리드 시내를 효율적으로 둘러볼 수 있다.

솔 광장에서 서쪽으로 조금 내려가면 마요르 광장Plaza Mayor 이 나온다. 1619년 펠리페 3세Felipe Ⅲ, 1598~1621 에 의해 완성되었기에 광장 중앙에는 그의 기마상이 세워져 있다. 이 광장은 4층 건물이 사방을 둘러싸고 있으며 각 건물 벽에는 벽화가 그려져 있다. 예전에는 건물의 발코니에서 왕가의 의식이나 투우, 각종 축제 등을 구경하였다고 한다. 광장은 노천카페에 앉아 얘기를 나누는 사람들과 오가는 사람들로 몹시 분주하고 바쁜 모습이었다. 왕궁 동쪽으로 바일렌 거리Calle de Bailen 를 건너면 오리엔테 광장Plaza de Oriente 이 나온다. 이 광장에는 펠리페 4세Felipe IV, 1621~1665의 기마상을 비롯해 20명의 군주 동상, 정원, 분수대가 울타리치듯 서 있다. 다른 광장보다 한적하고 왕궁을 바라볼 수 있어 좀 비싸지만 오리엔테 카페Cafe de Oriente 에 들러 샌드위치와 커피를 마시는 여유를 즐겼다.

오리엔테 광장을 뒤로 하고 광장 동쪽에 1818년 건축된 왕립극장 Teatro Real 이 있다. 스페인 내란 때 파괴된 것을 여러 번의 복원 공사를 통해 1997년 재건하였다. 그런데 극장 앞 골목에서 아름다운 천사의 노래 소리가 들려 왔다. 슈베르트의 아베마리아였다. 반바지와 티셔츠를 입은 통통한 몸매의 여인과 비슷한 차림의 남성이 거리에서 노래를 부르고 있었다. 목소리가 어느 성악가에 뒤지지 않아 지나가는 이들은 박수를 보내고 동전을 던졌

펠리페 3세에 의해 완성된 마요르 광장.

다. 이들은 오페라 무대에 서는 것을 꿈꾸며 거리에 나왔을지도 모른다. 그들의 꿈이 이루어지길 소망하며 나도 동선 몇 개를 던졌다.

오리엔테 광장에서 북쪽으로 바일렌 거리를 걸어 올라가면 스페인 광장Plaza de Espana이 나온다. 이곳에는 스페인 문학을 대표하는 《돈 키호테》의 작가 세르반테스Miguel de Cervantes, 1547~1616의 기념비와 로시난테에 올라탄 돈 키호테와 노새를 탄 산초 판사의 동상이 있다. 스페인 사람들이 가장 사랑하고 자랑스러워하는 인물인 세르반테스 사후 300주년을 기념하여 제작된 것이다.

스페인 광장에서 동쪽으로 내려가면 마드리드에서 가장 크고 번화한 그란비아Gran Via 거리가 시작된다. 작고 오래된 거리를 허물고 현대적인 큰 길로 만들어 유럽의 어느 도시에도 뒤지지 않는 오늘날의 모습을 갖추게 되었다고 한다. 거리 양 옆으로는 호텔, 레스토랑, 부티크, 보석 가게, 은행 등이 즐비하며 마드리드의 역동적인 모습을 느낄 수 있다. 알칼라 거리Calle de Alcalá와 만나는 지점까지 그란비아는 계속 이어진다. 알칼라 거리로 들어서면 대지의 여신인 시벨레스의 분수가 시원스레 물줄기를 뿜는 시벨레스 광장Plaza de Cibeles에 도착한다. 여신 아래

스페인 광장의 세르반테스 300주년 기념물.

펠리페 4세의 기마상.

두 마리의 사자 상은 부드러운 여신의 모습과 조화를 이루고 있다. 광장 주변에는 아름다운 건물이 많은데 그 중 스페인 은행과 중앙우체국 건물이 으뜸이다. 특히 중앙우체국은 하얀색 대리석 건물로 궁전처럼 멋진 외관을 자랑한다.

라스트로의 벼룩시장

마드리드 여행 중 일요일을 맞는다면 엘 라스트로(El Lastro)의 벼룩시장을 둘러보자. 이곳에 가면 소박한 마드리드 사람들의 모습과 골동품에서 현재의 제품까지 다양한 물건을 구경할 수 있다. 벼룩시장은 일요일 오전 마요르 광장에서 남쪽으로 산 이시도르 교회(Basilica de San Isidor)를 지나 카스코로 광장(Plaza de Cascorro)에서부터 메종 드 파레데스 거리(Calle de Meson de Paredes)로 이어지는 곳에서 열린다. 지하철 5호선 라 라티나(La Latina) 역에서 내리면 된다.

가슴을 울리는 그림의 향기

　　마드리드 여행의 즐거움 중 하나는 스페인을 빛낸 화가들, 엘 그레코, 벨라스케스, 고야, 피카소, 후안 미로, 살바도르 달리 등의 작품을 직접 만날 수 있다는 것이다. 훌륭한 미술관들이 시내에 모여 있어 찾아다니기도 쉽고 미술관 마다 무료로 입장하는 날 <u>토요일 오후와 일요일</u>이 있어 시민들도 일상에서 예술을 접하고 누릴 수 있다. 참으로 부러운 일이 아닐 수 없다. 교과서나 미술사 책에서 보던 작품을 실제 크기의 진품으로 보니 몇 배의 감동으로 다가왔다. 마치 그림들이 살아서 내게 말을 거는 것 같았다. 또 많은 그림 속에서 널리 알려진 명화는 보석처럼 빛났고 명화가 될 수밖에 없는 그 무엇인가가 있음을 느낄 수 있었다.

　　마드리드에서 미술 작품을 감상하기 위해서는 시벨레스 광장에서 남쪽으로 이어지는 프라도 거리 Paseo del Prado 로 가면 된다. 여기에는 마드리드의 미술관 3개가 모여 있다. 프라도 거리 중간쯤의 넵투노 광장 Plaza de Neptuno을 두고 서로 대각선 방향으로 '티센 보르네사 미술관'과 '프라도 미술관', 조금 더 내려가 프라도 거리가 끝나는 곳의 아토차 역 근처에 '소피아 왕비 예술센터'가 있다. 예술적 향기가 배어나오는 프라도 거리는 가로수들이 죽 늘어서 있어 산책하기에도 그만이다. 이 거리를 걸어 미술관을 찾아 다닐 때 참으로 행복한 기분이었다.

벨라스케스와 고야의 강렬한 작품을 만날 수 있는 '프라도 미술관'

프라도 미술관 Museo del Prado 은 세계에서 소장품이 많은 미술관 중의 하나로 7천 점 이상의 그림과 조각을 가지고 있다. 스페인 왕실 전용 화랑이었으나 현재는 국립미술관으로서 그 역할을 하고 있다. 1785년 카를로스 3세 때 건축가 후안 데 비야누에바 Juan de Villanueva 가 설계하였으나 나폴레옹과의 전쟁으로 공사가 중단되었다가 1819년 페르난도 7세 Fernado VII, 1784~1833, 카를로스 4세의 아들로 나폴레옹의 강요로 퇴위 당해 유폐되었다가 다시 복위하였음. 중남 아메리카의 식민지 독립을 저지하는데 실패함 에 의해 완공되었다.

이 미술관에서는 스페인의 3대 거장인 엘 그레코, 벨라스케스, 고야의 대표 작품과 네덜란드 화가 렘브란트, 루벤스, 이탈리아의 화가 보티첼리, 틴토렌토 등 근현대 회화의 흐름을 한눈에 볼 수 있다. 그러나 작품 수가 너무도 방대해 하루 종일 봐도 다 볼 수 없을 정도였다.

이곳에 소장된 엘 그레코의 〈가슴에 손을 얹은 기사의 초상 El Caballero de la Mamo〉을 보고 있노라니 마치 나를 쳐다보는 듯한 깊은 시선에 압도당하는 기분이 들었다. 그 밖의 〈성삼위일체 Trinidad〉, 〈목동들의 예배 La Adoracion de los Paster〉 등 유명 작품을 만날 수 있다.

디에고 벨라스케스 Diego Velazquez,1599~1660는 17세기 가장 독창적이고 완벽한 스페인 화가로 사실주의 화풍을 남긴 사람이다. 그는 세비야에서 미천한 신분으로 태어났으나 프란시스코 파체코 Francisco Pacheco에게 미술 수업을 받았고 1622년 파체코의 도움으로 펠리페 4세 Felipe IV, 1621~ 1665의 궁정화가로 발탁되었다. 1629년부터 3년 동안 이탈리아 미술 여행을 하고 돌아온 그는 신화의 인물들을 이상화시킨 이탈리아 화가들과 달리 사실적이며 직접적인 그림 뒤로 인간적인 모습을 보여 주려고 했다.

이런 경향을 잘 보여주는 불멸의 작품 〈시녀들 Las Meninas〉은 외형적으로 중앙에 펠리페 4세의 딸 마르가리타와 두 시녀가 그려져 있다. 그러나 자세히 들여다보면 왼쪽에 붓을 들고 있는 벨라스케스 자신을 그려 넣었고, 뒤 벽에는 국왕 펠리페와 왕비 마리아나의 모습을 비추는 거울이 있다. 이 거울에선 실제 모습이 보이지 않고 반대편 벽에 있었을 그림의 반영만 나타냈다. 벨라스케스가 이 그림을 통해 무엇을 말하고 싶었는지 궁금증은 더해 갔지만 무한한 해석의 가능성을 제공해 준 것이라 생각된다. 그는 육체적으로 결코 아름답지 못한 펠리페 4세, 미모와 거리가 먼 마르가리타 왕녀를 그릴 때도 사실 그대로를 표현하였다. 그러나 결코 밉지 않게 느껴지는 것도 그만의 기법이다.

18세기의 스페인은 프랑스 부르봉 왕가를 계승하게 되면서 예술의 모든 분야에 프랑스의 영향이 지배적이었다. 프랑스 바로크와 로코코 양식이 숭배의 대상이었고 스페인 전통 양식은 배척당했다. 그러나 이 시기 프란시스코 데 고야 Francisco de Goya, 1746~1823는 18세기 스페인적인 그림을 그려 스페인의 첫 현대 화가가 되었다. 고야는 아라곤의 사라고사 Zaragoza의 평범한 가정에서 태어나 1763년 마드리드 아카데미에 들어가 그림 공부를 시작하였다. 1783년 이후 초상화로 명성을 얻은 그는 1786년 카를로스 4세에게 발탁되어 궁정 화가가 되었다. 그는 〈카를로스 4세의 가족 La Familia de Carlos Ⅳ〉에서 카를로스 4세를 비롯해 퇴폐적인 왕가 인물들의 모순과 치부를 아주 정확하고 적나라하게 표현한 것으로 유명하다. 카를로스 4세 뒤에서 통치권을 행사한 '마리아 루이사' 왕비를 중앙에 세우고, 왕가의 인물들은 품격있는 귀족이 아니라 돈 있는 부르주아풍으로 묘사했다. 그림을 통해 사회적 비판을 암시했던 것이다.

고야는 귀족적인 분위기와 대중적인 우아함을 동시에 지닌 알바 Alba 공작부인과 교류를 통해 얻은 영감으로 2개의 유명한 그림 〈옷을 입은 마하 La Maja Desnuda〉, 〈옷을 벗은 마하 La Maja Vestida〉를 남겼다. 그러나 이 그림의 실제 모델은 알바 공작부인이 아니며 '마하'는 스페인어로 '멋있고 매력있는 여성'을 뜻하는 보통 명사라고 한다. 고야가 활동하던 18세기 후반에는 서민 문화가 발달해 투우, 연극, 플라멩코가 널리 퍼졌는데 마드리드 서민 문화의 주역인 멋쟁이 남녀가 바로 마호 Majo와 마하 Maja였던 것이다.

1792년 고야는 병으로 귀머거리가 되었고, 60세가 되었을 때 나폴레옹의 침략에 저항하는 스페인 독립 전쟁 1808~1814을 겪는다. 마드리드를 침공한 나폴레옹 군대가 선량한 민중을 학살하는 장면을 목격하고 〈5월 2일 EL Dos de Mayo〉, 〈5월 3일의 총살 EL Tres de Mayo〉을 그려 전쟁의 참상을 고발하였다.

만년에 그는 마드리드의 만사나레스 강 가까이에 있는 귀머거리 집에서 고독한 날들을 보낸다. 이 당시 내면으로 침잠하여 검은색과 황토색만으로 '검은 그림' 들을 그렸다. 대표작으로 〈아들을 잡아먹는 사투르누스〉가 있다. 스페인 왕정의 무능과 폭정, 스페인 민중을 짓밟은 나폴레옹 군대에 대한

● 벨라스케스의 〈시녀들〉 ● 고야의 〈옷을 벗은 마하〉 ● 〈옷을 입은 마하〉 ● 고야의 〈카를로스 4세의 가족〉 ● 게르니카에서의 독일군의 스페인 양민 학살을 고발한 피카소의 〈게르니카〉.

분노는 고야로 하여금 세상을 혐오하게 만들고 그 감정을 작품으로 드러냈다. 고야의 그림에는 18세기 스페인의 비극적인 역사와 한恨이 서려있다. 그림에 시대의 진실을 담아냈기에 스페인의 영혼을 대표하는 화가로 사랑받는 것이리라.

피카소와 미로, 달리를 만나다

소피아 왕비 예술센터Centro de Arte Reina Sofia에서는 20세기 스페인 현대 미술의 3대 거장인 피카소, 미로, 달리를 만날 수 있다. 세 거장을 한자리에서 볼 수 있다는 사실만으로도 마드리드에 올 이유는 충분하다. 2층에는 피카소Pablo Ruiz y Picasso, 1881~1973의 거대한 작품인 〈게르니카Guernica〉가 전시되어 있다. 말라가에서 태어난 피카소는 14살 때 바르셀로나 예술학교에서 천재성을 인정받기 시작했다. 그의 예술 세계는 시대별로 변화무쌍하게 발전하였는데 20세기 초에는 '청색 시대'로 푸른색을 바탕으로 고독과 우울함을 표현했다면, 1904년에는 즐거움의 상징인 장밋빛으로 무희나 광대들의 움직임을, 1906~1907년에는 '흑색 시대'로 대표 작품 〈아비뇽의 처녀들〉을 남겼다. 검은색, 회색, 황토색을 대조적으로 사용했으며 당시 색상을 중요시하는 인상주의 화법과 다르게 직선과 각이 진 선을 기본으로 그림을 그리는 입체파 화가로 출발하게 되었다.

이후 파리에서 활동했던 피카소는 1934년 스페인으로 돌아와 프라도 미술관장을 맡았다. 스페인 내란이 일어난 다음해 1937년, 바스크의 작은 마을인 게르니카가 독일 나치군의 무차별 폭격으로 참사를 당한 일을 계기로 피카소는 같은 해 〈게르니카〉를 그려 파리 국제 전시회에 출품하였다. 이를 통해 전쟁에 대한 공포와 참상을 알린 것이다. 작품이 전시된 방에 올라가면 한쪽 벽면 가득 〈게르니카〉가 걸려 있고 다른 벽면에는 게르니카를 위해 스케치한 그림들이 에워싸고 있어 대작이 만들어진 과정을 상상할 수 있다. 이 작품을 보고 있으면 전쟁에서의 끔찍한 공포가 화가를 얼마나 분노케 했는지, 모든 자연과 인간이 산산이 부서져 겪는 고통이 생생하게 느껴졌다.

이 방을 나오면 20세기 스페인의 초현실주의 화가인 후안 미로_{Joan Miró, 1893~1983}와 살바도르 달리_{Salvador Dali, 1904~1989}의 작품들을 만날 수 있다. 형식으로부터 벗어나 현대 미술의 추상적인 경향을 잘 표현해낸 두 화가의 독특한 작품 세계를 경험할 수 있다.

티센 보르네미사 미술관

티센 보르네미사 미술관_{Museo Thyssen-Bornemisza}은 티센 보르네미사 남작의 개인 컬렉션을 모아 놓은 미술관이다. 그러나 그 수준은 세계적이다. 신고전주의 양식으로 지어진 비야에르모사 궁전을 개축하여 1992년 미술관으로 공개하였다. 13~14세기 이탈리아 회화에서 현대 회화에 이르기까지 800점에 달하고 시대 순으로 정리가 되어있어 서양 미술사를 공부하려는 이들에게 추천하고 싶은 곳이다. 1층은 19~20세기 현대 미술로 피카소, 미로, 달리, 샤갈, 2층은 17세기 네덜란드 회화부터 로코코, 신고전주의, 세잔, 고흐 등 인상파, 3층은 이탈리아와 플랑드르의 르네상스 시기의 작품이 전시되어 있다.

투우는 강렬하게
플라멩코는 정열적으로

　　스페인을 상징하는 것 중 하나가 투우이다. 보통 일요일 오후에 열리기 때문에 여행 중에 시간을 맞추기 쉽지 않은데, 마침 일요일에 마드리드에 머물게 되어 벤타스 투우장Plaza de Toros Monumental de Las Ventas에서 열리는 투우를 구경할 수 있었다. 마드리드의 일요일은 쥐죽은 듯 조용했다. 그런데 오후가 되니 투우장 근처는 사람들로 북적대기 시작했다. 경기장 앞에는 기념 티셔츠, 땅콩이나 해바라기씨 등 견과류, 생수 등을 파는 가게가 즐비하고 매표소에도 티켓을 사려는 사람들로 장사진을 이루었다. 좌석 요금은 그늘진 자리와 그렇지 않은 자리의 차이에 따라 가격이 달랐다.

　　모두 기대에 찬 눈빛으로 경기를 기다리는데 이윽고 악대의 트럼펫 소리가 울려 퍼지며 씩씩한 행진 음악이 나오고 투우에 참여하는 모든 투우사들이 관중 앞에 퍼레이드를 하는 파세이요 Paseillo가 시작되었다. 말을 탄 투우 선도자와 반데리예로 banderillero, 작살 꽂이꾼, 피카도르 picador, 장창 찌름꾼, 브룰라데로 burladero, 분노 유발꾼, 마타도르 matador, 투우사의 주역 등이 나와 인사를 했다.

투우는 여러 명이 한 팀을 이루는 것이 특징이다. 투우에 쓰이는 소는 5~8살 정도로 사납고 거칠어야 하기 때문에 투우 개시 전 24시간 동안 깜깜한 곳에 가두어 둔다고 한다. 퍼레이드가 끝난 오후 다섯 시! 경기를 알리는 알림판을 든 사람이 한 바퀴 원을 그리며 돌고 나가자 경기가 시작되었다.

드디어 문이 열리고 뛰쳐나온 소는 뭐든지 들이받을 태세이다. 먼저 브룰라데로가 빨간색 천인 카포테 capote를 이리저리 휘두르면서 소를 화나게 한다. 어둠 속에 갇혀 있다가 뛰쳐나온 소는 이것에 자극 받아 날뛰었다. 그 다음에는 피카도르가 말을 타고 나와 소의 등을 찔러 피를 내면 소는 이에 흥분하기 시작한다. 이어 반데리예로가 나타나 소를 향해 돌진하면서 한 번에 두 개씩 소 등에 작살을 꽂게 된다. 이 때 한 개만 꽂히면 관중들은 야유를 퍼붓고 두 개를 멋지게 꽂으면 '올레!'를 연발하면서 박수를 보냈다.

이렇게 점점 투우 경기가 흥분의 도가니로 빠지게 되면 마지막으로 화려한 금은 장식의 옷을 입은 마타도르가 등장하여 긴 칼을 카포테보다 더 큰 천인 물레타 속에 숨기고 이리저리 휘두르며 소의 마지막 남은 화를 최대한 돋우고 힘을 빼는 작전을 펼치게 된다. 소와 정면으로 맞서는 마타도르의 몸매는 날렵하기 그지없고 그의 용기 또한 대단해, 보는 사람으로 하여금 손에 땀을 쥐게 하였다. 대부분 투우 경기는 마타도르의 승리로 끝나지만 간혹 소뿔에 걸어 차여서 목숨을 잃는 경우도 있다고 한다.

소의 기운이 점점 빠지고 마타도르가 한칼에 소의 심장을 관통해서 찔렀고 500kg이 넘는 거대한 소는 갑자기 쿵하고 쓰러졌다. 이때 소가 갑자

● 마드리드의 최대 투우 경기장인 벤타스 경기장의 웅장한 외관. ● 붉은 천을 휘두르며 소를 자극하는 브룰라데로의 모습. ● 투우 경기를 안내하는 포스터.

기 쓰러져 죽어야 명예로운 마타도르로 남고 그렇지 못할 경우 관중들의 야유를 피할 수 없게 된다. 멋지게 승리를 거둔 마타도르는 관중들의 환호를 받고 경기장은 완전히 흥분의 도가니 상태가 되었다. 마타도르는 관중이 모자를 던지면 그것을 다시 집어 던져 주는 답례의 인사를 하고 경기장을 한바퀴 돈다. 이때 잘 싸운 마타도르는 죽은 소의 귀를 선물로 받게 된다고 한다. 이 귀의 숫자와 연간 경기에 출전한 횟수가 마타도르의 실력을 판가름하는 척도가 된다고 한다.

이렇게 마타도르와 관중이 환호하는 사이 죽은 소는 마차에 실려 경기장 밖으로 나갔고 소가 죽은 자리에 모래를 다시 덮어 다음 경기를 준비하였다. 밤 10시까지 똑같은 형식의 경기가 투우사들만 바뀌면서 계속 반복되었다. 처음에는 피 흘리는 소와 갑자기 죽는 모습을 보는 것이 역겨웠다. 그리고 그것을 보며 즐거워하는 스페인 사람들이 야만적으로 보였다. 하지만 그들의 환호는 일반인이 엄두도 못 낼 긴박한 순간을 이겨낸 투우사의 용기와 뛰어난 솜씨에 찬사를 보내는 것이었다. 투우 경기를 통해 자연 앞에 승자가 되고 싶은 스페인 사람들의 도전적인 열정을 느낄 수 있었고 바로 이것이 스페인이 신대륙을 발견한 원동력이 아니었을까 하는 생각이 들었다.

타블라오에서의 잊지 못할 플라멩코 공연

스페인하면 가장 먼저 떠오르는 것이 바로 투우, 플라멩코, 그리고 돈 키호테이다. 나는 마드리드에서의 마지막 밤을 플라멩코와 함께 하였다. 그라나다에서 본 플라멩코도 인상적이었지만 최고의 플라멩코 무용수와 가수, 기타 연주자는 마드리드에서 활동한다는 소문을 익히 들었기에 최고수들의 무대를 꼭 보고 싶었다.

　찾아간 곳은 마드리드의 코랄 데 라 모렐리아 Corral de la Moreria 라는 타블라오였다. 지하철 2, 5호선 오페라 역에서 내려 10분 정도 걸으니 1956년에 문을 열어 역사와 전통이 느껴지는 타블라오가 나타났다. 무대가 높아 어느 자리에서도 공연을 감상할 수 있는 점이 좋았다. 플라멩코 공연은 보통 밤 9시부터 새벽 2시까지 이어진다. 시간대 별로 여러 그룹의 플라멩코 공연이 이어지는데 최고의 가수와 무용수들은 새벽 0시가 넘어야 등장하기 때문에 인내심을 갖고 기다려야한다.

　드디어 새벽 0시! 기다리던 고수들이 등장했다. 인생의 경지에 다다른 듯 허스키하면서도 굵은 목소리의 가수가 부르는 노래에 맞춰 남자 무용수와 여자 무용수의 춤이 펼쳐졌다. 앞 순서에서는 젊고 어린 무용수들이 화려함을 선보였다면 후반부의 남녀 무용수는 연륜을 보여주었다. 팔놀림과 발구르는 다리의 움직임, 얼굴 표정에서 슬픔과 한이 저절로 배어나와 보는 사람들의 가슴을 애절하게 만들었다.

　춤이 절정에 다다랐을 때는 숨도 제대로 쉴 수 없을 만큼 격정 속으로 빠져 들었다. 비록 무슨 의미인지는 정확히 알 수는 없지만 가슴을 저미는 그 무엇인가를 느낄 수 있었다. 이것이 바로 예술이 가진 힘이 아닐까? 스페인에서의 마지막 밤은 플라멩코의 진한 여운으로 남아있다.

◎ 가는 방법

* **비행기 :** 대한항공 직항이 있고, 2회 이상 경유하여 마드리드를 연결하는 항공노선이 많다. 바라하스 공항(Barajas airport)은 시내와 15km 떨어져 있다. 현재 4개의 터미널이 있으며, 지하철 8호선을 타면 시내로 들어온다.
* **기차 :** 지하철과 연결되어 편리하다.
  * 아토차(Antigya Estación de Atocha)역 : 남부 지역을 연결하는 기차. 지하철 1호선.
  * 아토차 렌페(Atocha Renfe)역 : 고속철이 출발하는 곳.
  * 차마르틴(Chamartin)역 : 북부 지방과 국제 철도가 출발, 도착하는 곳. 지하철 10호선.
* **버스 :** 에스타시온 수르 데 아우토부세스(Estación Sur de Auto Buses) 마드리드 남부에 위치한 터미널로 지하철 6호선 멘데스 알바로(Medez Alvaro)역과 연결.
* **지하철 :** 11개의 지하철 노선과 마드리드 남부를 연결하는 12호선(Metro Sur)이 있다.

◎ 주요 볼거리

도심 순례는 워킹 투어 코스를 따르면 된다. 솔 광장에서 시작하여 마요르 광장, 왕궁, 오리엔테 광장, 국립극장, 에스파냐 광장, 그랑비아, 시벨레스 광장까지 이어진다.

* **왕궁(Palacio Real) :** 마요르 광장에서 서쪽에 위치함. 겨울 궁전에 해당하며, 화려한 왕가의 생활을 엿볼 수 있다. 왕좌의 방(The Throne Room)은 베르사유의 '거울의 방'을 모방한 것으로 유명하다.

◎ 주변 볼거리

* **프라도 미술관(Museo del Prado) :** 세계 3대 미술관으로 스페인 왕가의 미술품 소장. 지하철 3호선 방코 데 에스파냐(Banco de España)역에서 가깝다.
* **소피아 왕비 예술센터(Centro de Arte Reina Sofía) :** 피카소, 달리, 미로 등 현대 작가들의 작품을 감상할 수 있다. 지하철 1호선 아토차(Atocha)역에서 가깝다.
* **티센 보르네미사 미술관(Museo Thyssen-Bornemisza) :** 티센 보르네미사 남작의 컬렉션을 전시하고 있다. 지하철 3호선 방코 데 에스파냐(Banco de Espana)역에서 가깝다.
* **국립 고고학 박물관(Museo Arqueoloógico Nacional) :** 알타미라 동굴모형관부터 스페인 역사를 한눈에 볼 수 있다. 지하철 4호선 세라노(Serrano)역과 콜론(colon)역에서 가깝다.

◎ 숙식

* **로스 마이고스 백패커스 호스텔(Los Amigos Backpacker's Hostel) :** Calle de Campomanes 6, 전화 91-547-1707, www.losamigoshostel.com 도미토리 16~17유로. 중심가에 있다.
* **캣츠 호스텔(Cat's Hostel) :** Calle de Canizares 6, 전화 902-889-192, 91-369-28-07, www.catshostel.com, 도미토리 16, 더블 18~20유로. 안달루시아 지방의 정원과 분수대가 아름다운 곳. 도미토리와 샤워실이 깨끗하다.
* **에네 레스토란테(Ene Restorante) :** Calle del Nuncio 19, wjsghk 91-366-25-91. 스페인-아시아 퓨전 식당. 다양한 타파스가 있으며 주중에는

메뉴 엘 디아(Menu el dia)를 11유로에 저렴하게 먹을 수 있다. 스페인 식당들은 그날의 스프, 메인 요리, 차나 커피를 세트로 저렴하게 내놓는다. 이를 메뉴 엘 디아라고 하는데 식당 앞에 그날의 메뉴를 써 놓으니 확인하고 들어가면 된다.

◎ 공연

- **카사 파타스(Casa Patas)** : Calle de Canizares 10, 전화 91-369-04-96, www.casapatas. com. 마드리드에서 플라멩코를 감상할 수 있는 가장 좋은 타블라오. 저녁 10:30(월~목), 저녁 9시·새벽 0시(금, 토)에 공연이 있다.

- **코랄 데 라 모레리아(Corral de la Moreria)** : Calle de la Moreria 17, 전화 91-365-84-46. 플라멩코 공연장.

- **플라사 데 토로스 모뉴멘탈 데 라스 벤타스(Plaza de Toros Monumental de las Ventas)** : Calle de Alcala 237, 전화 91-356-22-00, www.las-ventas.com. 5월 중순부터 10월 말까지 세계에서 가장 큰 투우 경기를 볼 수 있다.

계절 따라 궁전을 옮긴 스페인 왕가

스페인의 왕가는 사계절의 궁전이 있어 봄에는 아란후에스Aranjuez, 여름에는 라 그란하La Granja, 가을에는 엘 에스코리알 El Escorial, 겨울에는 마드리드로 계절마다 옮겨다니며 살았다고 한다. 16세기 중남아메리카 대륙의 식민지를 경영했던 왕가는 호화로움의 극치를 누리며 살았던 모양이다.

마요르 광장에서 서쪽으로 내려가면 스페인 절대 왕정의 산실인 거대한 왕궁Palacio Real을 만나게 된다. 이곳은 스페인이 1083년 마드리드를 탈환하기 전까지 이슬람의 성채가 있었던 자리이다. 이 자리에 스페인 왕가는 겨울 왕궁을 지었다. 그러나 1734년 화재로 소실되고 1736년 펠리페 5세Felipe V, 1683~1746에 의해 새로운 왕궁 건축이 시작되었다. 이탈리아 건축가인 후바라 Fillipo Juvara가 처음 설계를 맡았으나 그가 사망하면서 제자 사케티 Giovan Battista

Sacchetti를 비롯한 여러 건축가의 손을 거쳐 1764년에 완성되었다. 그러나 펠리페 5세는 왕궁의 완성을 보지 못한 채 사망했고, 카를로스 3세Carlos III, 1716~1788가 첫 번째 왕궁의 주인이 되었다.

겨울 궁전, 마드리드 왕궁

겨울 궁전에 해당하는 마드리드 왕궁은 2천8백 개에 이르는 방이 있으며 절대 왕정의 화려했던 왕가의 생활을 그대로 보여주고 있다. 왕궁에 딸린 아르메리아 광장Plaza de la Armeria과 발코니는 프랑스 양식에 영향을 받았고 왕궁의 내부는 이탈리아 양식으로 되어있다.

왕궁의 수많은 방 중에서도 가장 인상적인 곳은 '왕좌의 방'The Throne Room이다. 프랑스 베르사유 궁전의 '거울의 방'을 모방하여 만들었다고 하는데, 샹들리에, 자주빛 융단, 여성스러운 로코코Rococo의 황금 장식들이 거울에 비쳐 눈이 부실 지경이었다. '카를로스의 알현실'The Royal Chamber of Carlos III은 이탈리아 나폴리의 장인인 '가스파리니'Gasparini가 만든 화려한 무늬로 장식된 나무 가구로 온통 꾸며져 있고, 카를로스 3세의 알현을 위해 대기하는 '카를로스 3세 대기실'The Antechamber of Carlos III도 금박 무늬가 박힌 가구들과 천장의 프레스코화, 카를로스 3세 초상화까지 화려하기 그지없었다. 또한 중국의 도자기를 모방한 '도자기의 방'Porcelain Room 역시 카를로스 3세의 주문으로 1771년 완성되었는데 사방 벽면과 천장까지 모두 도자기 타일과 황금 장식이 조화를 이룬 것이 특징이었다.

알폰소 12세의 식당은 그 호화로움이 극에 달했다. 카를로스 3세의 왕비 주거지의 식당이었던 이곳에서 알폰소 12세의 결혼식이 행해졌고 145명이 함께 식사를 하였다는 대형 식탁을 보니 놀라울 따름이었다. 알폰소 12

● 사계절 궁전 중 겨울 궁전인 마드리드 왕궁. '무어의 땅'이라는 뜻의 캄포 델 모로 정원. 아름다운 정원과 어우러져 더욱 아름다워 보인다. ●● 더없이 화려한 왕좌의 방과 알폰소 12세의 식당.

세의 당구대가 있는 방 옆에는 흡연실이 있다. 이곳은 일본풍을 모방해 실크 벽지에 동양적인 그림을 그려 넣은 것으로 사방 벽면을 가득 채우고 있었다.

왕궁을 돌아보는 내내 마음이 편치 않았다. 소수 왕족들의 화려한 생활은 수많은 민중의 피와 땀이 섞인 희생과 아메리카 식민지 원주민들의 착취가 있었기에 가능했다. 왕족들이 검소한 생활을 하면서 국가 재정을 잘 키워왔다면 근·현대 시기에 스페인이 이토록 어려워지지 않았을 것이라고 생각하니 아쉬움이 길게 남았다.

쓸쓸한 마음을 안고 왕궁을 나서는데 다리가 몹시 아팠다. 하루 종일 걸었으니 당연한 일이지만 왕궁 뒤로 이어지는 캄포 델 모로 Campo del Moro 의 '숲의 정원'을 보니 앉고 싶어졌다. 피곤한 다리를 쉬면서 시원한 나무 그늘에서 꿀맛 같은 휴식을 취했다. 캄포 델 모로는 만사나레스 Rio Mazanares 강을 끼고 있는 아름다운 정원인데 '무어의 땅'이라는 뜻을 갖고 있다. 스페인이 마드리드를 탈환한 이후 알모라비드 왕조의 군대가 1110년 다시 마드리드를 탈환하기 위해 이곳에 진을 치고 있었다고 해서 유래된 이름이다. 이름과는 어울리지 않았지만 녹음이 짙은 여름의 싱그러움을 전해 주는 곳이었다.

가을 궁전, 엘 에스코리알

마드리드의 지하철 몽클로아 Moncloa 역에서 20분 간격으로 출발하는 '엘 에스코리알' 행 버스로 1시간 정도 북서쪽으로 가면 단정하고 깔끔한 멋을 풍기는 궁전 도시에 도착한다. 바로 엘 에스코리알 El Escorial. 펠리페 2세가 1557년 8월 10일 '성 로렌스의 날'에 산 퀸틴 전투 St Quentin, 이탈리아 지배권을 놓고 프랑스 앙리 2세의 군대와 싸워 승리한 전투 에서 프랑스 군대와 싸워 이긴 것을 기념하여 세운 건축물이다. 이탈리아 르네상스의 초기 양식을 모방하여 1563년 착공하였고,

● 펠리페 2세의 가톨릭에 대한 열정을 담아 장엄한 멋을 풍기는 엘 에스코리알. ● 일 중독자였던 펠리페 2
세는 접이식 의자를 가지고 다니며 문서를 보았다고 한다. ● 펠리페 2세의 초상화와 궁전 내부. 그의 성격
을 닮아 다른 궁전에 비해 소박하다.

여러 건축가를 거치면서 1584년에 완성되었다. 지금이라면 너무 오랜 기간이라 하겠지만 당시만 해도 21년 만에 이처럼 엄청난 규모의 대공사가 이뤄졌다는 것은 불가사의한 일이라고 한다.

엘 에스코리알은 수도원과 궁전이 함께 같이 있는 건물로, 여느 스페인 건축과는 달리 단순하면서도 장엄한 멋을 풍긴다. 펠리페 2세의 검소한 성격을 닮아 불필요한 장식을 최소한 줄였고 독실한 가톨릭교도로서 종교적인 열정을 반영해 수도원을 함께 만들었다고 한다. 건물 안으로 들어가면 이런 성향이 곳곳에 배어있다. 당시 유럽에서는 종교개혁으로 인해 신교도의 세력이 퍼져 나가 구교인 가톨릭이 점점 권위를 잃어가던 시기였다. 그는 이슬람으로부터 되찾은 스페인을 가톨릭 중심으로 통일하고자 했다. 아랍에 대한 가톨릭의 승리와 아랍에 뒤지지 않을 위대하고 장엄한 건축이 필요하였던 것이다.

입구에서 로스 레예스 광장Patio de Los Reyes을 지나 정면으로 보이는 건물이 주 예배당이다. 이곳의 지하로 연결된 계단을 내려가면 왕실의 공동 무덤인 판테온Panton de los Reyes이 있다. 스페인제국으로 통합된 카를로스 1세 이후의 국왕들이 잠들어 있는 곳으로 대리석 묘가 안장되어 있었다. 내가 알고 있는 몇몇 왕의 무덤을 찾아볼 수 있었는데 납골당처럼 층층이 쌓여있는 관들을 보니 인생의 무상함이 느껴졌다. 그들이 살던 궁전은 화려하고 궁정 생활은 상상하기 힘들 정도로 호화로웠는데, 죽은 후에는 이렇게 작은 관 속에 누워있으니 말이다.

다시 올라와 주 예배당을 지나면 펠리페 2세의 궁전Palacio de Felipe II이 나온다. 매번 궁전의 화려한 방을 보다가 처음 이 곳을 봤을 때는 초라하다는 생각이 들 정도였다. 그러나 스페인에서 처음으로 관료 조직과 신하들의 보

에반겔리스타스 정원. 자로 잰듯 정돈된 정원은 인공미가 물씬 풍긴다.

고를 문서화할 정도로 국정을 열심히 살핀 왕답다는 생각이 들었다. 하루에 100통이 넘는 서류를 결재해야 했던 펠리페 2세는 일 중독자였던 것 같다. 바쁜 시간을 쪼개서 일하느라 시종들에게 항상 접는 의자를 들고 다니게 해서 언제든지 문서를 보았다고 한다. 방 한쪽 편에 전시된 낡은 '접이 의자'를 보는 순간 가슴이 뭉클했다. 그의 젊었을 때와 만년의 초상화를 비교해 보면서 그런 기분은 더했다. 늙은 왕은 얼굴이 창백하여 핏기 하나 없을 정도로 고단해 보였다.

펠리페 2세가 쉴 틈 없이 일한 결과 스페인은 유럽의 중심에서 최고의 전성기를 누릴 수 있었다. 레판토 해전에서 지중해 해상권을 차지하고, 아메리카를 식민지화하고 포르투갈을 합병하는 등 스페인 최대의 영토를 확보했기 때문이다. 그러나 펠리페 2세가 사망한 이후 방대해진 관료 기구와 식민지를 유지하기 위해 재정은 악화되었고, 거기에 왕실의 사치까지 겹쳐 쇠퇴의 길로 들어섰다.

'부르봉 왕가의 궁전' Palacio de Borbones 은 카를로스 3세 때 재정비한 것으로, 펠리페 2세의 궁전과는 비교가 안 될 정도로 화려하다. 궁전 바로 옆의 건축 박물관 Museo de Arquitectura 에는 엘 에스코리알의 건설 과정과 설계 도면, 모형도, 건축에 사용된 기구들까지 전시되어 있었다. 도서관에서는 스페인이 대서양을 넘어 신대륙으로 진출했던 힘이 어디서 나왔는가를 확인할 수 있었다. 이슬람 자연 과학의 영향으로 지구 중심의 '지구의'와 천문학 기구들의 발달, 그리고 수많은 장서들을 보면서 당시 많은 연구 과정을 거쳐 신세계를 개척하였다는 것을 알 수 있었다.

궁전의 정원인 에반겔리스타스 정원 Patio de los Evagelistas 은 자로 잰듯한 치의 오차도 없이 나무들을 깎아 놓은 인공적인 모습이었다. 정원도 어쩌면 주인인 펠리페 2세의 빈틈없는 성격을 닮았는지 신기할 따름이었다.

봄 궁전, 아란후에스

마드리드 지하철 6호선 멘데스 알바로Mendez Alvaro역의 남부 버스터미널에서 버스를 타고 50분 정도 가면 아란후에스Aranjuez에 도착한다. 남쪽으로 황량한 카스티야 지방을 달리다가 갑자기 나무들이 숲을 이루었다. 이런 풍요로운 땅이기에 왕가의 휴양지였던 아란후에스가 생길 수 있었던 것 같다. 톨레도를 흐르던 타호 강의 물줄기가 이곳까지 흘러 더욱 기름진 땅을 만들었다.

아란후에스를 처음 건설하기 시작한 것은 펠리페 2세 때였으나 여러 차례 소실되어 18세기 후반 카를로스 3세Carlos III, 재위 1759~1788 시대에 완성되었다. 200여 년에 걸쳐 지어진 이 궁전은 프랑스의 베르사유 궁전을 모델로 하였다. 300개의 방으로 이루어진 왕궁과 섬의 정원Jardin de la Isla, 왕자의 정원Jadin del Principe, 농부의 집Casa del Labrador으로 이루어졌다. 버스에서 내려 왕궁까지는 좀 걸어야 했지만 아름다운 가로수 숲길이 이어지는 산책로에서 잠시 여유를 찾을 수 있었다.

카를로스 3세와 이사벨 2세는 주로 아란후에스에 머물렀다. 카를로스 3세는 매년 자신의 초상화를 새로 그리게 했고 포즈를 취하는데도 시간을 아낌없이 투자했다고 한다. 왕궁의 인테리어에도 관심이 많아 그가 꾸민 도자기의 방Porcelain Room은 마드리드의 왕궁보다 더 정교하고 화려했다. 중국풍의 도자기로 벽면을 장식하였는데, 아이보리색 바탕에 동양적인 그림을 그린 도자기 위에 황금 장식이 끊임없이 연결되어 있다. 중국의 도자기를 스페인풍으로 재창조한 것인데, 스페인은 타 문화를 자신의 것으로 만드는 탁월한 재능을 갖고 있는 것 같다. 도자기의 방에 들어가면 절로 탄성이 나오고 눈이 휘둥그레진다. 아란후에스에서 가장 이색적이고 아름다운 방을 꼽으라면 첫 손에 도자기 방을 꼽을 것이다.

이사벨 2세Isabel II, 1843~1868의 내실은 19세기 후반에 리모델링한 것인데 하얀 실크 벽지에 장미꽃 무늬가 은은하게 그려져 여왕의 방임을 한눈에 알아 볼 수 있었다. 하얀색 옷장과 화장대, 가구들 하나하나가 모두 섬세했다. 그녀가 세 살에 왕위계승을 하기까지 스페인은 내란에 이를 정도로 혼란을 겪었다. 어머니 섭정 이후 왕위에 올랐지만 스페인은 위태로운 상황이 거듭되었다. 자신의 의지와 상관없이 격동의 세월을 살았던 이사벨 2세. 그녀의 흔적을 바라보고 있노라니 안쓰러운 마음이 들었다.

'왕의 흡연실' The Smoking room은 1848~1850년 그라나다의 알람브라 궁전에 있는 아랍 양식을 그대로 차용한 방이다. 벌집 모양으로 안을 파고드는 아랍의 아치 양식을 제대로 아름답게 꾸몄는데 비록 자신들이 쫓아낸 이슬람이지만 좋은 것은 자기의 문화로 받아들이는 스페인의 단면을 보여 주는 예라고 할 수 있다.

왕궁을 돌아본 후 타호 강의 물줄기를 이용해서 만든 인공 섬인 섬의 정원으로 향했다. 이 정원은 프랑스의 영향을 받은 것으로 여러 개의 샘과 조각상들이 나무 숲 사이에 흩어져 있다. 캐스터네츠 모양을 한 샘에서 스페인의 더운 여름을 한 번에 날려버릴 듯 폭포수처럼 시원한 물이 흘러나왔다. 왕궁 건물을 배경으로 한 이 샘은 분수대와는 다른 왕궁의 우아함이 돋보였다.

농부의 집은 왕궁에서 꽤 멀리 떨어져 있어 아란후에스의 명소를 도는 작은 관광열차를 타고 갈 수 있었다. 이곳은 옛날 농부가 살던 곳을 왕궁의 별궁으로 만들어 농부의 집이라 불린다. 카를로스 4세 때 완성되었으며,

카를로스 4세와 왕비 마리아 루이사의 방들이 많았다.

카를로스 4세 재위 시기는 프랑스 혁명과 나폴레옹의 시대로 이어지는 유럽의 혼란기였다. 무능했던 그는 왕비의 뜻대로 움직이는 인형 노릇을 하였다. 마리아 왕비는 마누엘 데 고도이 Manuel de Godoy 라는 근위장교와 연인 관계로, 고도이는 마리아의 힘을 업고 총리의 자리까지 오르면서 스페인의 실권을 쥐었다. 고도이는 나폴레옹과 손잡고 트라팔가 해전에 참여하지만 영국에 패배하고, 프랑스는 스페인을 만만한 상대로 보게 된다. 프랑스는 포르투갈로 가는 길을 스페인에게 내달라며 마드리드를 공격하여 결국 나폴레옹에게 무릎을 꿇고 말았다. 무능한 왕과 고도이의 잘못으로 스페인은 돌이킬 수 없는 국가적 위기에 처했다. 1808년 반 고도이 파가 내란을 일으켜 아란후에스에 머물고 있는 고도이를 습격하고 카를로스 4세를 폐위시킴으로써 페르난도 왕자 페르난도 7세 가 왕위에 오르게 되었다. 고도이는 로마로 망명하여 객사했으며, 카를로스 4세도 아들에게 밀려나 프랑스, 이탈리아로 망명 생활을 하다 객사했다고 한다.

이런 사연이 깃든 별궁을 돌아보면서 화려한 궁전 내부에는 상상하지 못할 부조리와 타락이 숨겨져 있고, 무능한 왕이 국민을 얼마나 곤경에 빠트리게 되는지 큰 교훈을 얻게 되었다.

스페인이 사랑한 작가, 세르반테스

마드리드 지하철 10호선을 타고 차마르틴 Chamartin 역에 내리면 마드리드 근교를 오가는 기차를 탈 수 있다. 마드리드에서 과달라하라 행 기차를 타고 동쪽으로 40분 정도 가서 알칼라 데 에나레스 Alcalá de Henares 에 내렸다. 이곳이 바로 《돈 키호테》의 작가인 세르반테스의 고향이자 대학이 발달했던 학

● 봄 궁전인 아란후에스는 프랑스 베르사유 궁전을 모델로 하였다. ● 가장 화려하고 아름다운 도자기의 방. 벽에 도자기를 붙이고 황금 장식을 더하였다. ● 알람브라 궁전의 이슬람 양식을 차용하여 꾸민 '왕의 흡연실'.

문의 도시이다.

알칼라 데 에나레스는 로마의 식민지 시절 콤플루툼이라는 도시에서 시작되었다. 그 후 이슬람의 지배를 받았다. 알칼라 데 에나레스는 1486년 추기경 시스네로스가 대학을 세우면서 전성기를 맞게 된다. 마드리드의 위성 도시로서 학문을 발전시켜 온 알칼라 데 에나레스는 1836년 대학이 마드리드로 옮겨가면서 쇠퇴하였지만 1977년 대학이 다시 문을 열면서 활기를 되찾고 있다. 현재 대학 본부가 있는 이 건물 안에 들어가면 성 토마스 정원을 중심으로 여러 개의 대학 건물이 세워져있다. 산 일데폰소 대학Colegio Mayor de San Ildefonso 건물 벽의 게시판에는 학생들에게 알리는 공고문들이 붙어 있고 강의실 등이 보여서 현재 대학으로 사용되고 있음을 알 수 있었다. 대학에 붙어 있는 '산 일데폰소 예배당'Capilla de San Ildefonso에는 대학의 설립자인 시스네로Cisneros 추기경의 무덤과 초상화가 있다.

세계적인 대문호, 스페인이 가장 사랑하는 작가 세르반테스Miguel de Cervantes, 1547~1616. 아마 그의 작품 《돈 키호테》를 모르는 사람은 없을 것이다. 그의 생가는 현재 세르반테스 박물관Museo Casa Natal de Miguel de Cervantes으로 사용되고 있었다. 가운데 작은 정원을 둔 ㅁ자형의 집은 부엌, 식당, 서재, 침실, 거실 등의 방마다 당시의 가구들로 장식을 해놓았다. 그런데 나는 여기서 큰 실수를 저지르고 말았다. 정원을 뺀 나머지는 촬영을 금지한다는 관리인의 말을 듣고도 2층에 올라갔을 때 비디오카메라를 몰래 꺼내 찍었다. 학생들에게 보여줘야 한다는 생각에만 사로잡혀 있었다. 아뿔싸! 감시 카메라에 찍히고 말았다. 관리인이 뛰어 올라와 험한 인상을 지으며 찍지 말라고 경고를 했다. 나는 거듭 '미안하다.'는 말과 두 손 모아 사과의 표시를 했다. 그러나 감시의 표적이 되어 대문을 나설 때까지 관리인의 눈길을 벗어날 수 없었

다. 나에 대한 편견으로 다음에 방문하는 동양 여행자들에게까지 피해가 가
지 않을까 걱정이 되었다.

외국에서 나의 행동은 나만으로 끝나는 것이 아니라 내 나라를 대표
한다. 유럽인들이 대체로 친절하지만 갑자기 봇물 터지듯 밀려드는 동양인
배낭 여행자들을 곱지 않게 보는 시선도 있다. 하여튼 세르반테스 생가를 불
편하게 보고 나온 것이 못내 아쉬웠다. 그날 이후 나는 촬영을 할 수 있는지
없는지 꼭 물어보고 촬영이 허락되지 않는 곳에서는 절대 카메라를 꺼내지
않았다.

오, 돈 키호테

세르반테스는 평범한 외과의사의 아들로 태어나 정규 교육을 받지 못한 채 스스로 독학했다고 한다. 그는 비야돌리드, 코르도바, 세비야 등지를 전전하며 다양한 경험을 쌓았다. 특히 그는 1571년 유명한 레판토 해전에 참전했다가 왼손을 못 쓰게 되었다고 한다. 1575년 스페인으로 돌아오던 중 오스만 튀르크 해적에게 잡혀 북아프리카의 알제리에서 5년 간 감옥 생활을 한 뒤 수도사의 도움으로 겨우 스페인으로 돌아왔다. 그 후 세비야에서 무적함대를 위한 연료와 밀을 징수하는 책임을 맡았다가 결산 과정의 실수로 여러 번 감옥에 갇히는 등 순탄하지 못한 삶을 살았다. 그러나 감옥에서의 고독 속에서 돈 키호테의 아이디어를 생각하고 고통 속에서 불후의 명작을 남기게 되었다. 《돈 키호테》는 당시 기사도 이야기를 패러디하여 풍자한 것으로 최초로 인간을 그린 위대한 문학 작품으로 평가받고 있다.

세르반테스는 여러 곳을 여행하고 방랑하며 겪은 모험을 돈 키호테가 추구하는 이상세계에 담았다. 소설에 등장하는 풍차는 현실 세계를 상징하며 풍차를 공격하는 돈 키호테는 주위의 시선과 실패를 두려워하지 않는 이상주의자로 묘사되어 있다. 세르반테스는 이 소설에서 이상주의자인 돈 키호테와 현실주의자인 산초 판사를 등장시켜 인간의 가장 큰 딜레마인 이상과 현실을 어떻게 융화시킬 수 있는지 보여 주려고 했다. 이상과 현실에 대한 논란과 고민은 시대를 초월해 항상 주제가 되어왔던 것이기에 오늘날까지도 감동을 준다.

마드리드 주변

◎ 엘 에스코리알(El Escorial)

펠리페 2세가 1557년 프랑스에 승리한 기념으로 만든 궁전. 다른 궁전에 비해 검소하고 소박함. 주 예배당에는 스페인 역대 왕들의 무덤이 있다.

*** 가는 방법 :** 마드리드에서 59km 거리. 지하철 6호선 몽클로아(Moncloa)역 밖의 3번 플랫폼에서 30분마다 출발하는 헤란스(heraanz) 버스(40분 소요), 또는 마드리드 아토차역에서 기차를 이용(50분 소요, 1시간 간격).

◎ 아란후에스(Aranjuez)

도시 전체가 왕실 별궁으로 왕궁, 섬의 정원, 뱃놀이의 집, 왕자의 정원, 농부의 집 등이 있다. 16세기 중반 펠리페 2세가 짓기 시작하여 18세기 후반 카를로스 3세가 완성. 왕궁의 도자기 방과 흡연실의 장식이 훌륭하다.

***가는 방법 :** 마드리드에서 50km 거리. 마드리드 버스터미널(Estación Sur de Auto Buses)에서 15분 간격으로 출발하는 아이새(AISA) 버스를 이용(30분 소요), 또는 마드리드 아토차 렌페(Atocha Renfe)역에서 교외 기차(세르카니아스 Cercanias) C3를 이용(45분 소요, 15~20분 간격).

◎ 알칼라 데 에나레스 (Alcalá de Henares)

도시 중심인 세르반테스 광장(Plaza de Cervantes)에 볼거리가 모여 있다. 15세기에 세워진 산 일데폰소 대학(Colegio Mayor de San Ildefonso)이 있고, 세르반테스가 살았던 집을 개조한 박물관(Museo Casa Natal de Miguel de Cervantes)에는 그에 관한 자료가 전시되어 있다.

***가는 방법 :** 마드리드 동쪽 35km 지점. 아베니다 데 아메리카(Avenida de America)와 버스 터미널(Estación Sur de Auto Buses)에서 버스(1시간 소요) 또는 마드리드 아토차 렌페(Atocha Renfe)역에서 교외 기차(세르카니아스 Cercanias) C1, C2, C7를 이용(50분 소요).

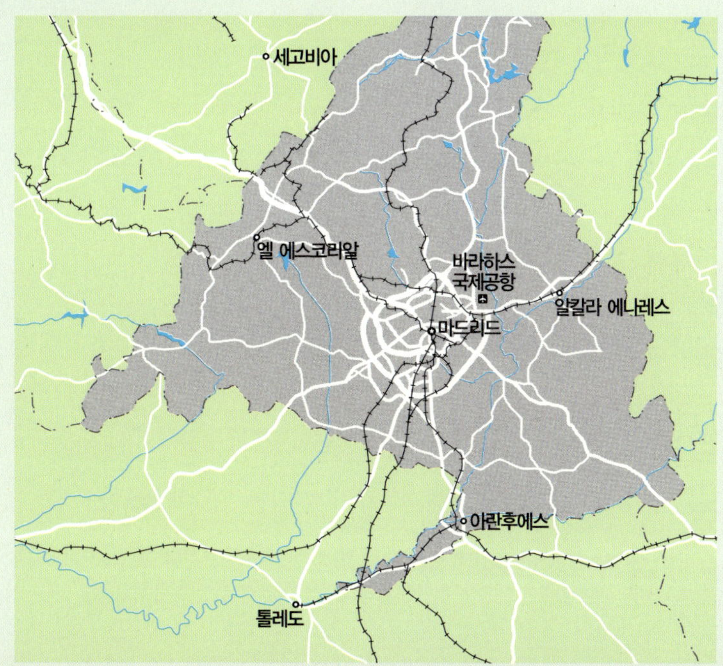

스페인의 **자존심**과 **정신**을 이어가는 **카스티야**
세고비아
톨레도
쿠엔카

백설공주의 아름다운 성 세고비아

    스페인 국토의 중앙에 위치한 마드리드를 중심으로 대부분의 여행지가 방사선처럼 흩어져 있다. 북부와 남부를 제외한 지역은 호텔이나 짐을 옮기는 번거로움 없이 마드리드를 기점으로 여행하는 것이 편하다. 버스나 기차를 타면 당일 여행이 가능하기 때문이다. 세고비아Segovia도 마드리드의 중앙역인 아토차 렌페Atocha Renfe역에서 두 시간 간격으로 기차가 출발한다. 마드리드에서 북서쪽으로 중앙 고원 지대를 지나 1시간 45분 만에 도착한 카스티야 레온 지방Castilla y Leon의 세고비아는 완벽한 모습으로 남아 있는 로마의 수도교Aqueducto Romano와 중세 시대의 문화유산으로 백설공주 성의 모델이 되었다는 알카사르Alcázar, 고딕 양식의 카테드랄Cathdral, 대성당로 유명한 곳이다. 세고비아는 남서쪽의 현대화된 지역임에도 불구하고 구시가 모습을 잘

● 마드리드 아토차 렌페 기차역의 실내 정원. 채광까지 되어 마치 식물원 같다. ● 2천 년 전 로마 수도교가 아직도 건재한 세고비아 구시가. 고대로 돌아간 듯 고풍스럽다.

간직하여 도시 전체가 1985년 세계 문화유산으로 지정되었다.

세고비아는 옛날 켈트족의 정착지였으나 기원전 80년경부터 로마의 지배를 받게 되었다. 그 후 로마 황제의 중요 연결망이라 할 정도로 발전하였다가 가톨릭교도들이 국토재정복운동을 벌일 때 이슬람의 공격을 받기도 하였다. 1085년까지 이곳은 이슬람과 가톨릭의 경계선 지역이었고, 1474년 이사벨 여왕이 이곳에서 왕위 즉위식을 가지면서 왕족의 거주지로 그 명성을 이어갔다.

빛나는 위용을 자랑하는 로마 수도교

로마의 실용적인 문화유산 중의 하나인 건축은 2천 년이 지난 오늘날에도 여전히 유용한 인류의 유산이다. 로마가 도시를 건설하고 도시민들에게 물을 공급하기 위해 만든 수도교아쿠에둑토, Aqueducto Romano는 엄청난 대 토목 공사였는데 그 모습이 완전하게 남아 있는 것이 바로 세고비아의 수도교이다.

tip 수도교 아래서 먹는 맛있는 코치니요 아사도

수도교가 있는 아소구엘호(Plaza de Azoguejo) 광장 주변에서 세고비아의 명물 요리인 코치니요 아사도(Cochinillo Asado)를 맛보았다. 코치니요 아사도는 새끼 돼지 통구이로 귀여운 새끼 돼지를 연상하면 선뜻 먹을 마음이 안 생길지도 모르겠다. 하지만 여행자로서 그 나라의 풍습과 음식 문화를 존중하고 이해하는 태도가 필요한 것은 당연지사! 외국 음식을 즐기는 나는 이 요리를 즐겁게 먹었다. 여럿이었다면 한 마리 전체가 나왔겠지만 1인분을 시키니 한 조각이 나왔다. 어린 돼지라 그런지 광장히 부드럽고 맛있었다.

코치니요 아사도 요리 때문에 유명해진 세고비아의 아기 돼지 인형.

이탈리아 로마가 아닌 스페인에서 만나는 수도교는 로마제국의 힘을 다시 한 번 느끼게 한다. 이층으로 된 수도교는 길이 728m, 높이 29m, 163개의 아치가 위용을 자랑하는데 근처의 시에라 데 구아다라마 산맥 Sierra de Guedarrama으로부터 물을 끌어 왔다. 더 놀라운 것은 회반죽을 사용하지 않고 화강암만으로 면도날 하나 들어가지 않을 정도로 견고하고 빈틈없이 만들었으며, 2천 년이 지난 지금에도 수도관만 교체하여 세고비아 시민들에게 물을 공급하고 있다는 사실이다.

백설공주는 정말 이 성에서 살았을까?

수도교에서 구시가가 끝나는 언덕 위에 동화 속 궁전 같은 알카사르가 우뚝 서 있다. 월트 디즈니가 만든 백설공주 성이 바로 이 알카사르에 영감을 받았다고 한다. 마녀 모자처럼 뾰족한 탑의 알카사르는 동화나라의 성처럼 아름다웠다. 로마시대 전략상 위치 때문에 요새가 있던 이곳은 성채란 뜻의 아랍어인 '알카사르'로 불렸다. 13~14세기에 증축되었다가 1862년 안타깝게도 소실되었고, 1882년 재건축되어 오늘에 이르고 있다.

알카사르는 스페인의 중세 시대, 즉 이슬람을 축출하고 국토재정복하운동이 시작된 곳으로, 스페인의 역사에서 중요한 부분을 차지하는 유서 깊은 곳이다. 성 안에는 중세시대 갑옷과 투구 등 무기들이 전시되어 있는데 그 중 가장 예술적인 방은 '피냐의 방' Sala de las Piñas이다. 392개의 파인애플 모양의 종유석으로 장식된 천장이 매우 인상적이었다. 그리고 1474년 이사벨 여왕이 카스티야 왕국의 여왕으로 즉위식을 한 레예스 방 Sala de Reyes의 벽에는 국토재정복운동에 참여했던 스페인 왕가 52명의 각 왕에 대한 부조가 있다. 후안 2세의 탑 Torre de Juan II에 오르자 세고비아의 전경이 한눈에 보인다.

구시가에 우뚝 서 있는 로마 수도교. 로마제국의 수도교 중 가장 아름답고 보존 상태도 좋다.

탁 트인 중부 고원 지대를 바라보니 유럽이 이슬람의 공격으로부터 자신의
고유 문화를 지키기 위해 쏟아 부은 세월이 느껴지는 듯했다.

귀부인이라 불리는 대성당

알카사르를 돌아본 후 내려오는 길에 만나는 마요르 광장은 세고비아
구시가의 중심이다. 이곳에는 관광 사무소, 크고 작은 식당, 카페들이 모여
있는데 광장 한편으로 고딕양식의 첨탑이 아름다운 카테드랄이 위용을 뽐낸
다. 늘씬하고 기품있는 외관으로 귀부인이라 불리는 대성당은 로마네스크
Romanesque, 장방형의 건물에 로마식 아치로 지어진 장엄한 교회 건축 양식의 건물이었으나 소실된
후 1577년 고딕 양식의 교회로 다시 지어졌다. 고딕 Gothic 양식은 중세인의 천
국에 대한 열정을 드러낸 뾰족한 탑 양식이 특징이다. 교회 안의 장식도 훌륭
했지만 해가 진 뒤 대성당의 야경은 잊을 수 없다. 교회를
아름답게 꾸며 신의 세계로 가고 싶어 했던 인간의 마음을
담은 대성당은 인류가 남긴 아름다운 문화유산이다.

세고비아(Segovia)

완공. 로마네스크와 고딕 양식의 성당으로 스테인드 글라스와 첨탑 양식이 섬세하고 우아하다.

◎ 가는 방법

* **버스** : 마드리드 버스 터미널(Estación Sur de Auto Buses)에서 1시간 30분 소요.(30분 간격) 살라망카(Salamanca, 3시간), 비야돌리드 (Villadolid, 2시간 45분), 아빌라(Avila, 1시간)
* **기차** : 마드리드 아토차역에서 1시간 45분 소요.(2시간 간격, 9회) 세고비아역은 구시가에서 남쪽으로 2km 떨어진 곳에 위치.

◎ 주요 볼거리

세고비아는 구시가와 로마 수도교가 1985년 세계문화유산으로 지정되었다.

- **로마 수도교(아쿠에둑토, Aqueducto Romano)** : 기원전 1세기 로마시대에 만든 수도교로 현존하는 수도교 중 가장 아름답다. 길이 728m, 163개의 아치로 이루어졌다.
- **알카사르(Alcázar)** : 구시가 북쪽에 위치. 월트 디즈니 '백설 공주'의 모델이 된 성으로, 이사벨 여왕의 즉위식과 펠리페 2세의 결혼식이 있었다.
- **대성당(Cathedral)** : 1525년에 시작하여 1577년

◎ 주변 볼거리

- **라 그랑하 데 산 이데폰소(La Granja de San Ildefonso)** : 프랑스 루이 14세 손자로 스페인 왕위를 계승한 펠리페 5세가 프랑스를 그리워하며 지은 궁전. 작은 베르사유라는 별명이 있다. 세고비아 버스 정류장에서 20분 정도 소요.

◎ 숙식

- **펜시온 페리(Pensión Ferri)** : Calle de Escuderos 10, 전화 921- 46-09-57, 싱글 15/ 더블 22유로.
- **오스탈 후안 브라보(Hostal Juan Bravo)** : Calle de Juan Bravo, 전화 921-46-34-13. 더블 32~ 38유로.
- **메종 데 칸디도 (Mesón de Cándido)** : Plaza del Azoguejo 5, 전화 921-42-81-03. 로마 수도교 아래 위치하며 코치니요 아사도 요리로 유명한 식당.
- **카사 두케(Casa Duque)** : Calle de Cervantes 12, 전화 921-46-24-87. www.restaurant-eduque.es) 1895년에 문을 연 세고비아에서 가장 오래된 식당. 코치니요 아사도 요리가 유명하다.

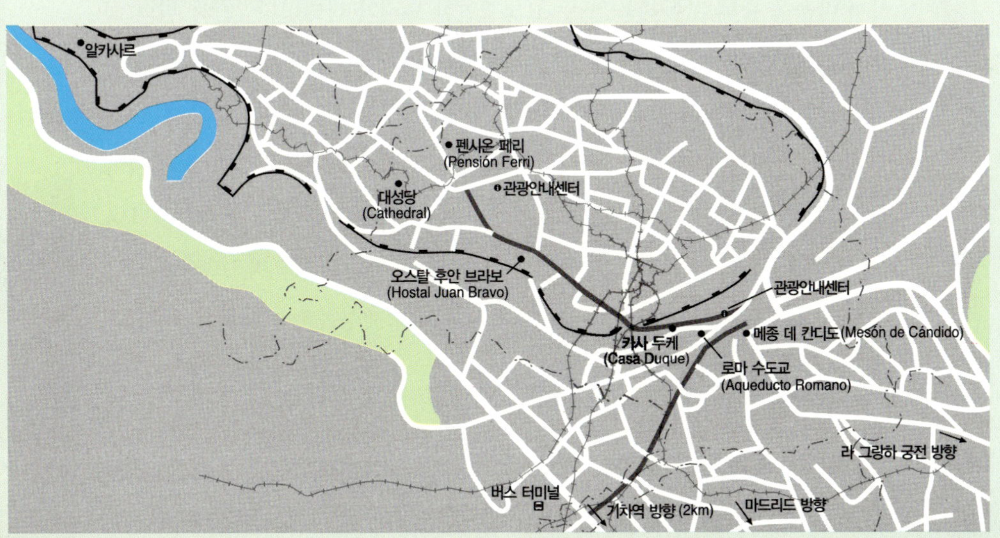

스페인의 심장 톨레도

　　스페인의 심장, 황제의 도시라는 별명이 붙은 톨레도_{Toledo}는 스페인
의 중세시대가 꽃을 피웠던 곳이다. 마드리드의 남부 버스 터미널_{Estacion Sur}
에서 30분 간격으로 출발하는 버스를 타고 동남쪽으로 1시간 달려가면 마치
시계 바늘을 중세로 돌려놓은 듯 고색창연한 도시가 나타난다. 언덕 위의 성
곽 도시인 톨레도는 황량한 중앙의 고원지대이지만 삼면으로 흐르는 타호 강
_{Rio Tajo} 때문에 풍요로움과 함께 번영을 누릴 수 있었다고 한다.

　　톨레도는 로마 지배 시대를 거쳐 6세기에 서고트족이 수도를 세비야
에서 이곳으로 옮긴 이후, 서고트 왕국의 중심지로 발전하였다. 그러나 711년
이슬람의 침입으로 약 400년에 걸쳐 이슬람의 지배를 받았으며, 1085년 카스
티야 왕국의 알폰소 6세_{Alponso VI, 1072~1109}의 국토재정복운동 이후 스페인 크

리스트교 국가에 속하게 되었다. 따라서 중세의 톨레도는 이슬람, 유대, 크리스트교의 문화가 융합하여 당시 유럽 최고의 문명을 이루었다.

그 후 16세기 펠리페 2세가 수도를 마드리드로 옮길 때까지 스페인의 수도 역할을 톡톡히 해냈다. 톨레도가 유명한 또 다른 이유는 바로 엘 그레코의 그림 때문이다. 크레타 섬에서 태어난 엘 그레코El Greco 는 톨레도로 옮겨와 살면서 많은 그림을 남겼고, 이곳에서 숨을 거두었다. 그가 남긴 그림들을 찾아가는 것도 톨레도 여행의 큰 매력이다.

중세와 현대가 공존하는 곳

버스 정류장에 내려 좁은 언덕길을 올라가면 톨레도 구시가의 북문인 새로운 비사그라 문Puerta Nueva de Bisagra 을 만나게 된다. 옛날 비사그라 문 앞에 다시 지어져 '새로운 비사그라 문'이라 불리는데 16세기 건축물로 그 육

톨레도의 북문 '새로운 비사그라 문'(Puerta Nueva de Bisagra). 이 문을 들어서면 시간 여행을 온 듯 중세로 들어간다.

중세까지 스페인의 수도였던 톨레도. 중세의 풍경이 고스란히 남아있는 아름다운 도시이다.

중함 때문에 기가 눌릴 정도였다. 스페인 왕가를 상징하는 쌍두 독수리가 새겨져 있는 문으로 들어서면 마치 타임머신을 타고 시간을 거슬러 온 듯한 구시가가 시작된다.

구시가의 중심인 소코도베르 광장 Plaza de Zocodover의 남쪽에 면해 있는 알카사르는 로마의 지배 때부터 요새화가 시작되어 이슬람 지배 시절 성채의 모습을 갖추었고 톨레도를 재정복한 알폰소 6세 때 개축되었다. 13~16세기에도 여러 번 재건축되었던 알카사르는 1936년 프랑코 내란으로 인해 큰 손상을 입었다고 한다.

내부로 들어가면 스페인 내란 1936~39 당시 흔적이 지금도 남아 있다. 프랑코 장군을 지지한 모스카르도 대령은 550명의 여자와 50명의 아이를 포함함 1,300명의 수비대와 함께 2개월 6일 동안 알카사르에서 결사적으로 항전하였다고 한다. 그 성 안에 매트리스를 깔고 잠잤던 곳과 총탄을 맞은 무기들과 불탄 책들을 보면서 당시 치열했던 항전의 모습을 상상할 수 있었다. 프랑코 장군은 독일과 이탈리아의 지원을 받아 승리하였고 스페인에 군부 독재가 시작되었다. 프랑코는 자신을 지지해 준 톨레도를 위해 알카사르를 보수하도록 하고 현재는 군사 박물관으로 사용하고 있다. 알카사르는 톨레도 중세의 번영과 함께 스페인 현대사의 아픈 기억이 함께 공존하는 곳이다.

엘 그레코의 그림을 따라 가는 톨레도 산책

엘 그레코의 본명은 도메니코 테오토코폴리Domenico Theotocopuli, 1542~1614이지만 그리스 크레타 섬 출신이라는 의미로 엘 그레코El Greco로 불렸다. 그는 이탈리아 베네치아에서 르네상스의 고전적 화가인 티치아노Ticiano의 제자로 그림 공부를 하다가 1577년 스페인 톨레도로 건너와 남은 여생을 이곳에서 머물렀다. 그는 이탈리아의 영향을 받았음에도 불구하고 톨레도에 큰 감명을 받아 스페인적인 독특한 화풍을 만들어냈다. 종교적인 테마와 어두운 색상, 아래에서 위를 보는 화면 구성을 즐겨하였다. 그의 작품 속에 등장하는 성자들은 야위고 뼈만 앙상한 긴 얼굴을 하고 있어 다른 세계의 영혼들처럼 보이는 것이 특징이다.

소코도베르 광장에 면해 있는 산타 크루즈 박물관Museo de Santa Cruz은 병원이었으나 지금은 미술관으로 사용되고 있다. 이곳에서 엘 그레코의 대표적인 작품 〈승천하는 마리아 The Assumption of the Virgin〉와 〈수태고지 The Annunciation〉를 만날 수 있다. 푸른색과 붉은색 옷을 입은 마리아가 하늘로 승천하는 모습과 천사가 마리아에게 수태를 알려주는 내용의 두 그림은 마리아 얼굴을 길게 표현하고 뒤의 배경을 어둡게 해서 마리아가 돋보이도록 구도를 잡은 것이 특징이다.

마요르 광장에 면해 있는 대성당은 서고트 왕국이 지배할 때 종교 의식 장소였고 이슬람 지배 때는 모스크로 사용되었다. 톨레도를 재정복한 알

● 오르가스 백작의 매장(The Burial of the Count of Orgaz) ● 산타 크루즈 박물관에서 엘 그레코의 대표작인 〈승천하는 마리아〉와 〈수태고지〉를 만날 수 있다. ● 톨레도에서 여생을 보낸 엘 그레코의 집 외관과 내부.

폰소 6세는 이 건물을 부수지 않겠다고 약속했으나 결국 파괴되었다. 이곳에 대성당을 본격적으로 짓기 시작한 것은 13세기. 오랜 기간을 거치며 15세기 고딕 양식과 르네상스 양식을 혼합한 대성당이 완성되었다. 촬영이 금지되어 눈으로 볼 수밖에 없어 아쉬웠는데, 주 예배당의 제단은 화려함의 극치였다. 중앙에는 15세기 후반 고딕 양식의 성가대석 Coro 이 있는데 앉는 자리와 의자를 연결하는 나무 기둥 장식이 훌륭했다.

주 예배당을 지나 북서쪽 모퉁이에 절대 놓쳐서는 안 되는 성기실 聖器室, Sacristi 이 있다. 이곳에 있는 높이 3m의 성병현치대 聖餠顯置臺 는 16세기 금속 공예가였던 엔리케 데 아르페 Enrique de Arfe 에 의해 18kg의 순금, 183kg의 은으로 만든 260개의 조각들이 모여 하나의 탑을 이루었다. 탄성이 절로 나오는 이 성물을 보면서 종교에 대한 열정이 빚어낸 예술의 경지를 엿볼 수 있었다. 또한 엘 그레코의 〈약탈자 El Expolio〉와 고야의 〈끌려가는 예수 The Capture of Jesus〉, 티치아노 반 다이크 등의 작품도 볼 수 있다.

대성당을 나와 산 살바도르 거리 Calle de San Salvador 를 따라 가다 콘데 광장 Plaza del Conde 과 만나는 곳에 산토 토메 교회 Iglesia de Santo Tome 가 있다. 이곳은 아주 작은 교회이지만 엘 그레코의 명작 〈오르가스 백작의 매장 The Burial of the Count of Orgaz〉이란 그림으로 유명하다. 14세기 산토 토메 교회의 후원자였던 곤살로 루이스 백작이 죽자 성 아구스틴과 슈테판이 그의 무덤을 안치시키기 위해 하늘에서 내려왔다는 내용을 담고 있다. 이곳에도 엘 그레코는 자신의 얼굴을 슬쩍 그려 놓았다. 등장인물의 시선을 통하여 그들 내부의 마음이 잘 나타나있으면서도 신비주의적인 경향이 짙은 엘 그레코의 최고 작품으로 평가받고 있다.

산토 토메 교회를 나와 좀 더 내려가면 사우엘 레비 거리 Calle de Samuel

Levi에 엘 그레코의 집 Casa y Museo de El Greco 이 나온다. 엘 그레코가 살던 집을 1910년 인클란 후작이 다시 개축하여 박물관으로 만든 것이다. 이곳에 남아 있는 그림 중 유명한 〈톨레도의 경관 Visita y Plano de Toledo〉은 엘 그레코가 말년에 그린 것으로 자신의 화풍에서 완전히 벗어났다. 주로 종교적인 주제를 그렸던 그가 유일하게 그린 풍경화로 회색과 옅은 녹색으로 초인간적인 그 무엇인가가 도시를 지배하는 듯 강렬한 인상을 표현했는데 그가 톨레도에 대해 얼마나 깊은 감명을 받았는지 잘 보여준다.

톨레도는 엘 그레코의 작품들과 그의 흔적을 찾아볼 수 있는 예술의 도시이다. 인류가 남긴 위대한 문화유산 중 건축이 차지하는 부분도 크지만 그에 못지않게 그림의 비중이 크다. 그림은 몇 세기가 흐른 뒤에도 화가의 일생과 함께 많은 사람에게 감동을 준다. 한 위대한 예술가의 탄생은 그 나라의 문화유산으로 영원히 빛나는 소중한 재산이다.

톨레도의 멋, 금박 공예

톨레도가 유대, 이슬람, 크리스트교 문화를 가진 도시임을 보여주는 예가 바로 유대 지구 Jewish Quarter 이다. 국토재정복운동이 마무리 되는 1492년 유대인이 추방되기 전까지 톨레도에는 11개의 시나고그 예배당, Synagogue 가 존재했다고 한다. 그러나 크리스트교는 다른 종교를 인정하지 않음으로써 유대인들은 추방되었고, 이는 상공업에 종사하던 유대인이 해외로 빠져나감으로써 스페인 산업의 쇠퇴를 가져왔다.

지금은 덩그러니 남은 두 개의 시나고그로 유대인의 흔적을 추측할 뿐이다. 트란시토 교회와 산타 마리아 라 블랑카 교회 Sinagoga de Santa Maria La Blabnca 중에서 산타 마리아 라 블랑카 교회를 찾았다. 엘 그레코 집을 나와 북

● 주 예배당의 제단 장식. ● 성가대의 나무 장식. ● 성병현치대(聖
餠顯置臺) ● 톨레도 대성당의 면죄의 문.

톨레도에 남은 2곳의 유대 교회 중 하나인 산타 마리아 라 블랑카 교회. 아랍 양식을 따르고 있는 교회 내부가 독특하다.

쪽으로 난 좁은 골목길을 따라 올라가 로스 레예스 가톨릭코스 거리_{Calle de los Reyes Catolicos}에 산타 마리아 라 블랑카 교회가 있었다. 교회 내부의 기둥을 연결하는 기법이 알모하드 양식_{모스크에 말발굽 아치와 아랍식 아치를 결합 것}을 따른 것으로 아치가 인상적이었다. 12세기 후반 유대교의 예배당으로 건축되었다가 1405년 가톨릭 성당이 되었다. 이름에서도 말해 주듯이 교회 외벽은 모두 하얀색이라 간결하면서도 아담한 분위기를 자아냈다.

톨레도에서는 훌륭한 문화유산 외에도 멋진 공예품을 만날 수 있다. 손재주가 좋은 톨레도 사람들은 중세 시대 칼의 손잡이 등을 장식하던 금박 공예가 매우 발달하였다. 원래 아랍의 금은 공예와 도자기에 무늬를 새겨놓은 것에서 따온 것으로 그 수려함이 극치를 이룬다.

산타 마리아 라 블랑카 교회 근처에는 다마스퀴나도_{Damasquinado= Damascene, 금박 공예}를 손으로 만드는 공방이 있는데, 그 과정을 지켜보는 것이 매우 흥미로웠다. 아주 가느다란 금실을 무늬 속에 끼워 넣는 솜씨가 매우 숙련되었다. 중세시대 기사들이 썼던 검의 손잡이부터 오늘날의 목걸이, 귀걸이 같은 장신구에 이르기까지 금박 공예는 여러 곳에 장식되었다. 톨레도를

톨레도 사람들의 뛰어난 솜씨를 보여주는 화려한 금박 공예품들.

찾은 여행객들이 기념으로 꼭 간직하고 싶을 만큼 수준 높은 공예품이었다.
나도 그 유혹을 뿌리치지 못하고 금박이 된 화려한 목걸이를 샀는데 어느 곳
에서도 구할 수 없는 독특한 멋이 있어 아주 유용하게 쓰고 있다.

●**금박 공예 공방 Antigüedades :** 산타 마리아 라 블랑카 교회 근처, Calle de los Reyes Catolicos 8.

톨레도의 과자 마사판

소코도베르 광장 주변의 상점에서 150년이 넘은 마사판(Mazapan = Marzipan) 과자 가게를 발견하였다. 마사판은 아몬드 과자로 모양과 크기가 매우 다양하다. 잣이나 아몬드 같은 견과류를 묻혀 만든 것을 비롯해 과일 모양과 색을 그대로 내어 먹음직스럽다. 디저트로 먹는데 매우 단 것이 특징이다. 톨레도는 먹거리와 볼거리를 모두 갖춘 곳이라 여행하는 즐거움이 남다르다.

● 소코도베르 광장(Plaza de Zocodover) 주변.
● 여러 종류의 먹음직스런 마사판이 진열되어 있다. ● 과일 마사판.

214

톨레도(Toledo)

황제 도시라 불리는 톨레도는 마드리드 이전 스페인의 수도로 이슬람 모스크, 유대교의 시나고그, 크리스트교회, 박물관 등 다양한 문화를 만날 수 있다.

◎ 가는 방법

* **기차** : 마드리드 아토차역에서 AVE 고속철 30분 소요 (1시간 간격).
* **버스** : 마드리드 버스터미널(Estación Sur de Auto Buses)에서 1시간 30분 소요(30분 간격), 콘수에그라(Consuegra) 1시간, 쿠엔카(Cuenca) 2시간 15분, 탈라베라 데 라 라이나(Talavera de la Reina) 1시간 15분 소요.

◎ 주요 볼거리

- **알카사르(Alcázar)** : 16세기 이슬람 요새를 카를로스 1세가 개축.
- **대성당(Cathedral)** : 스페인 크리스트교의 중심으로 가장 규모가 큰 성당. 13세기에 착공하여 15세기 후반에 완성.

- **엘 그레코(El Greco)의 작품** : 톨레도 요새 안의 산토 토메 교회(Iglesia de Santo Tomé), 엘 그레코의 집에서 그의 걸작을 만날 수 있다.

◎ 주변 볼거리

- **산타 마리아 라 블랑카 교회(Sinagoga de Santa María La Blabnca)** : 유대교 시나고그(예배당)로 최대 규모이다.

◎ 숙박

- **하이 알베르게 후베닐 엔 산 세르반도(HI Albergue Juvenil en San Servando)** : ralberguesto@jccm.es, 전화 925-22-45-54, 도미토리 9.50~12유로. 톨레도 성을 건너 타호 강 건너편에 위치함.
- **오스탈 산토 토메(Hostal Santo Tome)** : Calle de Santo Tome 13, 전화 925-22-17-12, www.hostalsantotome.com, 싱글 39/더블 52유로. 옥상의 발코니 전망이 좋다.
- **오스탈 카사 데 시스네로스(Hostal casa de Cisneros)** : Calle Cardenal Cisneros, 전화 925-22-88-28, www.hostal-casa-de-cisneros.com, 싱글 60/더블 80유로. 대성당 건너편에 위치. 11세기 이슬람 궁전의 한 부분이었던 곳을 개조하였다.

아찔한 절벽 위의 도시 쿠엔카

　　마드리드에서 버스로 2시간 30분 거리에 있는 쿠엔카Cuenca는 메마른 카스티야 라만차 지방에서 가장 매력적인 도시이다. 쿠엔카는 로마시대 이전부터 거주지였으나 11세기 초까지 별다른 발전은 없었다. 이슬람의 지배자인 이스마일 빈 딜눈Ismail bin Dilnun에 의해 요새가 만들어지고 섬유 산업이 발전하다가 1177년 카스티야 왕국의 알폰소 8세 Alfonso Ⅷ, 1158~1214에 의해 재정복되었다. 쿠엔카의 불안정하고 기이한 건축 양식은 16세기까지 이어졌다.

　　버스에 내려 마요르 피오 12광장 Plaza Mayor Pio XII에 들어서면서 왜 이곳이 불안정한 집들이 있는 곳으로 유명한지 의아한 생각이 들었다. 불안정한 집 Casas Colgadas으로 가기 위해 대성당을 끼고 작은 골목길로 접어드는 순간 기이한 풍경이 나타나 깜짝 놀랐다. 까마득한 발아래로 절벽이 병풍처럼

● 절벽 위의 도시, 쿠엔카. ● 마요르 피오 12광장의 노천카페들. ● 벼랑 끝에 불안하게 서 있는 '불안정한 집'. ● 쿠엔카 파라도르의 멋진 외관.

둘러쳐져 있는 전경이 나타났기 때문이다. 세상에 이런 곳에 마을이 어떻게 생겨났을까, 라는 의문이 들 정도였다.

쿠엔카는 침략자가 접근하기 어려운 천연 요새 도시로, 불안정한 집은 겉으로 보기에도 매우 불안하다. 절벽 위라 집이 들어설 곳이 아닌데도 불구하고 억지로 지은 것 같은 느낌이었다. 곧 무너지지 않을까 위태로워 보였지만 오늘날까지 버텨온 것을 보면 건축의 비밀이 있는 듯하다. 이 집은 현재 추상화 미술관Museo de Arte Abstracto Espanol으로 사용 중이다. 건물은 16세기의 기이한 형태 집이지만 그 안의 전시중인 작품들은 스페인 현대 추상화의 흐름을 알려 줄 정도로 지극히 현대적이고 전위적이다. 전시하는 방마다 열려진 창문으로 내다보이는 풍경은 한폭의 그림처럼 아름다웠다.

건물을 나와 걷다 보면 작은 후카르 강Rio Jucar 위로 철제 다리가 맞은편 절벽의 마을을 잇고 있다. 다리 건너편 눈에 들어오는 파라도르Parador는 옛 성이나 수도원을 개조한 호텔로, 도미니크 수도회의 수도원을 개조한 것이다. 수도사들은 바위 절벽이 숲을 이룬 이곳에서 누구의 간섭도 받지 않고 기도할 수 있었을 것이다. 자연과 만나 절대 고독을 맛보며 기도와 노동의 시간을 보냈던 수도사들의 생활이 머릿속에 그려졌다.

쿠엔카(Cuenca)

◎ 가는 방법

* **버스 :** 마드리드 아우토 레스(Auto Res) 버스 터미널에서 2시간(1일 9회 운행), 발렌시아(Valecia) 2시간 30분(1일 3회), 알바세테(Albacete) 2시간(1일 3회), 톨레도(Toledo) 2시간 15분(1일 2회).
* **기차 :** 마드리드에서 발렌시아를 연결하는 기차가 지나감. 마드리드 아토차역에서 3시간(1일 6회). 발렌시아(Valencia) 3시간 15분(1일 4회).

◎ 주요 볼거리

* **대성당(Cathedral) :** 구시가의 중심인 마요르 광장에 있는 고딕 양식의 성당.
* **불안정한 집(Casas Colgadas) :** 쿠엔카의 최대 볼거리. 14세기 깎아지른 절벽 위에 불안정하게 지은 집으로, 지금은 추상화 미술관(Museo de Arte Abstracto Espanol)으로 사용되고 있다.

◎ 주변 볼거리

* **아랍식 성채와 전망대 :** 마요르 광장에서 산 페드로 거리(Calle de San Pedro)를 따라 북쪽으로 올라가면 아랍식 성채가 나오고, 조금 더 올라가면 전망대가 나온다. 쿠엔카 시내 전체를 볼 수 있다.

◎ 숙박

* **포사다 데 산 호세(Posada de San José) :** Ronda de Julian Romero 4, 전화 969-21-13-00, www.posadasanjose.com, 싱글 25/더블 38유로. 전망 좋은 싱글 55/더블 83유로. 17세기 성가대 학교를 개조한 곳으로 고풍스런 분위기와 쿠엔카의 전망을 볼 수 있는 곳이다.

* **파라도르(Parador) :** Calle de Hoz de Huecar, 전화 969-23-23-20, www.pador.es 더블 125유로. 수도원을 개조한 곳으로 카사스 콜카다스의 전망이 아름다운 곳.쿠엔카의 전망을 볼 수 있는 곳이다.

이슬람 **왕국**의 아름다운 **꿈**
안달루시아

코르도바
마르베야
지브롤터
세비야

유럽 최초의 이슬람 왕국

마드리드에서 아베Ave고속철을 타고 남쪽으로 달려가면 지금까지의 스페인과는 조금 다른 풍경을 만나게 된다. 아베고속철은 안달루시아 지방까지 4시간 거리를 1시간 30분만에 달린다. 유럽에서 아랍 문화의 영향을 가장 많이 받은 안달루시아 지방은 이국적인 멋이 물씬 풍겼다. 스페인의 중부 지방이 황량하고 메마른 평원이라면 남부 지방은 파란 하늘 아래 눈부신 하얀색 집들과 발코니마다 꽃들이 어우러진 풍경이다. 안달루시아 지방만의 독특한 분위기에 빠져들 수밖에 없다. 그러나 중부 지방과는 비교할 수 없을 정도로 숨막히는 더위 때문에 힘들기도 했다.

스페인의 여러 도시가 그렇듯이 코르도바Cordoba는 고대 로마에 의해 건설된 도시이다. 로마가 게르만족에게 멸망한 이후 스페인 지역에는 게르만족의 일부인 서고트족이 들어왔다. 711년에는 현재의 지브롤터 지역인 타리크를 침략한 이후 이슬람의 세력이 확대되어 756년 아브드 알 라흐만 1세 Abd ar-Rahman, 756~788에 의해 코르도바를 중심으로 한 알-안달루스 Al-Andalus 왕국이 세워지면서 이슬람의 지배를 받게 된다. 알-안달루스란 '기후는 시리아처럼 온화하고 땅은 예멘처럼 비옥하며, 꽃이나 향료는 인도처럼 풍부하고, 보석은 중국처럼 넘쳐나며, 해안은 아덴처럼 닻을 내리기에 편리하다.'고 예찬한 말에서 유래하였다. 안달루시아 지방이 정복자 이슬람에게는 더할 나위 없이 흡족한 곳이었던 모양이다. 이후 코르도바는 서방 이슬람의 중심지로 한동안 크게 번영을 누렸다.

코르도바의 중심, 메스키타

코르도바 구시가 중심에 있는 모스크인 메스키타 Mezquita 는 코르도바 최대의 모스크로서, 스페인 - 이슬람 건축 양식인 무데하르 Mudejar 양식을 대표하는 건축물이다. 785년 아브드 알 라흐만 1세는 서고트족의 교회 위에 모

이슬람 모스크에서 성당으로 개조된 코르도바의 중심 메스키타.

스크를 짓기 시작하여 10세기 후반까지 세 번의 확장을 거쳐 오늘날과 같은 규모가 되었다. 이곳을 크리스트교도와 이슬람교도가 서로 사이좋게 나누어 사용했다고 한다. 그러나 스페인이 국토를 재정복한 16세기에는 메스키타를 성당으로 사용하기 위해 건물 안에 '주 예배당'을 만들고 모스크 정원에 세워진 미나렛첨탑 윗부분을 개조하여 크리스트교의 성인상과 종탑을 세웠다. 코르도바의 지배 세력이 바뀌면서 교회는 모스크로, 다시 교회로 개조되어 마치 역사의 수레바퀴를 보는 듯하다.

메스키타 안으로 들어가자 넓은 뜰이 나왔다. 바로 오렌지 정원Patio de los Naranjos. 오렌지는 아직 익지 않았지만 싱그러운 초록빛에 눈이 시원해지는 것 같다. 정원 중앙의 분수대에서 흐르는 물소리는 사막의 오아시스처럼 느껴졌다. 사막에서 살아왔던 아랍인들은 물의 소중함을 누구보다 잘 알았고, 항상 가까이 물을 두려고 애썼다. 안달루시아처럼 덥고 건조한 기후에서 사는 사람들에게 메스키타는 사원으로서뿐 아니라 정신적 위안처가 되었을 것이다.

모스크 안은 어두웠는데 붉은 줄무늬의 대리석 기둥들이 마치 숲 속에 온 듯 장관을 이루고 있었다. 서고트식의 말발굽 아치에 아랍식 기둥이 합쳐진 것으로 흰 석회암과 붉은 벽돌을 교대로 이어 이중으로 만든 것이 특징이었다. 아치들은 답답해 보이는 모스크 내부를 높게 보이게 하는 시각적인 효과를 연출하였다. 처음 1천 3백 개의 기둥이 세워졌었지만 지금은 850개의 기둥만 남았다고 한다. 모스크 안쪽 벽에는 아랍식 아치와 쿠란 경구와 메카 방향을 나타내는 미흐랍Mihrab, 벽감이 남아있어 전형적인 이슬람 사원의 흔적을 발견할 수 있었다.

모스크 내부 다른 한편에는 주 예배당Capilla Mayor이 있다. 이것은 스페인이 1236년 코르도바를 점령한 후 1523년 카를로스 1세가 대주교의 청원을 받아 모스크 한가운데를 뜯고 신 고딕식 대성당으로 개조하도록 허락하였다. 주 예배당의 성모상과 예수상은 아랍의 기를 꺾으려고 세웠다고는 하나 꼭 남의 집에 억지로 들어와 사는 것 같은 이질감이 느껴졌다. 카를로스 1세도 대주교에게 '그대가 파괴한 것은 세상에서 가장 특별한 것이었다.' 며 뒤늦게 탄식했다고 하니 내가 받은 느낌과 다르지 않은 모양이다.

중세의 유럽을 일깨우다

보통 서로 다른 문화가 충돌하면 승리자의 종교와 체제를 따르기 마련이다. 이베리아 반도를 지배한 이슬람은 개방성과 포용을 원칙으로 했기에 유대인들도 후데리아 Juderia, 유대인 지구를 만들고 그들의 문화와 종교, 관습 등을 지키며 살 수 있도록 하였다. 유대인들은 왕국의 재정 관리나 성경과 쿠란 번역, 철학 등에서 눈부신 활약을 보여 코르도바는 당시 유럽에서 문화적으로 가장 앞서 있었다.

10세기 들어 코르도바는 인구 50만 명에 이르는 서유럽 최대 도시였다. 이베리아 반도 남부와 북 아프리카에까지 영향을 미쳐 메카 Mecca와 예루살렘 Jerusalem으로 성지 순례를 가지 못하는 사람들은 코르도바를 성지로 여길 정도였다. 당시 화려한 모스크와 파티오 Patio, 정원, 도서관, 천문대, 대학들이 수도 없이 세워졌고, 철학, 수학, 과학 등 아라비아 학문이 전해져 유럽 문화의 선진적인 위치에 설 수 있었다. 코르도바인들은 가죽, 금속 공예, 직물, 타일 등에서도 솜씨가 뛰어났다. 프랑스어로 구두 수선공인 '코르도니에'는 코르도바의 가죽이 유명한 것에서 유래하였다고 한다. 지금도 유대인 지구인 후데리아의 가게에서 유난히 가죽 공예 제품을 많이 볼 수 있다. 보기에도 부

과달키비르 강을 끼고 있는 로마 신전 터와 아랍식 수차.

드러운 가죽으로 만든 가방이나 샌들은 그들의 뛰어난 솜씨를 잘 보여준다.

코르도바 주변을 에워싸듯 흐르는 과달키비르 강가는 다른 문화가 한 공간에 공존하고 있는 현장이다. 강에는 로마식 다리가 놓여 있고 다리 앞에는 로마 신전 터가 세월의 흐름을 말해 주듯 검은 때가 묻은 채 남겨져 있다. 다리 한편에는 지금은 돌아가지 않는 아랍식 수차도 눈에 띈다.

정원 가꾸기에 열광하는 코르도바 사람들

메스키타에서 나와 유대인 지구인 후데리아에 들어서니 온통 하얀색 집들과 예쁜 발코니에 꽃 화분이 늘어서서 마치 나를 반기는 듯하다. 골목골목 이어지는 미로를 걷다가 '꽃들의 거리'를 만났다. 마치 식물원을 거니는 듯 아름다움에 취하였다. 이런 동네에서는 매일 즐겁게 살 수 있을 것만 같다. 코르도바는 집집마다 파티오 Patio, 정원를 가꾸는 것으로 유명한데, 봄이 되면 '발콘 경연대회'가 열려 정원을 장식하는 꽃축제를 열고 개인 주택의 파티오를 여행객들도 감상할 수 있게 개방한다고 한다.

카사 안달루시 박물관의 이슬람식 정원.

　　파티오는 광장과 정원이 합쳐진 말로, 집 밖의 광장을 집안으로 끌어들인 것이라고 한다. 광장이 공적인 약속과 만남의 장소였다면 파티오는 개인적이거나 친밀한 사람들이 만나서 즐기는 장소이다. 네모난 마당의 파티오에는 꽃장식이 떠있는 작은 분수대와 벽면 전체에 꽃 화분이 매달려 있어 청량한 기분마저 들었다. 집 뒤뜰과 건물 사이의 좁은 통로에도 온통 꽃장식과 화분들이 놓여있었다. 화분은 '신의 정원', 즉 사막에서 살아왔던 아랍인들의 소망과 같은 존재로 옆구리에 끼고 다닐 정도로 소중하게 여겼다고 한다. 흔한 푸른빛 나무가 그들에게는 간절한 소망이었다고 하니 자연이 주는 녹색의 싱그러움에 새삼 감사하게 된다.

　　봄이 아닌 것을 아쉬워하며 후데리아 거리를 걷는데, 우연히 개인의 집을 박물관으로 개조한 '카사 안달루시' 박물관을 발견했다. 잔잔히 흐르는 음악 소리에 끌려 아랍풍의 신비로운 박물관 안으로 들어섰다. 역시 작은 파티오가 손님을 맞았다. 카사 안달루시 Casa Andalusi 박물관 안에는 종이 만드는 과정을 이해하기 쉽게 전시해 놓았다.

유대인 지구인 후데리아 거리. 화분으로 장식되어 아름답다.

무데하르(Mudejar) 양식의 건축

무데하르 양식은 13~16세기까지 유행한 스페인-이슬람 양식으로, 크리스트교도 지배하에 아랍인들에 의해 스페인의 로마네스크, 고딕 양식에 이슬람 양식이 합쳐진 것을 말한다. 예전의 것을 허물지 않고 그 위에 다시 건물을 짓는 건축의 완벽한 국제 결혼인 셈이다. 타인의 아름다움과 타인의 신을 머무르게 한 배려에서 나온 무데하르 건축 양식은 두 문화가 사이좋게 공존했다는 것을 보여준다. 이것은 스페인이 유럽 여러 나라와 다른 고유한 문화 전통을 계승하는데 크게 기여했다 해도 과언이 아니다.

안달루시아 지방에 남아있는 무데하르 양식의 대표 건축물로, 세비야의 히랄다 탑이 있다. 그러나 코르도바의 메스키타, 그라나다의 알람브라 궁전 안의 카를로스 5세 궁전은 두 건축 문화가 조화를 이루기보다 스페인의 크리스트교 우위를 나타내려는 의도가 짙게 배어있어 아쉬웠다.

유럽 최초로 종이가 전해진 곳

유럽에 종이를 처음 전한 것은 이슬람이다. 종이는 1세기 중국의 후한 시대 '채륜'에 의해 최초로 발명되었다. 이후 8세기 당나라는 서역(西域, 중앙아시아의 실크로드 지역) 확장 과정에서 이슬람 세력과 탈라스에서 운명적인 결전(탈라스 전투, 751)을 맞지만 패배하고 만다. 포로로 끌려간 당나라 군사에 의해 종이 만드는 방법이 이슬람에 전해졌고, 12세기 스페인에 살던 이슬람교도에게까지 제지술이 전해졌다. 이로써 스페인은 유럽에서 처음으로 종이를 만들게 되었다.

당시 유럽은 양피지 같은 가죽에 글을 쓰고 있었는데 종이가 전해짐으로 지식 문화가 획기적으로 보급되기 시작했다. 유럽인들이 아무리 부정하여도 문화의 중개 역할을 했던 이슬람의 공헌을 잊어서는 안 될 것이다. 흔히 중세 유럽을 암흑기라 하지만 스페인만은 이슬람의 영향으로 잊혀진 그리스·로마의 철학과 이슬람의 과학, 제지술이 전파되어 유럽에서 문화적 선진 국가로서 자리 매김을 할 수 있었다.

특히 코르도바는 그 문화의 중심지로 학문의 꽃을 피웠던 곳이었다. 그러나 국토재정복운동 이후 이슬람과 유대인들이 물러나면서 스페인 산업은 쇠퇴하였다. 이런 것을 보면 서양의 가톨릭이 얼마나 배타적인지 알게 된다.

코르도바(Córdoba)

◎ 가는 방법

* **버스** : 세비야(Sevilla) 1시간 45분(1일 6회), 그라나다(Granada) 3시간(1일 9회), 마드리드 4시간 30분(1일 6회), 말라가(Málaga) 2시간 30분(1일 5회).
* **기차** : 마드리드에서 AVE고속철로 1시간 35분(코르도바~세비야 AVE 1시간 30분). 마드리드(보통 기차) 6시간 15분, 말라가 2시간 30분(1일 9회), 바르셀로나(Barcelona) 10시간 30분(1일 4회), 그라나다 4시간.

◎ 주요 볼거리

4월 중순부터 6월 중순까지 집집마다 정원(Patio)의 꽃들이 만발해 가장 아름답다.
* 로마 다리(Puente Romano)와 아랍식 수차 : 도시 전체를 감싸 흐르는 과달키비르 강위에 세워진 로마 다리와 강둑의 아랍식 수차.

* 메스키타(Mezquita) : 이슬람 사원에서 크리스트교 성당으로 재확장된 곳. 아름다운 오렌지 정원(Patio de los Naranjos) 안뜰이 인상적이다.

◎ 주변 볼거리

* 후데리아(Juderia)와 꽃의 거리 : 유대인 지구 거리에서 아름다운 정원을 볼 수 있다.
* 카사 안달루시(Casa Andalusi) : 후데리아 지구 안의 이슬람식 주택. 작은 파티오와 이슬람 문화, 종이 제조 과정이 전시되어 있다.

◎ 숙박

* 오스탈 엘 레포소 데 바그다드(Hostal El Reposo de Bagdad) : Calle Fernandez Ruano 11, 전화 957-20-28-54, www.hostalbagdad.eresmas.com, 싱글 22/더블 38유로. 후데리아에 200년 된 옛집으로 아랍식 티 하우스와 정원이 아름답다.
* 오스탈 오시오 데 코르도바(Hostal Osio de Córdoba) : Calle osio 6, fax 957-48-51-65, 더블 40유로. 두 개의 정원을 가지고 있고 영어로 소통이 가능하다.

신조차 질투한 알람브라의 아름다움

잔잔한 기타 선율로 우리의 마음을 애잔하게 울렸던 '알람브라 궁전의 추억'. 아름다운 알람브라 궁전과 이슬람의 짙은 향기가 남아있는 그라나다 Granada는 뜨거운 태양 아래 시에라 네바다 Sierra Nevada 산맥을 끼고 숲이 우거져 있어 코르도바와는 다른 분위기였다. 코르도바에서 남쪽으로 3시간 거리인 그라나다 역시 다른 도시와 마찬가지로 로마와 서고트족에 이어 이슬람의 지배를 받게 되었다.

이슬람 지배 초기 코르도바에 근거를 둔 알-안달루스 왕국의 통치를 받다가, 1236년부터 1248년까지 세비야의 이슬람 왕국 영향 아래 있게 되었다. 그라나다는 이슬람이 아프리카로 완전히 물러날 때까지 스페인의 마지막 거점이 되었다. 알람브라 Alhambra 는 아랍의 마지막 세력이었던 나스르 Nasrid

왕조의 무함마드 1세Mohammed I, 유세프 1세Yousouf I, 무함마드 5세Mohammed V 가 13~14세기에 걸쳐 만든 이슬람 문화의 결정체이다.

이슬람 문화의 절정, 알람브라 궁전

알람브라는 스페인에 남아 있는 이슬람 문화의 진수이다. 명성만큼 수많은 여행객으로 늘 붐비는 곳이다. 줄을 서서 봐야 할 정도여서 아침 8시 30분에 서둘러 출발했다. 해발 700m 경사진 언덕에 위치한 알람브라는 상쾌한 녹색의 향기가 있는 숲길로 이어져 있었다. 아랍어로 '붉은 성'이라는 뜻의 알람브라는 9세기에는 숲이 우거진 성채였고, 13~14세기 궁전과 정원이 지어져서 지금의 알카사바성채, 나사리 궁전, 헤네랄리페정원로 이루어져 있다.

나사리 궁전 : 나사리 궁전Palacio Nazaries=Nasrid Palace 안으로 들어서자마자 입구에 있는 메스야르Mexuar 방은 행정과 법정이 섰던 공적인 장소이다. 흙 벽면에는 아라비아 글씨와 타일로 장식되어 있다. 발코니 쪽으로 나가니 하얀 집 위에 주황색 기와집들이 빽빽이 들어선 알바이신Albaizin 지구가 내려다보인다. 그 옛날 그라나다의 서민들이 모여 살던 알바이신은 이렇게 궁전이 마주 보이는 언덕에 위치하고 있었다.

궁전 안은 여러 개의 방과 파티오가 미로처럼 연결되어 있다. 그 중 외국 사신들의 접견 장소인 '대사의 방'Salon de Embajadores 앞의 아라야네스 안뜰Patio del los Arrayanes이 인상적이었다. 인공으로 만든 50m 정도의 네모난 모양의 인공 연못 위에 궁전이 투명하게 비치는 모습은 정갈한 궁정의 기품을 보여주는 듯했다. 사막을 지나온 사신들에게 시에라 네바다 산맥의 물을 끌어와 만든 연못을 보여주며 부를 과시했다고 한다. 이슬람 사람들에게 물을 다스리는 것은 부의 상징으로 여겨져 왕은 그것을 자랑하고 싶었나 보다. 연못 끝에서 바라본 궁전과 연못 주위의 나무들은 더위 속에 찾아온 여행객에게 오아시스와 같았다.

이어지는 '사자의 정원' _{Patio de los Leones}은 왕의 부인과 첩들이 기거하는 하렘 _{Harem}으로, 왕 이외의 사람은 접근할 수 없는 곳이다. 정원은 사방을 돌아가며 124개의 대리석 기둥이 세워져 있는데, 마치 레이스 장식을 새겨놓은 듯 화려함 그 자체였다. 게다가 그 세밀한 장식이 대리석으로 만들어졌다는 것이 놀라울 따름이었다. 정원 한가운데는 12마리 사자 상이 떠받치고 있는 분수대가 있다. 물이 나오지 않아 좀 밋밋해 보였지만, 이 사자 상은 당시 그라나다에 살고 있는 유대인 12부족을 나타내는 것으로 유대인들이 이슬람 왕에게 바친 것이라고 한다. 이를 통해 유대인과 이슬람교도, 크리스트교도가 한데 어우러져 살았다는 것을 알 수 있었다.

하렘은 여러 개의 방으로 이루어졌는데 그 중 '자매의 방' _{Sala de las Dos Hermanas} 장식은 알람브라에서도 최고로 꼽힌다. 방안의 천장은 동굴 안에 종유석이 달려있는 것처럼 여러 겹으로 파서 만든 벌집 아치의 극치이다. 정원에 있는 사자 분수대로부터 끌어온 물을 수로로 연결하여 방안에 작은 분수대를 만들었는데 겨울철 방을 데울 때 가습기 역할을 했다고 하니 그저 놀라울 뿐이다.

천국의 정원 '헤네랄리페' : 헤네랄리페 _{Generalife}는 '천국의 정원'이라는 뜻으로 왕의 휴식처이다. 헤네랄리페로 이어지는 길은 여느 정원과 다른 이국적인 분위기였다. 가지치기하여 모양을 낸 키 큰 삼나무가 숲을 이루어 자연과 인공미가 잘 조화를 이루고 있었다. 정원 입구에도 삼나무를 둥근 아치의 문으로 다듬어 미로처럼 만들어 놓았다. 그 나무문을 하나하나 지나치며 걸어 들어가자 흐드러지게 핀 장미와 꽃들이 나를 반겨주었다. 중앙에는 일

● 하렘으로 이어지는 사자의 정원. 가운데 12마리 사자가 떠받들고 있는 분수대가 있다.
● 알람브라 최고의 진수를 보여주는 '자매의 방'의 천장 장식. ● 엘 파르탈 정원의 전경.

알람브라의 아름다움과 기품을 동시에 보여주는 '대사의 방' 앞의 아름다운 아라야네스 안뜰.

직선으로 곧게 뻗은 연못 수로가 나오고 일정한 간격으로 분수대가 있어 시원한 물줄기를 뽑아 올리고 있었다.

아랍의 분수는 우리가 흔히 보는 분수와 달리 매우 아름다운 곡선을 그리며 떨어진다. 물줄기 소리도 옆에서 들으면 시냇물처럼 졸졸졸 흐르는 것이 특징이다. 시원한 분수가 청량감을 준다면 잔잔한 물소리는 듣는 이에게 편안함을 느끼게 한다. 아랍의 분수는 이처럼 눈과 귀, 가슴속까지 시원하게 만든다. 그들이 얼마나 물을 아끼고 사랑했는지, 그리고 아름다운 분수와 물소리를 만들기 위해 얼마나 노력하였는지 짐작해 볼 수 있다.

뜨거운 낮 두 시가 되자 그 많던 사람들의 발길도 뜸해졌다. 나는 점심 먹는 것도 잊은 채 포도 넝쿨이 늘어진 벤치에 자리를 잡았다. 그리고 분수대의 물소리가 흐르는 천국의 정원에서 달고 맛있는 낮잠을 잤다. 이렇게 아름답고 평화로운 낮잠 장소가 또 있을까. 사람들은 뜨거운 햇살 때문에 한낮의 관광을 피했지만 나는 사람들이 없는 한적한 헤네랄리페를 만끽할 수 있어서 행복했다.

그라나다를 사랑한 이사벨 여왕

전설에 따르면 나사리인들이 알람브라를 천국에 가깝게 만들자 알라신이 이들을 이곳에서 내쫓기로 결심하였다고 한다. 그 때문인지 1492년 스페인의 이사벨 여왕과 페르난도 국왕이 알람브라 공격을 선포하자 나사리 왕국의 마지막 왕인 보압딜왕Boabdil은 싸우기를 포기하고 눈물을 흘리며 궁전을 떠났다. 이 아름다운 궁전을 두고 차마 발길이 안 떨어졌을 왕의 모습을 떠올리니 갑자기 처연한 느낌이 들었다. 한때 유럽에 들어와 최고의 번영을 누렸던 아랍 왕조의 마지막이 이렇게 아름다운 곳이었다니 말이다.

정원을 나와 알람브라 안에 지어진 카를로스 5세 궁전Palacio de Carlos V
으로 향했다. 작은 벽돌로 아기자기하고 아름답게 지은 아랍의 궁전 안에 지
어진 르네상스 양식의 카를로스 5세 궁전은 참으로 어울리지 않는다. 그라나
다를 점령한 스페인 가톨릭교도들이 아랍의 정기를 꺾기 위해 지은 것으로,
당시 카를로스 5세=카를로스 1세 1500~1558, 재위 1516~1556는 '신성 로마제국' 의 황제
도 겸하고 있었기 때문에 궁전 이름을 이렇게 붙인 것이다. 이 궁전은 중세
유럽인의 콤플렉스를 나타내는 것처럼 주변 아랍 건축물과 어울리지 않게 크
고 육중한 돌로 지어졌다.

알람브라를 내려와 그라나다 중심지로 가면 국토재정복운동에 종지
부를 찍고 스페인을 통일한 이사벨 여왕과 페르난도 국왕이 잠든 '왕실 예배
당' 이 있다. 스페인 지역의 왕국 중 가장 넓은 영토를 지닌 카스티야 왕국의
이사벨Isabel, 재위 1474~1504 여왕과 아라곤 왕국의 페르난도Fernando, 재위 1479~1516

카를로스 5세 궁전의 전경.

국왕이 1469년 결혼함으로써 정치적 통합을 이루게 되었다. 이들은 힘을 합쳐 국토재정복운동에 박차를 가해 이슬람 세력을 스페인에서 완전히 몰아내고 통일을 이루었다. 이 시점은 스페인이 중세에서 근대로 넘어가는 아주 중요한 시기이다.

이사벨 여왕의 무덤이 여기 있는 까닭은 그녀가 그라나다를 너무도 사랑해서 이곳에 묻히길 원했기 때문이다. 800년 동안의 아랍 지배를 종식시킨 곳이니 오죽했을까. 예배당 복도에는 이사벨 여왕이 아랍 왕에게 항복을 받는 그림이 걸려 있고 안으로 들어가면 화려한 대리석 관에 나란히 누워있는 이사벨 여왕과 페르난도 왕을 보게 된다. 진정한 의미의 스페인 제국을 만든 두 사람을 보면서 앞으로 전개될 스페인의 역사가 궁금해졌는데, 그것은 여러 이민족의 지배를 받았던 스페인이 이제부터 기지개를 켜면서 다른 민족을 지배하러 나가는 시기 신대륙 발견가 시작되었음을 알려주기 때문이다.

● 알바이신 언덕의 집시들. ● 알람브라 궁전에서 내려다 본 알바이신의 전경.

집시들의 집은 향기가 배인, 알바이신

알바이신 Albayzín 은 그라나다의 서민들과 집시들의 애환이 서린 곳이
다. 좁은 골목을 마을버스는 마치 곡예하듯 올라가 알바이신의 산 니콜라스
광장에 내려 주었다. 집과 교회까지 모두 하얀 건물이 둘러싼 자그마한 산 니
콜라스 광장에는 딱딱 소리를 내며 캐스터네츠를 파는 집시 할머니와 꼬마들
의 재잘거리는 소리가 울려 퍼졌다. 나는 광장 주변의 골목길을 걸으며 집들
을 구경하였다. 하얀색 높은 담장에는 진분홍빛의 부겐벨리아 꽃이 탐스럽게
늘어져 있고 집 안에는 어김없이 작은 파티오가 있다. 푸른 도자기 화분이 놓
여있는 파티오와 벽면의 타일 장식까지 전형적인 아랍식 주택이었다. 옛날
아랍인들이 살던 자취가 아직까지 남아있었다.

산 니콜라스 광장이 유명한 것은 알람브라 전경을 바라볼 수 있어서
이다. 낮의 알람브라도 아름다웠지만 야경은 아랍 시대로 돌아간 듯 신비로
움을 더했다. 검푸른 밤 하늘 아래 광채가 나는 궁전과 성채를 바라보면서 아
랍인들과 집시, 스페인 사람들이 함께 살던 시절, 그들은 어떤 인생을 살다
갔을까에 대해 생각해 보았다. 오! 사랑스런 알람브라여! 그곳에 살던 사람들
은 떠났어도 너의 아름다움은 영원하기를……. 신비로운 그라나다의 밤은 영
원히 잊지 못할 것이다.

정열의 춤과 음악, 플라멩코의 매력

그라나다의 뜨거운 햇살 아래 알람브라와 알바이신을 돌아본 다음.
피곤함도 잊은 채 플라멩코 공연으로 유명한 로스 타란타토스 Los Tarantos 로 향
했다. 이곳은 극장식 무대가 아닌 토굴을 이용한 공연장으로 소리의 울림이
훌륭하다는 칭찬을 듣고 입구 문을 들어서니 안달루시아 지방의 플라멩코 기

타 연주자와 무용수들의 사진, 초상화 등이 전시되어 있다. 이곳의 유명세가 과장은 아닌 듯했다.

통로로 연결된 작은 공연장은 둥근 아치 형태의 토굴이다. 토굴 안 양 옆에 있는 관람석 중 한자리에 안내를 받아 앉으니 향긋한 산그리아_{Sangria} 칵테일을 서비스 음료로 주었다. 스페인 사람들이 즐겨 마시는 산그리아는 포도주에 여러 종류의 생과일 조각을 놓어 과일의 향이 배어나게 한 칵테일의 한 종류이다. 뜨거운 여름을 시원하게 식혀주는 산그리아는 술이 약한 여자들에게도 안성맞춤이었다. 산그리아로 목을 축이며 흥분된 마음으로 플라멩코의 본 고장에서의 공연을 기다렸다.

이윽고 기타 연주자들과 플라멩코 노래를 하는 가수인 칸타오르와 세 명의 무용수가 등장하고 손뼉 박자와 기타 반주에 맞춰 남자 가수의 노래가 이어졌다. 무용수들은 구두 뒤축으로 바닥을 절도있게 차면서

그라나다의 플라멩코 공연장 로스 타란타토스(Los Tarantos)에서 춤추는 여인.

온 몸으로 인생을 표현해냈다. 한순간도 놓치기 아까울 정도로 정열적인 그들의 노래와 춤은 인상적이었다. 박수로 맞추는 박자와 발 구르는 소리는 토굴에 부딪쳐 울려 퍼졌고 나의 심장을 쿵쿵 두드렸다. 집시의 한이 서린 노랫가락에 빠른 박자가 합쳐진 춤사위에는 플라멩코만의 강렬한 에너지가 뿜어져 나왔다.

플라멩코는 스페인의 다양한 문화가 종합되어 빚어진 결정체이다. 스페인의 안달루시아 지방을 지배했던 아랍과 11세기경 그리스 정교의 예배 의식, 유대인들이 행했던 예배 의식, 15세기 몽고족에게 쫓겨 인도의 서북부 지역으로부터 들어온 집시의 음악이 어우러진 예술이다.

집시 히타노, gitanos 는 이사벨 여왕과 페르난도 왕이 그라나다를 점령할 당시 군마를 조달하고 적을 정찰하는 등 도움을 주고 자신들의 주거지를 허락받았다. 집시들에게 있어 말은 중요한 수입원으로, 말의 조련과 병을 고치는데 탁월한 솜씨를 가졌다. 또한 오랜 방랑생활로 적의 동정을 살피는 탁월한 능력이 있어 스페인에 큰 도움을 주었다. 이렇게 안달루시아 지방에 정착하였지만 집시들이 살 집은 없었다. 오히려 스페인은 가톨릭으로 개종할 것과 스페인어를 강요하는 등 차별을 했다. 차별 받고 박해 받던 집시들의 혼과 안달루시아라는 풍토가 한데 합쳐진 것이 바로 플라멩코다.

플라멩코 음악은 칸테 혼도(cante hondo, 깊은 노래)라고 해서 마치 우리의 창과 같이 한스러운 삶을 절규하듯 노래하는 것이 특징이다. 인간의 절망, 증오, 흥분의 절정 등 모든 감정을 아울러서 노래로 표현하고 있다. 집시들은 부나 명예보다 자유를 원하고 일상적인 삶보다 즉흥적인 개성을 존중했다. 유럽의 춤이 자유로움을 표현하고자 몸으로부터 사지로 뻗어나가는 것에 반해 플라멩코는 발 구르기를 통해 땅과 무용수가 하나로 연결되어 팔과 다리의 격정적인 움직임 다음에 몸 중심으로 돌아가는 동작을 반복한다. 그들이 겪었던 인생의 고난과 역경을 온몸으로 토해내듯 때로는 거칠게 때로는 부드럽게 표현하고 있다. 원래 플라멩코는 손뼉을 치거나 발 구르는 것으로 박자를 맞추다가 18세기부터 기타가 반주로 들어가 오늘에 이르렀다. 기타의 여러 줄을 긁는 형태의 음악은 플라멩코 음악을 더욱 애절하고 간절하게 만들었다. 19세기 말에는 카페 칸탄테라고 하는 플라멩코를 전문으로 하는 술집이 등장하여 유행하였고, 20세기 들어서자 무대 공연 형태로까지 발전하였다. 하지만 1929년 세계 대공황과 1930년대의 프랑코 장군의 쿠테타와 그로 인한 내전으로 점점 쇠퇴하여 사람들에게 잊혀져 갔다. 플라멩코가 다시 살아나기 시작한 것은 1950년대 관광객이 늘어나면서부터이다. '타블라오'(Tablao, 극장식 무대를 갖춘 레스토랑)에서 관광객을 위한 공연이 이루어지면서 오늘날에는 무대 예술의 하나로 확실한 자리 매김을 하게 되었다.

그라나다 (Granada)

◎ 가는 방법

*** 버스 :** 코르도바(Córdoba) 3시간(1일 9회), 세비야 (Seville) 3시간(1일 10회), 말라가 1시간 30분(1일 16회), 마드리드 5~6시간(1일 10~13회), 바르셀로 나 7~10시간(1일 5회).

*** 기차 :** 세비야 3시간(1일 4회), 코르도바 4시간, 말 라가 2시간 30분, 론다(Ronda) 3시간, 알헤시라스 (Algeciras) 4시간 30분. 마드리드 6시간, 바르셀 로나 12~14시간 30분, 발렌시아(Valencia) 8시간.

◎ 주요 볼거리

• **알람브라(Alhambra) 궁전 :** 아랍어로 '붉은 성' 이라는 뜻으로 이슬람 예술의 정수를 보여주는 곳. 나사리 궁전에서 사자의 정원(Patio de los Leones) 과 자매의 방(Sala de las Dos Hermanas)은 꼭 봐 야 할 곳. 누에바 광장에서 30번, 32번 버스를 타고 알람브라 티켓 사무실에 내린다.

• **왕실 예배당(Capilla Real) :** 대성당과 연결된 곳 으로 이사벨 여왕과 페르난도 국왕 부부의 묘가 있다.

• **알바이신(Albayzín) :** 알람브라 북쪽에 위치하는 언덕. 산 니콜라스 광장(Plaza de San Nicolás)의 전망대에 서면 알람브라 궁전과 시에라 네바다의 전 경이 아름답게 펼쳐진다.

◎ 숙박

• **오스탈 베네시아(Hostal Venecia) :** Cuestra de Gomerez 2, 전화 958-22-39-87, 더블 룸 32, 욕실 없는 싱글 15/더블 28/트리플 39유로. 꽃과 그림으로 가득한 복도와 깨끗한 방, 친절한 주 인이 있어 진정한 휴식을 취할 수 있는 곳.

• **오아시스 백팩커스 호스텔(Oasis Backpackers' Hostel) :** Placeta Correo Viejo 3, 전화 958- 21-58-48, www.oasisgranada.com, 도미토리 15, 더블 36유로. 옥상의 테라스, 인터넷 무료 사용.

◎ 플라멩코 공연장

• **로스 타란타토스(Los Tarantos) :** Camino del Sacromonte 9, 전화 958-22-45-25(낮) 958- 22-24-92(밤). 플라멩코 공연장으로 토굴 형태가 독특하다.(금·토요일 밤)

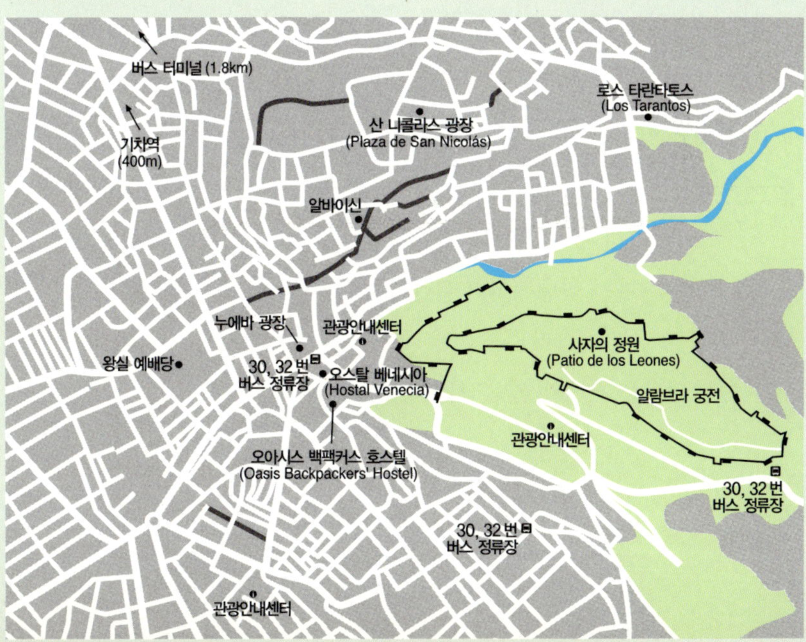

마음까지 빛나게 하는 마르베야

안달루시아 남쪽 중앙의 말라가 Malaga 는 지중해를 끼고 '아름다운 태양의 해변'이라 이름 붙은 '코스타 델 솔' Costa del Sol 을 가지고 있다. 그러나 휴가가 절정을 이루는 여름에는 숙박을 구하기도 어렵고 물가가 비싸서 배낭 여행자에게는 그림의 떡이다. 나는 코스타 델 솔을 피해 작지만 아름다운 해변을 가지고 있는 마르베야 Marbella 로 갔다. 그라나다에서 버스로 4시간 떨어진 마르베야는 말라가보다 붐비지 않아 휴식을 취하기에 안성맞춤이었다.

마르베야의 구시가는 16세기 형성된 오렌지 광장 Plaza de los Naranjos 을 중심으로, 신시가는 현대적이며 깔끔한 건물과 함께 쇼핑 거리를 이루고 있었다. 오렌지 나무가 울타리를 이룬 아름다운 오렌지 광장 주변의 작은 골목에는 예쁜 기념품 가게와 식당, 카페가 많아 하루 종일 바다에서 놀다온 관광

● 지중해의 휴양 도시 마르베야. ● 설치 미술을 보는 듯한 건물 벽. ● 지중해의 낭만이 느껴지는 노천카페.

객들에게 좋은 볼거리와 먹거리를 제공해 주었다.

나는 이곳에 머물며 지친 몸을 충전하기로 했다. 바닷가 모래사장의 선탠 의자에 커다란 수건을 깔고 누워 음악을 들으며 바다를 하염없이 쳐다보다가, 자다가, 책을 읽다가, 점심에는 바다가 보이는 중국 식당에서 해물 요리를, 저녁에는 디저트가 예술인 스페인 음식을 먹으며 꿀맛 같은 휴식을 취했다. 그렇게 하루를 푹 쉬고 나니 마치 마음까지 반짝반짝 빛나는 듯하였다.

절벽 위의 도시, 론다

마르베야에서 만난 친구들이 론다 Ronda 가 아름답다고 적극 추천하여 계획에도 없는 일정을 만들어 찾아갔다. 마르베야에서 북쪽으로 버스를 타고 1시간 40분 정도, 안달루시아 지방에서도 아주 독특하게 굽이굽이 산길을 한참 올라가 론다에 도착하였다. 까마득한 100m 절벽 아래로 과다레빈 강이 흐르고 그 협곡 위에 집들이 들어서 있다. 마을은 신시가와 구시가가 누에보 다리 Puente Nuevo 로 연결되어 있는데, 협곡과 협곡을 이은 다리 위에는 절경을 감상할 수 있는 전망대가 세워져 있을 정도였다. 어떻게 이런 지형에 사람들이 살게 되었을까, 론다가 작은 도시이지만 사람들의 발길이 끊이지 않는 것은 바로 이 때문인 것 같다.

다리를 지나 구시가로 들어가면 로마시대 지어진 다리와 아랍시대 지어진 다리가 사이좋게 협곡을 따라 위·아래에 같이 놓여 있다. 옆의 아랍식 목욕탕은 광창을 만들어 햇빛이 들어오게 하였다. 밖에서 볼 때는 건물 지붕에 올록볼록 천장을 뚫어놓은 것이 아름다워 보이지 않았는데 안으로 들어가니 별천지였다. 천장에서 쏟아지는 햇빛이 바닥에 떨어져 부드러운 조명 효과를 냈다. 자칫 어두운 분위기를 밝고 환하게 만든 그들의 미적 감각이 돋보

● 신시가와 구시가의 협곡을 연결하는 누에보 다리.
● 무어인 왕의 집 내의 타일로 장식된 분수대 정원.
● 론다에서 만난 멋진 콜롬비아 미인.
● 100미터 절벽 위에 세워진 론다.
● 아름다운 론다 시가지

이는 문화유산이었다.

　　아랍의 또 다른 흔적은 '무어인 왕의 집'_{Casa deel Rey Moro}이라고 이름 붙은 라 미나_{La Mina}이다. 14세기 이곳에 살던 부호의 집인데, 60m 절벽 아래로 내려가 과다레빈 강과 만나는 지점의 수맥을 찾아 광산처럼 파내려 간 것이다. 집안으로 들어가 지하 계단을 내려가자 절벽의 물이 흘러 강물과 만나는 것이 보였다. 계단을 한참 돌고 돌아 내려간 다음, 뻥 뚫린 문 밖으로 나가자 바로 강이 흘렀다. 눈을 들어 하늘을 올려다보니 나는 어느새 까마득한 협곡 아래에 서 있었다. 아랍인들이 얼마나 물을 소중하게 여겼는지를 잘 보여주는 예라고 하겠다. 우리는 보통 집을 지을 때 수맥이 지나가는 것을 피하는데, 그들은 수맥이 흐르는 곳을 금광처럼 귀하게 여기고 집을 지었다. 광산을 나오면 이 물을 이용해서 만든 아름다운 정원이 나온다. 19세기 프랑스인에 의해 재복원된 정원으로, 아랍식과 스페인식이 어우러져 있다. 아랍식 타일이 깔린 타일 벤치와 분수대, 꽃 화분, 나무, 이곳에서 바라본 협곡과 마을의 모습 또한 일품이었다.

론다의 호사스러운 파라도르

　　론다의 풍경에 흠뻑 취해 있는데 시간은 벌써 오후 3시 40분을 향해 가고 있었다. 점심을 먹지 못해 얼른 식당을 찾아야 했다. 스페인은 4시 이후에 모든 식당이 문을 닫고 저녁 7시에 다시 영업을 시작한다. '무어인 왕의 집' 바로 위편에 협곡을 바라보며 식사를 할 수 있는 전망 좋은 식당이 보여 일단 뛰어가서 자리를 잡았다.

　　옆자리에는 스페인 남자와 콜롬비아 여자가 식사를 하고 있었는데 나에게 와인과 디저트를 권하면서 말을 걸어왔다. 스페인어가 서툴러 바디 랭

귀지까지 동원하여 그들과 얘기를 나눴다. 남자는 선원으로 세계 여러 곳을 다녔다고 했다. 그리고는 혼자 밥 먹는 것이 안돼 보였는지 합석하자고 했다. 나는 고마움의 표시로 전통 수가 놓인 핸드폰 줄을 선물하였다. 그러자 여자는 답례로 팔찌를 벗어 내 손목에 걸어 주었다. 얘기 중에 론다의 파라도르 ^{Parador, 옛 성이나 수도원을 개조한 호텔}가 참 멋있을 것 같다고 하니 오늘 파라도르에 묵을 예정인데, 같이 가서 구경하자고 한다. 사실 나도 파라도르에서 묵고 싶었지만 가격이 특급호텔 정도로 비싸 엄두를 못 내고 있었다. 그런데 우연히 만난 친구 덕분에 구경이라도 할 수 있으니 고마운 일이었다.

그들을 따라간 파라도르는 누에보 다리를 바라보는 위치에 있어 협곡의 절경이 끝내 주는 곳이었다. 보통 여행자들은 파라도르에 딸린 카페에서 커피를 마시는 것으로 대리 만족을 한다. 친구들은 자신들의 방으로 안내했는데, 실내 인테리어가 품격이 있는 것은 물론이고 테라스에서 바라보는 전망은 더없이 훌륭하였다. 스페인은 아름다운 도시마다 이런 파라도르가 하나씩 있다. 스페인 사람들은 열심히 일하고 휴가 때 이런 곳에 머무르면서 호사를 누린다고 한다.

론다에서 투우가 시작되다

론다를 유명하게 만든 또 한 가지는 투우이다. 론다는 근대 투우의 발상지로서 스페인에서 가장 오래된 '투우 경기장'^{Plaza de toros}이 남아있다. 1785년에 처음 문을 연 이 투우장은 근대 최초의 투우사였던 '로메로' 집안과도 연관이 있다. 투우장은 마드리드의 벤타스 투우장보다는 작지만 색이 바랜 세월이 느껴져 정겨웠다. 경기장 한편은 투우 박물관으로 투우의 기원과 투우의 발전 과정, 투우사 프란시스코 로메로^{Francisco Romero}의 옷과 신발,

모자, 칼과 물레타 등을 전시해 놓아 투우의 역사를 이해할 수 있었다.

투우의 역사적 기원은 구석기 시대를 대표하는 알타미라 동굴의 들소 사냥 벽화 속에서도 찾아볼 수 있다. 그 후 고대 이베리아인들도 소를 성스러운 종교의식 때 희생물로 사용하였다. 소는 힘, 사나움, 자연의 상징으로, 소와 싸워 승리한다는 것은 인간이 자연을 상대로 싸우고 극복했다는 것을 의미하여 희생의식에 치러진 것이라고 한다. 그리스 · 로마 시대에 오면서 종교의식보다는 원형경기장의 구경거리로 투우 경기가 이어져갔다. 아랍 지배 때는 이슬람교도들이 투우를 혐오하여 금지되고 중세 시대에 귀족들이 말을 탄 채 창을 가지고 사나운 소와 싸우는 기마 투우로 다시 이어졌다.

귀족의 스포츠였던 투우는 18세기에 들어서 서민들의 구경거리로 바뀌게 되었다. 론다에는 투우가 서민들의 구경거리가 된 사연이 전해 온다. 론다에서 기마 투우를 하던 중 한 투우사가 말과 함께 쓰러져 몸을 움직이지 못하는 상황에서 성난 소가 공격하였다. 자칫 목숨을 잃을 수도 있는 위험한 순간이었다. 그때 마을의 목수인 프란시스코 로메로 Francisco Romero가 기지를 발휘하여 챙 넓은 모자로 소의 시야를 가리고 다른 곳으로 유인하였다. 그 틈에 사람들은 투우사를 구해냈다고 한다. 이 사건 이후로 사람이 말에서 내려와 땅 위에서 소와 싸우는 근대 투우가 탄생하였다.

프란시스코 로메로 Francisco Romero는 근대 투우의 첫 투우사가 되었고 '투우사의 원조'로 존경과 숭배를 받고 있다. 로메로의 아들 후안 Juan은 투우사 지원팀을 만들고, 그의 손자인 페드로 Pedro는 론다에 '투우 학교'를 세워 투우의 고전 양식을 완성하는데 노력했다.

마르베야(Marbella)

◎ 가는 방법

* **버스** : 작은 휴양 도시여서 말라가를 통해 가야한다. 말라가 2시간, 마르베야 중심 서쪽에 근처 지중해변으로 이동하는 버스가 자주 운행된다. 에스테포나(Estepona) 1시간, 푸엔기롤라(Fuengirola) 1시간.

◎ 주요 볼거리

지중해 해안의 작은 휴양 도시로 구시가의 오렌지 광장(Plaza de los Naranjos)을 중심으로 예쁜 노천카페와 식당들이 모여 있다. 광장에서 10분 정도 걸으면 중해를 볼 수 있는 해변 산책로가 나온다.

◎ 숙식

- **오스탈 델 필라(Hostal del Pilar)** : Calle Mesoncillo 4, 전화 952-82-99-36, www.hostel-marbella.com, 싱글 25 / 더블 35 / 트리플 50유로. 배낭객들에게 인기 있는 저렴한 호텔. 오렌지 광장과 가깝고 해변까지 걸어갈 수 있다.
- **오스탈 라 루나(Hostal La Luna)** : Calle La Luna 7, 전화 952-82-57-78, 더블 55유로

론다 (Ronda)

◎ 가는 방법

* **버스** : 말라가 2시간(1일 4회), 세비야(Sevilla) 2시간 30분(1일 3~6회), 마르베야(Marbella) 말라가 경유하여 1시간 30분(1일 3회).
* **기차** : 알헤시라스(Algeciras) 1시간 45분(1일 6회), 그라나다(Grana) 2시간 30분(1일 3회), 코르도바 2시간 30분(1일 2회), 말라가 2시간(1일 1회).

◎ 주요 볼거리

- **누에보 다리(Puente Nuevo)** : 1793년 타호(티Tajo) 협곡 위에 세워진 이 다리는 구시가와 신시가를 연결한다.
- **무어인 왕의 집(Casa del Rey Moro)** : 옥상으로 올라가면 타일 장식이 아름다운 분수대 정원이 있다. 내부의 계단을 내려가면 협곡 아래 강과 연결되는 수로를 만나게 된다. (워터 마인=Water Mine=La Mina)

◎ 주변 볼거리

- **투우 경기장(Plaza de toros)** : 근대 투우 경기의 발상지이자 가장 오래된 투우 경기장과 투우사 프란시스코 로메로(Francisco Romero)와 관련된 유물이 전시되어 있다.

◎ 숙박

- **오텔 모랄레스(Hotel Morales)** : Calle de Sevilla, 전화 952-87-15-38, 싱글 25/더블 42유로.
- **오텔 산 프란시스코(Hotel San Francisco)** : Calle Maria Cabrera 18, 전화 952-87-32-99, www.hotelsanfranciscoronda.com, 싱글 38/더블 59유로.
- **파라도르 데 론다(Parador de Ronda)** : Plaza de Espana, 전화952-87-75-00, www.parador.es, 싱글 129 / 더블 161유로.

아프리카와 닿을듯 말듯 지브롤터 해협

안달루시아 지방의 지브롤터 해협은 지중해와 대서양이 만나는 곳이다. 불과 14km 남짓한 지브롤터 해협을 사이에 두고 유럽 대륙과 아프리카 대륙이 마주하고 있다. 안달루시아 남쪽 알헤시라스 Algeciras 항구에서 페리를 타고 2시간 30분 정도 가면 아프리카의 모로코 탕헤르 Tangier 에 도착한다. 유럽인들은 자동차로 스페인 알헤라시스까지 와서 페리에 자동차를 싣고 아프리카 여행을 한다. 멀게만 느껴지던 아프리카가 이곳에서는 지척이다.

나는 마르베야에서 버스를 타고 1시간 20분 정도 떨어진 지브롤터 Gibraltar로 향했다. 이곳에서는 여권 검사를 받은 후 스페인 국경을 걸어 넘어야 한다. 지브롤터는 스페인 왕위 계승전쟁 1702~1715 때 영국군에게 점령되었다. 1700년 카를로스 2세 Carlos II, 1661~1700 가 후사 없이 죽자 스페인은 왕통이 단절될 위기에 놓였다. 프랑스의 루이 14세는 카를로스 2세의 누이와 결혼하였기에, 자신의 손자인 펠리페 5세 Felipe V, 1683~1746가 스페인의 왕위 계승권을 가진다고 주장하였다. 그러나 영국과 오스트리아를 중심으로 한 유럽은 프랑스를 견제하여 스페인 왕위 계승 전쟁을 일으켰다. 프랑스 편을 들었던 스페인은 계속된 전쟁으로 말미암아 점점 쇠퇴의 길을 걷게 되었다. 이런 중에 지브롤터는 영국에 점령당하고, 1713년 유트레히트 조약에 의해 영국 직할령이 되어 지금에 이르고 있다.

국경을 넘으니 모든 간판이 스페인어에서 영어로 바뀌었다. 거리 양옆은 면세점 쇼핑가를 홍보하는 문구들이 가득했다. 우연히 들른 유리 전시장과 공방에서 기원전 3500년경 이집트에서 시작된 유리 제조 기술이 페니키아인에 의해 이곳에 도입되어 오늘에 이르고 있다는 설명을 들었다. 공방에서는 유리 재료를 유리봉 달군 것에 살살 묻혀 색을 입히고 다시 달군 뒤 컵이나 병의 모양을 만들어 떼어낸 다음 가마에서 구워내고 있었다. 뜨거운 열기도 아랑곳 없이 구슬땀을 흘리며 유리제품을 만드는 그들의 노고에 보답이라도 하듯 형형색색의 유리제품은 영롱한 빛을 내뿜고 있었다.

공방을 나와 케이블카를 타고 지브롤터의 상징인 어퍼 락 Upper Lock 전망대에 올랐다. 타리크 산은 사자가 웅크린 형상의 바위산이다. 약 400m의 산 정상에 있는 전망대에 오르자 아프리카로 출발하는 배들이 정박해 있는 알헤시라스 항구와 도시 전경이 한눈에 들어왔다. 그 너머로 희미하게 아프리카의 모로코 땅도 보였다. 이곳은 이슬람 세력이 유럽으로 건너와 첫 승리를 거둔 곳으로 이후 이슬람이 스페인을 지배하는 발판이 된 역사적인 장소이다. 옴미아드 왕조는 북아프리카의 원주민인 베르베르족의 저항을 물리치고 튀니지, 알제리, 모로코를 포함한 북아프리카 지역인 마그리브를 정복하고 모로코의 탕헤르까지 굴복시켰다. 그리고 지브롤터 해협 너머 유럽으로의 진출을 놓고 망설이고 있었다. 이런 망설임에 종지부를 찍은 것은 해협에 면하고 있는 세우타Ceuta의 영주 줄리앙Julien 백작이라고 한다.

당시 스페인은 톨레도를 수도로 하는 서고트 왕국이 지배하고 있었는데 8세기 왕조의 내분으로 로데리크Roderik가 위티자Witiza 왕을 폐하고 왕위에 올랐다. 로데리크 왕은 어느 날 톨레도의 타호 강에서 목욕하는 소녀를 발견하고 그 소녀의 아름다움에 끌려 그만 범하고 말았다. 공교롭게도 소녀는 위티자 왕의 사위인 줄리앙 백작의 딸이었다. 이 소식을 들은 줄리앙 백작은 튀니지 카이르완의 이슬람 총독을 찾아가 스페인 원정을 청하였다. 711년 카이루완의 총독은 베르베르족 출신의 노예인 '타리크 이븐 자이드'Tarik ibn Zaid에게 침공 명령을 내렸고 타리크의 군대는 지브롤터의 바위산 아래 집결하여 서고트와 치열한 접전 끝에 승리하였다. 타리크의 군대는 코르도바, 세비야, 톨레도 등을 공격하여 점령하기에 이르렀다. 아프리카와 제일 가까웠던 이 해협을 징검다리 삼아 이슬람은 유럽 대륙으로 진출하였다.

그러나 지금 바라보는 바다는 무심할 정도로 조용하고 평화롭기만 했다. 전망대 주변에는 자연적인 종유 동굴인 성 미카엘 동굴St. Michael's cave이 있는데, 동굴 음악회 연주장으로 유명하다고 한다. 종유 동굴에서 열리는 음악회는 상상만 해도 그 소리의 울림이 천상의 소리를 만들어 낼 것 같았다.

그리고 대 요새 터널The Great Siege Tunnels 1779~83은 트라팔가르 해전으로 유명한 영국 넬슨 제독 시대 때 사람 손으로 일일이 파서 만든 것이다. 바위산을 뚫어 70km가 넘는 터널을 만든 것을 볼 때 이것이 지중해 출구로서 얼마나 중요한 위치를 갖고 있는지 느끼게 된다. 스페인의 반환 요구에도 영국이 내놓지 않는 이유를 말이다.

● 지브롤터의 어퍼 락 전망대. ● 스페인 속의 영국, 지브롤터의 거리.

지브롤터(Gibraltar) 해협

◎ 가는 방법

지브롤터 근처 라 리네아 데 라 콘셉시온(La Línea de la Concepción)에 내려 걸어서 국경을 넘는다. 알헤시라스(Algeciras) 30분, 말라가 2시간 30분(1일 3~5회), 타리파(Tarifa), 45분(1일 6회), 카디스(Cádiz) 2시간 30분(1일 6회).

◎ 주요 볼거리

스페인의 남쪽 끝. 현재 영국령으로 면세 지역이라 쇼핑하기 좋다.

- **어퍼 록(Upper Rock) 자연보호지구 :** 케이블카를 타고 중간에 내리면 야생 원숭이가 사는 곳(Apes' Den)과 이슬람 성채, 종유 동굴인 성 미카엘 동굴(St. Michael's cave), 대요새 터널(The Great Siege Tunnels)을 둘러볼 수 있다.

◎ 주변 볼거리

- 알헤시라스에서 모로코의 탕헤르(Tangier), 테투안(Tetouan), 북아프리카의 스페인령인 세우타(Ceuta)를 하루에 둘러보는 여행 프로그램이 있다. 알헤시라스에서 쾌속선으로 35분이면 아프리카 땅에 닿는다.

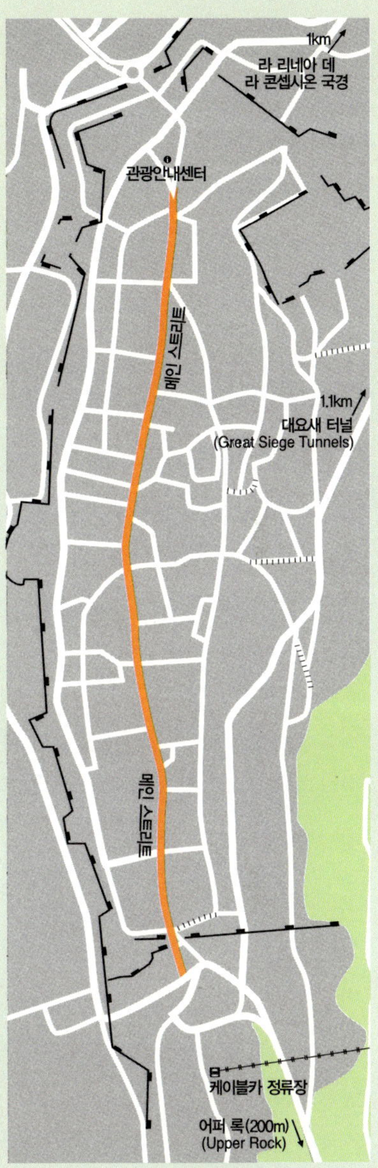

15세기 신대륙 여행의 출발지 세비야

　　세비야Sevilla는 오페라 〈카르멘〉의 열정적인 집시 풍 하바네라 노래와 익살스러운 〈세비야 이발사〉가 연상되는 곳이다. 세비야 지역은 1031년까지 코르도바의 이슬람 왕조 영향 하에 있었다. 코르도바가 쇠퇴하자 안달루시아 지방은 여러 이슬람 소국으로 나뉘어 분열되었다.

　　스페인의 국토회복운동으로 세력이 밀린 이슬람은 1091년 북아프리카의 모로코 지역에 살던 알모라비드Almoravid에게 도움을 요청하게 된다. 그러나 알모라비드족은 오히려 이들을 공격, 1147년까지 지배했고, 뒤이어 건너온 알모하드Almohad 족에게도 지배를 받았다. 이 두 민족은 광신적인 이슬람교도로 그동안의 관용적인 종교 정책을 인정하지 않았다. 세비야는 1248년 스페인의 크리스트교도들에 의해 정복될 때까지 코르도바에 이어 이슬람 두

258

번째 거점 도시로 번영을 누렸다.

마르베야에서 오전 9시 버스를 타고 세비야에 도착하니 낮 1시이다. 안달루시아의 숨막히는 한낮 더위를 만나니 스페인 사람들의 낮잠 자는 습관을 이해할 것 같다. 모두들 낮잠을 자는지 조용한 거리를 홀로 걷는데 눈에 무데하르 양식의 알카사르가 보였다.

무데하르 양식의 알카사르

아랍의 궁전이던 것을 스페인이 점령한 이후 고딕 양식을 더해 14세기에 지금의 알카사르가 완성되었다고 한다. 지금도 안달루시아 지방 사람들은 과거 역사 속에 아랍의 영향을 받았던 것을 인정하고 외래문화가 혼합된 것을 부끄러워하지 않는다. 문화의 모방이 새로운 창조를 낳는 것이라 믿고 그것을 자기화시킨 좋은 예라 할 수 있겠다. 이런 면에서 스페인이 유럽 국가들과 다른 특유의 문화를 갖게 된 원동력이 아닐까.

알카사르 안으로 들어가자 전형적인 아랍식의 '사자의 정원', '인형의 정원', '십자가의 정원' 등이 여러 가지 분수대와 나무들로 숲을 이루어 싱그러움을 더하였다. 정원 주변에는 벽면의 아랍식 아치와 아라베스크 문양 등이 어우러져 있었다.

특히 14세기 중반 세비야를 지배했던 '카스티야 - 레온' 왕국의 페드로 1세는 이곳을 사랑해서 아름다운 무데하르 양식의 절정인 페드로의 궁전을 만들었는데 페드로의 침실은 온통 푸른빛 아랍 타일 장식이 되어 있다. 그가 얼마나 무데하르 양식을 좋아했는지 알 수 있다. 그러나 왕가의 권력 다툼 속에서 '피'에 의해 계승된 잔인한 왕으로 불린 그가 이렇게 아름다운 궁전을 만들었다니 극과 극의 성격을 보여 주는 것 같아 전율이 느껴졌다.

세계에서 세번째로 큰 세비야 대성당과 히랄다 탑

세비야의 대성당 Cathdral 은 로마의 베드로 성당, 영국의 세인트 폴 성당에 이어 세계에서 세 번째로 큰 규모를 자랑한다. 스페인 크리스트교도가 이곳을 점령한 이후 원래 있었던 모스크를 16세기 고딕 양식의 성당으로 개조한 것이다. 뾰족한 탑들이 하늘을 향해 솟아있는 성당의 외경은 보는 사람으로 하여금 중세인의 간절한 신앙심을 느끼게 만든다. 성당 안으로 들어가면 이슬람의 흔적인 오렌지 정원이 펼쳐진다.

녹색의 싱그러움을 보면서 더위에 지친 마음을 달래다보면 높이 90m가 넘는 히랄다 탑 La Giralda 을 만나게 된다. 이것은 모로코의 알모하드 왕조 지배 때 만들어진 모스크의 미나렛을 16세기 종탑으로 바꾼 것이다. 히랄다는 바람개비라는 뜻으로, 탑 꼭대기에 청동으로 바람개비를 만들어 놓은 것에서 유래하였다. 계단으로 탑을 올라가는 것이 보통인데, 히랄다 탑은 비스듬히 경사진 길을 따라 올라가게 되어있다. 옛날 왕이 말을 타고 올라갈 수 있도록 그렇게 만들었다고 하는데 오늘날 우리가 오르기에도 계단보다 훨씬 수월했다.

33층이라 쓰인 곳까지 올라가니 탑 꼭대기가 나오고 종들이 여기 저기 복잡하게 걸려 있다. 종탑에서 아래를 내려다보니 세비야 시내와 함께 대성당의 고딕식 탑과 탑의 연결 부분인 아치가 한눈에 들어왔다. 지상에서 올려다 볼 때 신비롭게 느껴지던 첨탑들의 비밀을 살짝 엿보는 것 같았다. 거대한 건축물이 완성되기 전 뼈대로 기본 구조를 잡아 놓고 그 철골 구조에 장식을 붙인 듯한 모습의 고딕식 아치의 실체를 본 것이나 다름없었다. 이제 성당 안으로 들어가 천장에 펼쳐지는 아치를 바라보면 놀랄만한 고딕 양식의 아름다움을 이해할 수 있으리라.

콜럼버스, 이곳에 묻히다

대성당의 주 예배당으로 들어가서 목이 빠져라 천장을 올려다보면 그 화려함에 정신을 잃게 된다. 성당측은 친절하게도 관람객을 위해 거울을 준비해 놓았다. 거울을 통해 아치들의 연결 부분을 볼 때마다 탄성을 연발하였다. 예배당 남쪽에는 스페인의 황금시대를 가져온 위대한 항해자 콜럼버스 Cristobal Colon=Christopher Columbus, 1451~1506의 무덤이 있다. 이탈리아 제노바 태생인 콜럼버스는 14~18세기 스페인이 제노바를 지배하던 기간에 그 곳으로 간 스페인 상인의 아들이라고 한다.

당시 유럽은 지중해를 통한 실크로드 무역에 의존하고 있었는데 오스만제국이 비잔티움제국을 멸망시키고 지중해를 장악하자 동방 무역의 길이 막혀버렸다. 새로운 무역로를 찾아야 하는 절박한 상황이었다. 이 때 포르투갈이 먼저 대서양의 새로운 항로를 찾아 나서자 스페인의 이사벨 여왕은 경쟁적으로 신항로 개척에 열을 올렸다.

1488년 포르투갈의 항해 왕자 엔리케의 지원을 받은 바르톨로뮤 디아스는 아프리카 최남단 희망봉에 도착함으로써 동방 항로를 열었다. 서쪽 항로에 관심이 있던 콜럼버스는 포르투갈에 머물지 못하고 스페인으로 왔다. 그라나다에 머물던 콜럼버스는 1492년 알람브라 궁전에 가톨릭 왕국의 깃발과 십자가상이 세워지는 것을 보고 이사벨 여왕에게 서인도제도를 위한 사업 지원을 호소하였다. 그의 계획은 동쪽의 인도와 아시아로 가 중국의 몽골 칸과 계약을 체결하고, 가톨릭를 전파한 다음 동방의 가톨릭 세계와 서방의 가톨릭 세계가 힘을 합쳐 이슬람을 격파하고 예루살렘을 회복한다는 것이었다. 콜럼버스는 이사벨 여왕의 후원에 힘입어 1492년 8월 3일 팔로스 항을 떠나 서쪽으로 항해한다. 그리고 2개월 후인 10월 12일 카리브 해의 산살바도르에

싱그러운 나무들로 꾸며진 알카사르의 정원.

● 히랄다 탑에 오르면 대성당의 고딕양식 지붕들을 볼 수 있다. ● 무데하르 양식이 아름다운 세비야의 알카사르. ● 모로코의 지배를 받던 시기에 지어진 모스크 첨탑. ● 대성당의 주 예배당에 위치한 콜럼버스의 무덤.

도착함으로써 예기치 못했던 신대륙을 발견한다.

스페인의 신대륙 발견은 세계사적으로 엄청난 의미를 가진다. 무역의 중심이 지중해에서 대서양으로 옮겨감으로써, 유럽은 드디어 세계의 중심이 된 것이다. 또한 브라질을 제외한 중남 아메리카의 대부분을 식민지화한 스페인은 아메리카로부터 들어오는 막대한 부를 통해 제국의 번영을 누렸다. 성당 안에 안치된 콜럼버스 유해를 담은 관을 카스티야, 레온, 아라곤, 나바라 왕국의 왕들이 떠받치고 있다. 이를 보더라도 스페인 역사에서 그가 차지하는 위상이 어느 정도인지 짐작할 수 있다.

그 후 세비야의 과달키비르 강은 대서양과 연결되는 항구로서 콜럼버스가 아메리카로 출발한 이후 아메리카로 향하는 함대와 상선을 지휘하는 상무청의 본거지 역할을 하였다. 세비야는 미지의 신세계로 나가는 관문으로서 스페인이 황금시대를 맞이하는 중요한 거점이 되었다.

축제의 나라, 스페인의 축제

• 세마나 산타

'축제와 열정의 나라' 스페인에는 각 도시마다 투우, 플라멩코 등 다양한 축제가 일년 내내 열린다. 세비야의 유명한 축제인 세마나 산타(Semana Santa, 성 주간 축제)는 예수가 로마군에 잡혀 빌라도의 재판을 통해 십자가에서 못 박히고 부활하기까지의 일주일을 기념하는 기간이다. 세비야에서는 '피의 혹은 고난의 종교행렬'인 성체 행렬이 유명하다. 특이한 옷을 입은 신자들이 성모상과 예수상을 메고 앞서면 발목에 쇠줄을 건 신자들이 그 뒤를 따른다. 악대들의 연주가 시작되고 거리를 가득 메운 종교 행렬과 여행객들로 축제가 벌어진다.

세마나 산타 축제 종교 행렬에 사용되는 '눈물의 성모 마리아 상'이다.

나홀로 여행객을 위한 안달루시아 지방 음식

• 안주 겸 식사, 타파스

뜨거웠던 하루를 보내고 알카사르 주변 골목에 있는 작은 식당을 찾았다. 세비야는 스페인에서도 타파스(Tapas)가 가장 유명하다. 18~19세기 안달루시아 지방의 바르(Bar)에서 사람들이 맥주의 김이 빠지거나 벌레가 들어가는 것을 막기 위해 맥주병 위에 빵 조각을 올려놓았는데 그것이 유래가 되어 오늘날 맥주와 곁들이는 작은 접시 안주로 발전하였다. 스페인어로 타파(tapa)는 뚜껑, 받침접시라는 뜻이다. 홀로 여행하다보면 다양한 음식을 맛보기 어려운데 타파스는 부담 없는 스낵 요리라 올리브, 각종 고기구이, 오징어 튀김, 생선 튀김, 야채 샐러드, 구운 야채 등 골라먹을 수 있어 좋았다. 타파스는 안주 겸 식사도 되고, 직접 만든 요리라는 것이 장점이다.

• 여름의 별미, 냉스프 가스파초

안달루시아 지방에 와서 즐겨 먹었던 음식은 '가스파초(Gazpacho)'라는 차가운 스프이다. 뜨거운 햇살을 받으며 하루 종일 걸어 다닌 다음 먹는 가스파초는 더위를 식혀 주는 보약이었다. 양파, 피망, 토마토 같은 여러 가지 야채를 믹서에 곱게 갈아 소금 간을 한 뒤 냉장고에 넣어 차갑게 해서 먹는 가스파초는 시원하고 상큼한 맛이 일품이다. 차가운 가스파초를 먹고 정신을 차린 후에 주요리를 먹으면 기운이 난다.

세비야(Sevilla)

◎ **가는 방법**

* **버스**
• **산 세바스티안 버스터미널(Estación Autobuses Prado de San Sebastian)** : 산 세바스티안 광장 근처에 있으며, 카디스와 세비야 지방, 지중해 연안의 도시들을 연결한다. 카디스(Cádiz) 1시간 45분, 코르도바(Córdoba) 1시간 45분, 그라나다 3시간, 말라가 2시간 30분, 론다 2시간 30분.
• **아르마스 버스터미널(Estación Autobuses Plaza de Armas)** : 마드리드를 비롯 북서부 여러 도시들, 포르투갈 리스본행 버스가 있다. 마드리드 6시간(1일 14회), 메리다 3시간(1일 12회), 포르투갈 리스본(Lisbon) 7시간(1일 2회)
* **기차** : 마드리드 아토차 렌페 역에서 AVE 고속철로 2시간 30분, 바르셀로나(Barcelona) 13시간(1일 3회), 카디스 1시간 45분(1일 9회), 코르도바 1시간 30분(1일 4회), 그라나다 3시간(1일 4회), 메리다 5시간(1일 1회).

◎ **주요 볼거리**

알카사르 주변의 바리오 데 산타 크루스(Bario de Santa Cruz) 지역과 북쪽의 엘 센트로(El Centro) 지역, 서쪽에 엘 아레날(El Arenal) 지역으로 구분된다. 바리오 데 산타 크루스 지역의 좁은 골목에는 타파스 식당과 호텔들이 모여 있다.
• **알카사르** : 12세기 후반 지어진 이슬람 성채 자리에 14세기 페드로 1세가 궁전을 지음. 무데하르 양식의 대표적인 건축물이다.
• **대성당(Cathedral)과 히랄다 탑(La Giralda)** : 모스크 위에 지은 15세기 고딕 양식 성당으로 스페인 최대 규모를 자랑한다. 대성당에 딸린 히랄다 탑은 이슬람 미나렛(첨탑) 위에 탑 꼭대기 부분을 가톨릭의 청동 여신상으로 장식하여 가톨릭의 승리를 상징하고 있다.

◎ **주변 볼거리**

• **에스파냐 광장(Plaza de España)** : 1929년 벽돌과 타일로 지은 웅장한 건물과 함께 작은 수로와 분수대가 있는 세비야 시민들의 만남의 장소. 과자로 만든 집처럼 장식적이고 스페인 각 도시의 역사를 타일 조각으로 전시해 놓은 것이 특이하다.

◎ **숙박**

• **펜시온 산 판크라시오(Pención San Pancracio)** : Plaza de las Cruces 9, 전화 954-41-31-04, 욕실 없는 싱글 20/더블 30, 욕실 있는 더블 룸 45유로.
• **오아시스 백팩커스 호스텔(Oasis Backpackers' Hostel)** : 전화 954-29-37-77, Calle Don Alonso el Sabio 1A, www.oasissevilla.com, 도미토리 18/더블 40유로. 24시간 무료 인터넷 사용, 옥상의 테라스에서 아침 식사 제공, 타파스 투어와 스페인어 강좌를 운영한다. 엘 센트로(El Centro) 지역에 위치함.

◎ **공연**

* **로스 가요스(Los Gallos)** : Plaza de Santa Cruz 11, 전화 954-21-69-81, 저녁 9시~11시 30분. 플라멩코 공연장. www.tablaolosgallos.com
• **카사 데 라 메모리아 데 알-안달루스(Casa de la Memoria de Al-Andalus)** : Calle Ximenez de Enciso 28, 전화 954-56-06-70, 저녁 9시 플라멩코 공연이 열린다.
* **플라사 데 토로스 데 라 레알 마에스트란사(Plaza de Toros de la Real Maestranza)** : Paseo de Cristpbal Colon 12, www.realmaestranza.com. 부활절 주간의 일요일부터 10월 초순까지 매주 일요일 저녁 7시 투우 경기가 있다.

아르마스 버스터미널
엘 센트로
(El Centro)
오아시스 백팩커스 호스텔
(Oasis Backpackers' Hostel)
오렌지 정원
(Patio de los Naranjos)
히랄다 (Giralda)
바리오 데 산타 크루스
플라사 데 토로스 데 라
레알 마에스트란사
펜시온 산 판크라시오
(Pención San Pancracio)
엘 아레날
대성당
관광안내센터
로스 가요스
(Los Gallos)
과달키비르 강
황금의 탑
알카사르
산 세바스티안 버스터미널
에스파냐 광장
(Plaza de España)

스페인이지만
스페인과 다른 도시

바르셀로나

메리다

가우디의 상상력이 만든 예술의 도시
바르셀로나

　　지중해를 끼고 프랑스와 국경을 마주한 바르셀로나는 스페인답지 않은 도시 중의 하나다. 스페인 제2의 도시로 가장 부유한 바르셀로나는 현대적이며 산업 도시의 분위기를 풍긴다. 마드리드에서 밤기차를 타고 8시간을 달려 이른 아침 바르셀로나 산츠역Estacio Sants에 도착하였다. 기차역에 내려 표지판의 글자가 달라진 것으로 스페인의 여느 도시와는 다르다는 것을 실감하였다. 이곳은 카탈루냐어를 쓰고 있다. 스페인어로 공원을 파르케Parque라고 하지만 카탈루냐어로는 파르크Parc이다. 큰 차이가 아니라 해도 하나의 국가 안에서 그들만의 언어를 쓴다는 것은 조금 놀라운 일이다. 1975년 프랑코 독재가 끝나고 난 뒤 스페인 각지에서는 지방분리운동이 일어났다. 그 중 카탈루냐가 앞장서 1977년 자치권을 획득하고 자신들의 고유 언어인 카탈루냐어를 공식적으로 사용하기 시작하였다. 카탈루냐 사람들은 지금도 스페인 사람이기 전에 카탈루냐 사람이란 것을 강조하고 자랑스러워한다고 한다.

카탈루냐의 주도인 바르셀로나는 아주 오랜 옛날부터 그 시작이 달랐다. 바르셀로나는 기원전 230년경 카르타고인에 의해 도시의 기초가 세워졌다. '바르셀로나'는 한니발 Hannibal 장군의 아버지인 하밀카르 바르카 Hamilcar Barca의 성에서 유래하였다. 한때 로마의 지배를 받았으나, 중세에 카탈루냐는 이슬람으로부터 도시를 지켰다. 그러나 곧 프랑크 왕국의 지배를 받게 된다. 프랑크 왕국은 게르만족 이동으로 시작된 중세 유럽 세계의 시작이 되는 국가로 오늘날 독일, 프랑스, 이탈리아의 기원이 되는 나라이다. 프랑크 왕국이 이슬람 세력의 유럽 진출을 차단하는 최후 전선 역할을 함으로써 이슬람은 지금의 스페인과 프랑스의 경계인 피레네 산맥을 넘지 못하게 되었다.

이후 카탈루냐 지방은 프랑크 왕국과는 독립된 백작의 지배를 받았다. 카탈루냐의 황금 시기는 1137년 카탈루냐 백작 령의 라몬 베렝게르 4세 Ramon Berengur iv, 1131~1152와 아라곤의 여왕이 결혼하여 아라곤 – 카탈루냐 연합왕국의 탄생부터이다. 연합왕국은 국토재정복운동에 참여하여 1238년 발렌시아를 합병하였고 지중해로 진출하여 스페인의 지중해 연안, 이탈리아의 나폴리, 시칠리아, 사르데냐까지 지배할 정도로 전성기를 누렸다.

그러나 14세기 오스만제국의 등장으로 지중해 무역의 판로를 잃었고 흑사병으로 인구가 크게 감소하였다. 그 가운데 카스티야 왕국과 아라곤 왕국의 통합으로 성립된 스페인제국에 흡수되었다. 카탈루냐는 18~19세기 아메리카 대륙과의 무역이 이뤄지면서 경제적인 도약을 이루었다. 조선업, 아메리카의 면화, 와인, 코르크, 철강 등의 산업이 발달하면서 현대적인 산업도시로 변모하게 되었고, 20세기 프랑코의 독재 아래 카탈루냐는 카탈루냐어 사용을 금하는 등 탄압을 받다가 1977년 자치를 획득하기에 이르렀다.

느긋하고 여유를 즐기는 남부지방과는 달리 바르셀로나는 부지런하고 활기가 넘쳤다. 스페인이지만 스페인과는 확연히 다르다. 나는 3일 동안 알차게 바르셀로나를 돌아보았다. 그러나 바르셀로나는 최소한 일주일 이상은 머물러야 제대로 볼 수 있을 정도로 볼거리가 많은 곳이었다. 게다가 현대 미술의 거장인 후안 미로, 살바도르 달리, 파블로 피카소의 미술 작품을 한꺼번에 볼 수 있어 건축과 미술에 관심 있는 이들이라면 얼마라도 머물며 즐길 수 있는 곳이다.

활기만점 람블라스 거리를 산책하다

지하철 3호선을 타고 드라사네스Drassanes역에 내려 람블라스 거리의 끝인 콜럼버스의 탑Monument a Colom에서부터 거리를 거슬러 올라가 구시가를 돌아보기로 했다. 높이 50m의 콜럼버스 탑은 지중해를 향해 우뚝 솟아 있어 해양 제국 스페인을 상징한다. 1888년 바르셀로나 만국 박람회를 기념하기 위해 세워진 이 탑은 엘리베이터로 올라갈 수 있다. 꼭대기 전망대에 올라가자 눈이 시리도록 파란 지중해가 눈앞에 펼쳐져 있고 크고 작은 배가 정박한 항구의 모습도 보였다. 지중해와 대서양을 모두 끼고 있는 스페인은 바다를 끝이 아닌 시작으로 생각했다. 이 생각의 전환점에 콜럼버스가 있었고 그들은 바다 너머 세계로 진출해 모험과 도전의 역사를 만들어 나갔던 것이다.

바다를 등 뒤로 하고 시내 쪽을 보니 곧게 뻗은 람블라스La Rambla 거리가 보였다. 토요일의 람블라스 거리는 어떤 모습일까. 스페인에서 가장 유명한 거리를 꼽으라면 단연 바르셀로나의 람블라스 거리이다. 아랍어의 '물이 흘렀던 곳'에서 유래하였는데 옛날 수로가 흘렀던 곳이라고 한다. 거리 가

운데는 양쪽 가로수를 따라 넓은 보도가 깔려 있어 사람들이 오가고 양옆의
좁은 도로는 자동차가 다니는, 사람 중심의 거리이다.

보도 양옆에는 작은 꽃가게, 잡지를 파는 가판대, 책방, 작은 새와 동
물을 파는 가게 등 상점이 이어져 있는데 거리 전체가 마치 행위 예술의 전시
장 같은 분위기이다. 배가 고파 산 조세프 시장 Mercat Sant Josep 을 찾았다. 해산
물이 풍부하고 과일 가게에는 과일을 먹기 좋게 잘라 팩에 담아 팔고 있었는
데 오렌지, 체리, 복숭아 등이 담긴 것을 사서 비타민을 충전하였다. 하몬 가
게와 하몬을 넣은 샌드위치 가게도 사람들로 붐볐다.

주말 대성당 앞은 축제 분위기

람블라스 거리에서 동쪽 대성당으로 가는 길에는 13~15세기 고딕 양
식의 저택들이 줄지어 서있다. 유난히 고딕 양식의 건물이 많아 바
르셀로나의 구시가를 고딕 지구로 부른다. 대성당 역시 하늘을 찌
를 듯 뾰족한 탑 모양의 지붕들이 솟아있어 고딕 양식의 진수를 보
여 주고 있다. 원래 로마네스크 양식의 건물을 13~15세기에 걸
쳐 고딕 양식으로 건축하였고 정면 장식은 19~20세기에 개축하였
다. 중앙의 제대 아래에는 바르셀로나 수호 성녀인 성 에우랄리아의
무덤이 있어 참배객들이 이어졌다. 스테인드글라스에 햇살이 들어
와 오색의 빛이 성당 안으로 퍼지는 모습이 무척 아름다웠다.

마침 토요일 오후 대성당 앞의 '세우 광장' Placa de la Seu 에
선 사르다나 Sardana 춤 공연이 벌어졌다. 8월을 제외하고는
주말마다 토요일, 일요일 오후에 사르다나 공연이 있는
데, 바르셀로나의 명물이다. 사르다나 춤은 카탈루냐의

272

구시가 고딕지구의 콜럼버스 탑.

● 콜럼버스 탑에서 내려다 본 지중해와 콜럼버스 조각상. ● 람블라스 거리의 행위 예술가. ● 산 조세프 시장의 싱싱한 해산물과 야채.

전통춤으로 남녀가 원을 그리며 손을 잡고 짝을 바꾸며 돌아가듯 추는 춤이다. 춤을 추는 동안 모두가 한마음이 되는 이 춤은 카탈루냐의 결집을 강화하고 오랜 세월 침략과 억압을 견뎌낸 카탈루냐 사람들의 자존심을 표현한 것이라고 한다.

공연이 끝난 광장 주변에는 또 다른 볼거리가 이어졌다. 골동품과 헌책을 파는 노점, 거리에서 마임예술을 하는 사람들 사이에 목각인형을 줄에 매고 공연을 하는 예술가가 눈에 띄었다. 그는 피리만 불고 있는데 인형들이 움직이는 것이 너무 신기했다. 가만히 보니 인형의 줄을 자신의 몸 곳곳에 붙여놓아 움직일 때마다 여러 사람이 따로따로 조종하는 듯 인형들이 움직이는 예술을 펼치는 거였다. 구경하던 사람들도 그의 아이디어에 놀라워하며 즐거워했다. 성당 모퉁이를 도는데 귀에 익은 이탈리아 가곡 '돌아오라 소렌토'가

주말이면 대성당 앞 광장은 축제공간으로 바뀐다. 바르셀로나의 명물인 전통춤 사르다냐를 공연.

들렸다. 와! 작은 광장의 야외 콘서트라도 열린 분위기였다. 거리의 테너가 반주 테이프에 맞춰 열창을 하였다. 아예 의자까지 들고 와서 노래를 듣는 할머니, 할아버지들을 보니 거리의 인기 있는 테너인 모양이었다. 예술 향기가 묻어나는 주말 광장은 축제 분위기였다.

몬주익 언덕에서 에스파냐 광장까지

바르셀로나 남서쪽에 위치한 몬주익 언덕에는 1992년 바르셀로나 올림픽 주경기장과 바르셀로나의 유명 박물관이 모여 있다. 몬주익에 올라가는 방법은 지하철 에스파냐Espanya역에 내려 에스컬레이터를 타고 올라가거나, 지하철 파렐레Palel le역에 내려 몬주익과 연결되는 케이블카 푸니쿨라funicular를 타고 올라가는 방법이 있다. 나는 푸니쿨라를 타고 몬주익을 돌아본 뒤 에

● 세우 광장 주변의 주말 벼룩시장. ● 바르셀로나 구시가의 대성당.

스파냐역으로 내려가 여름밤에 펼쳐지는 에스파냐 광장 분수대의 레이저 쇼를 보는 코스를 짰다.

먼저 푸니쿨라를 타고 몬주익 공원역에서 다시 곤돌라로 바꿔 타고 '몬주익 전망대' Castell de Montjuïc 까지 올라가는 동안 창문 밖의 전망은 푸른 지중해와 바르셀로나 시가지가 시원스럽게 펼쳐졌다. 몬주익 전망대에서 조금 올라가면 '몬주익 성' Castell de Montjuïc 이 나온다. 도시를 방어하고 정치범을 수용하다가 지금은 군사박물관으로 사용하고 있다. 성 주변에는 대포와 탱크 같은 무기들이 전시되어 있었다.

몬주익 성을 나와 공원으로 걸어 내려가면 1992년 바르셀로나 올림픽 주 경기장이 나온다. 지금도 잊지 못할 올림픽 마라톤 금메달의 감격의 현장이다. 황영조 선수가 몬주익 경기장으로 뛰어 들어올 때의 감동이 되살아났다. 주 경기장 건너편에는 황영조 선수 청동 발조각과 한글로 스페인과 한국의 친교를 다짐하는 푯말이 선 '황영조의 동산'이 있었다. 유럽의 끝에 한글과 우리나라 선수를 기념하는 장소가 있다는 사실에 가슴 뿌듯했다.

주 경기장을 지나 산언저리로 내려가자 카탈루냐 미술관, 후안 미로 미술관, 민속박물관, 고고학 박물관까지 유명 박물관이 줄을 이었다. 나는 그

● 몬주익 언덕의 황영조 기념 동산에는 황영조의 발 모양 부조와 친선을 다지는 한글 안내문도 있다.

중 후안 미로 미술관Fundacio Joan Miró, 1893~1983에 들렀다. 미로는 바르셀로나 출신으로 말년을 이곳에서 보냈다. 외벽이 온통 하얀 미술관은 미로의 그림 379점과 조각, 직물 작품, 5000점에 이르는 드로잉을 소장하고 있다. 프랑코의 독재에 반대했던 미로는 힘든 고난의 시기를 보냈지만 1970년대 친구들 도움으로 현재의 미술관 터에 자신의 작품을 전시할 수 있는 공간을 마련하였다. 독재 치하에서 창작의 자유마저 빼앗기고도 자신만의 예술 세계를 추구하여 현대 추상을 완성해낸 미로에게 존경심이 느껴졌다.

몬주익을 돌아보느라 하루가 다 가버렸다. 바르셀로나의 멋진 여름밤을 만끽하기 위해 서둘러 에스컬레이터를 타고 에스파냐 광장Plaça d'Espanya으로 내려왔다. 분수대는 뜨겁고 건조한 스페인의 여름을 시원하게 적셔주는 청량제다. 에스파냐 광장의 분수대는 규모가 매우 커 말 그대로 분수대가 광장을 이루는 곳이다. 여름밤이면 이곳에서 더위를 식혀주는 분수 쇼가 벌어진다. 음악에 맞춰 분수가 움직일 뿐 아니라 알록달록 색깔까지 비춰 불꽃과 분수가 함께 춤을 추는 환상적인 풍경을 연출하였다. 바르셀로나 올림픽 주제가가 흐를 때는 분수대의 물줄기가 폭발하듯 하늘로 치솟아 절정을 이루었다. 바르셀로나는 나의 마음을 완전히 사로잡아 버렸다.

● 현대 추상 미술의 거장인 후안 미로 미술관. 몬주익 언덕에 있다. ● 여름밤을 환상적으로 만드는 에스파냐 광장의 분수 공연.

바르셀로나가 낳은 세계 건축의 거장 '가우디'

바르셀로나의 모더니즘을 가장 잘 표현한 건축가, 가우디! 바르셀로나를 '가우디의 도시'라고 할 정도로 그는 도시 곳곳에 많은 작품들을 남겼다. 안토니 가우디 Antoni Gaudi,1852~1926 는 1852년 카탈루냐 지방의 레우스에서 금세공사의 아들로 태어났다. 그는 1878년 바르셀로나 건축학교를 졸업한 후 같은 해 파리 만국 박람회에 진열장을 디자인함으로써 세상에 처음 알려졌다. 그의 작품에 관심을 가졌던 에우세비 구엘 Eusebi Güell 1846~1918, 카탈루냐 귀족이자 사업가 은 자신의 집과 공원을 만들어 줄 것을 의뢰하였다. 이후 구엘은 가우디의 든든한 후원자가 되었다.

가우디는 자연의 나무가 자신의 좋은 건축 교본이라 말할 정도로 자연에서 영감을 얻었다. 그의 건물들은 들쑥날쑥, 구불구불하며 쌍곡선을 연속적으로 사용하여 생명력을 불어넣었고 심지어 기하하적인 무늬들을 곡선으로 표현하기도 했다. 가우디의 건축물을 처음 보면 불안정하다는 느낌이 든다. 하지만 우리의 상상력을 초월한 가우디의 세계가 낯설기 때문일 것이다. 자연으로부터 배운 아름다운 색과 디자인들, 왕자와 공주가 살 것 같은 성을 옮겨 놓은 그의 건축을 돌아보면 그의 천재성에 놀라게 된다.

그는 1926년 사그라다 파밀리아 성당 건축에 열정을 쏟고 있던 중에 트램에 치여 죽고 말았다. 당시 가우디임을 알아보지 못할 정도로 남루한 옷차림이었는데 독신으로 종교적이고 금욕적인 삶을 살았다고 한다. 그의 건축에 대한 열정이 오늘날 바르셀로나를 건축 예술의 도시로 만들었다. 근·현대를 거치면서 세계적인 예술가들을 배출한 스페인의 풍부한 문화 저력이 또 한번 빛을 발하는 곳이 바르셀로나이다. 예술가들에게 아낌없이 후원을 할 수 있었던 바르셀로나의 경제력과 예술가를 발견하는 안목과 예술을 사랑하는 마음을 가진 바르셀로나의 시민들이 없었다면 지금의 바르셀로나는 없었을 것이다.

구엘저택 : 지하철 3호선 리세우 역에서 가까운 구엘 저택 Palau Güell 에 도착했을 때 줄선 사람들을 보고 놀랐다. 여행 성수기라는 것을 잠시 잊은 것이다. 바르셀로나의 여행객은 모두 가우디 건축을 보고 싶어 하니 당연히 일찍 서둘렀어야 했다. 결국 1시간 20분을 기다려 구엘 저택 안으로 들어갈 수 있었다. 구엘 저택의 외관은 르네상스 양식으로 고전적인 분위기이고 내부는 신 무데하르 양식으로 이슬람의 영향을 받았다. 1층과 2층의 난간 사이는 꼬인 철제 기둥을, 천장에는 이슬람 양식을 본떠 별세계를 보는 듯 천상의 세계를 표현해 놓았다. 옥상에 올라가면 너무도 독특한 굴뚝이 있다. 깨진 타일을 굴뚝 지붕에 붙였는데 마치 크리스마스 트리의 장식처럼 소라 모양, 사람 형상을 한 지붕 등 독창적인 창작 세계에 놀라고 놀랄 따름이었다. 가우디는 타일을 모자이크 식으로 붙이는 것을 좋아했는데 타일은 이슬람에서, 모자이크는 비잔티움 양식에서 영향을 받은 것이다. 옛날의 양식들이 그의 손을 통해 다시 재창조된 것이다.

카사 바트요 : 구엘 저택과 그리 멀지 않은 카사 바트요 Casa Batllo 는 지하철 2, 3, 4호선이 만나는 파세치 데 그라시아 Paseeig de Gracia 역에서 가깝다. 가우디의 걸작으로 꼽히는 카사 바트요는 내가 좋아하는 바다색이 주를 이루었다. 내가 평소 꿈꾸던 집을 현실에서 이루어준 가우디에게 고마울 따름이었다. 조세프 바티요 카사노바스 Josep Batllo Casanonas 의 집을 1904~1907년에 걸쳐 재건축한 것으로 카탈루냐의 모더니즘을 완벽하게 표현한 것으로 평가받고 있다. 외관은 울퉁불퉁한 해골이 입을 벌려 하품하는 듯해 '뼈들의 집' 또는 '하품하는 집'으로 불린다. 외벽의 타일 조각이 햇살에 반짝 거렸다.

    1층 현관문은 입체적인 곡선을 살린 나무문 위에 둥근 디스크 모양의 원으로 된 유리를 박아서 집안이 훨씬 밝아 보였다. 내부의 인테리어도 직선은 찾아볼 수 없었고 하얀 벽면에는 푸른 타일을 붙여 바닷물이 흐르듯, 창문의 색유리를 통해 들어오는 실내 빛도 부드러웠다. 옥상의 굴뚝과 지붕은 구엘 저택과 또 다르게 산과 강을 그대로 옮기고 나무들이 숲을 이루었다. 특히 버섯 모양의 굴뚝 지붕이 인상적이었다.

    카사 밀라 : 카사 밀라 Casa Milla, = La Pedrera 는 카사 바트요에서 시가지 중심 쪽으로 세 블록 위로 올라가면 볼 수 있다. 바르셀로나 중심가인 그라시아 Paseeig de Gracia 거리에 면해있는데, 부유한 미망인과 사업가 페레 밀라가 재혼하면서 가우디에게 의뢰하여 지은 집이다. 부유한 부부는 고품격의 맨션을 주문하였고, 가우디는 1906~1912년에 걸쳐 잘라진 돌을 쌓아 올린 독특한 집을 지었다. '라 페드레라' = 채석장이라는 뜻 라는 별명을 지닌 이 집은 현재 사람들이 살고 있어 내부는 공개되지 않고 중앙의 정원과 옥상만 개방하고 있었다. 집의 외관은 곡선이 더욱 심해져 물결이 치는 듯하고 철제로 장식된 발코니의 장식 효과가 두드러졌다. 건물 안의 1층 작은 정원은 하늘이 뻥 뚫려 있고 곡선으로 중정을 빙 둘러 6층 건물이 서있는 형태였다.

    사그라다 파밀리아 : 사그라다 파밀리아 La Sagrada Famíllia 성당은 1882년 프란시스코 데 파울라 델 비야르에 의해 계획되었다가 1883년 가우디가 인수받았다. 독실한 가톨릭교도였던 그는 마지막 순간까지 성당 건축에 심혈을 기울였다. 그러나 그의 죽음으로 공사는 중단되었고, 1940년 재개되어 지금도 건축 중이다. 미완성이지만 관람료를 받아 성당을 짓는데 쓰고 있다니 나도 관람료를 내고 성당 안으로 들어갔다.

    가우디는 예수의 탄생, 수난, 영광을 나타내는 3개의 정면 장식과 각 정면마다 4개의 탑을 세워 총 12개의 탑_{12제자를 상징}을 세우고, 중앙에 예수에게 바치는 중앙탑을 세울 계획이었다. 그러나 생전에 지하 성당과 성당의 뒷면인 '탄생'을 나타내는 부분까지만 마무리하였다. 현재는 '수난'의 정면 장식과 8개의 종탑까지 완성되었다. 탄생의 정면 양식은 자연주의적인 조각들로 이루어져 있고 옥수수 모양을 본뜬 종탑 중간 부분에는 'Sanctus 거룩하시다'란 글자 모자이크가 새겨져 성스러움이 더했다.

성당 안은 작업중이어서 인부들은 분주히 오가며 어수선한 분위기였다. 완성된 모습을 볼 수 있을까, 그러나 공사는 조금씩, 쉼 없이 이어지고 있다고 한다. 언젠가는 바르셀로나 시민들의 염원이자 가우디를 사랑하는 사람들의 마음이 하늘에 전달될 날이 올 거라고 믿는다.

구엘 공원 : 구시가 카탈루냐 광장에서 북쪽으로 4km 떨어져 있다. 지하철 3호선 레셉스 Lesseps 역에 내려 구엘 공원 표지판을 따라 북동쪽으로 15분 정도 걸어 올라가면 구엘 공원 Parc Güell 이 나온다. 구엘 공원은 바르셀로나가 산업화되면서 공기가 나빠지자 구엘이 '자연과 건강을 위한 정원 도시'를 주제로 주택단지를 의뢰하였다. 가우디에게 구엘이 없었다면 오늘날의 가우디와 바르셀로나가 존재할 수 있었을까.

펠라다 산등성이에 조성된 구엘 공원은 돌이 많고 물도 부족한 경사 지역으로 도시 계획이 쉽지 않은 곳이다. 그러나 가우디는 주변 자연 경관을 살리면서 도로, 다리, 수로 등 토목 공사를 진행하여 두 개의 집과 광장, 계단들, 의자, 3km의 산책로를 완성하였다. 1914년 재정적인 어려움으로 공사가 중단되었고 1922년 바르셀로나 시에서 사들여 공원으로 공개하였다. 공원 정문 주변에 세워진 두 집 중 하나는 가우디가 1906년부터 죽을 때까지 살았던 곳으로 지금은 '가우디 박물관'이 되었다. 동화 《헨젤과 그레텔》에 나오는

구엘 저택 옥상의 지붕 장식들. 자연물에서 모티브를 얻은 버섯, 소라 모양이 독특하다.

● 카사 바트요. 창문 발코니의 독특한 모양 때문에 '뼈들의 집' 또는 '하품하는 집'으로도 불린다. ●●● 카사 바트요의 외부 모습과 내부의 중앙 현관문, 계단과 벽면.

● 현재 주거 공간으로 이용되고 있는 카사 밀라의 외경. ● 가우디에 의해 만들어진 바르셀로나 거리 곳곳의 가로등과 벤치들.

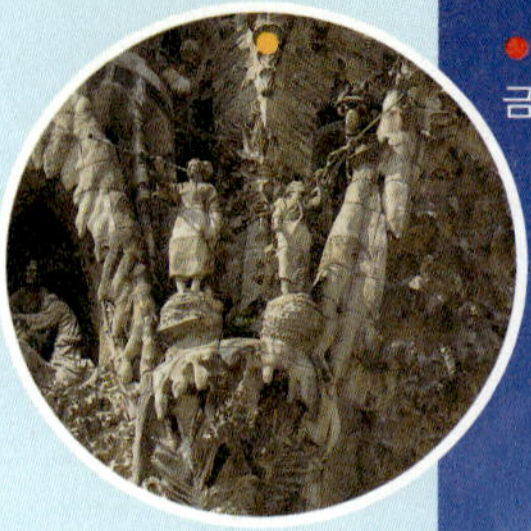

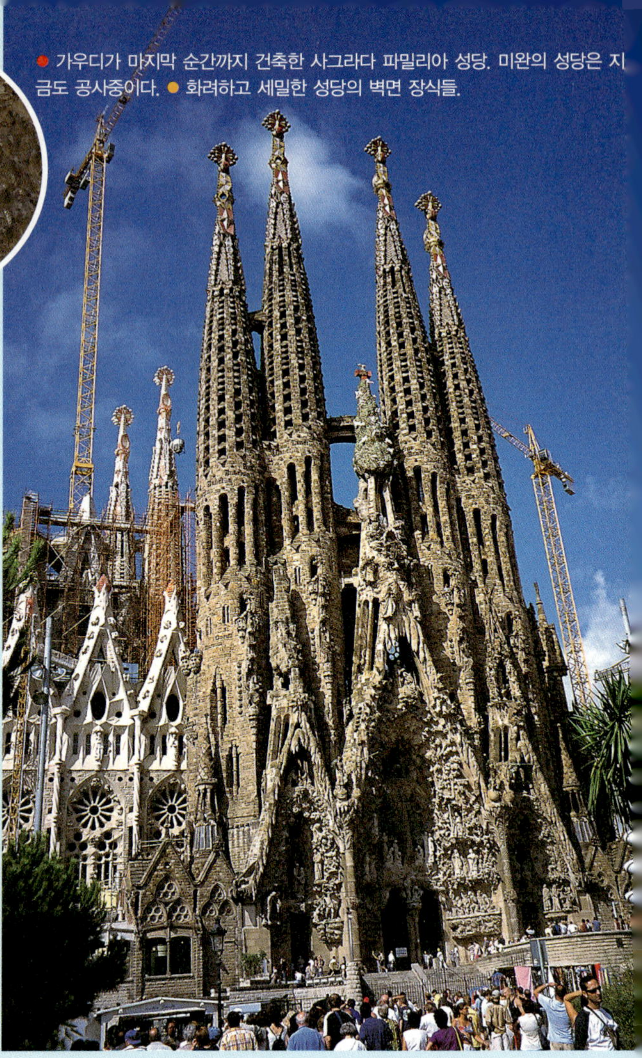

● 가우디가 마지막 순간까지 건축한 사그라다 파밀리아 성당. 미완의 성당은 지금도 공사중이다. ● 화려하고 세밀한 성당의 벽면 장식들.

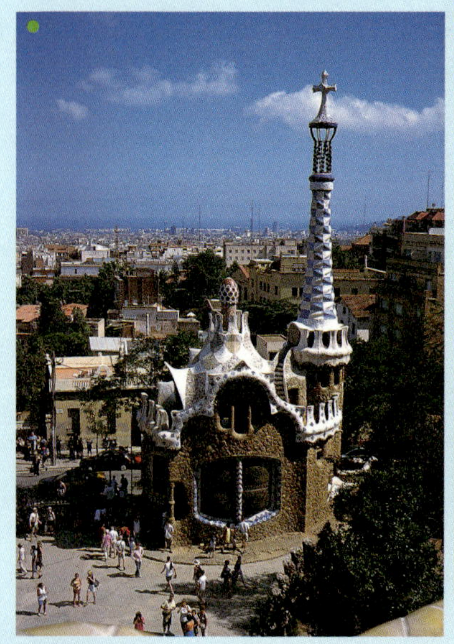

● 구엘 공원의 광장에서 내려다 본 가우디 박물관. 동화 속의 집처럼 보인다.● 모자이크 타일 장식이 아름다운 벤치. 인체에 맞게 제작된 것으로 유명하다. ● 구엘 공원.

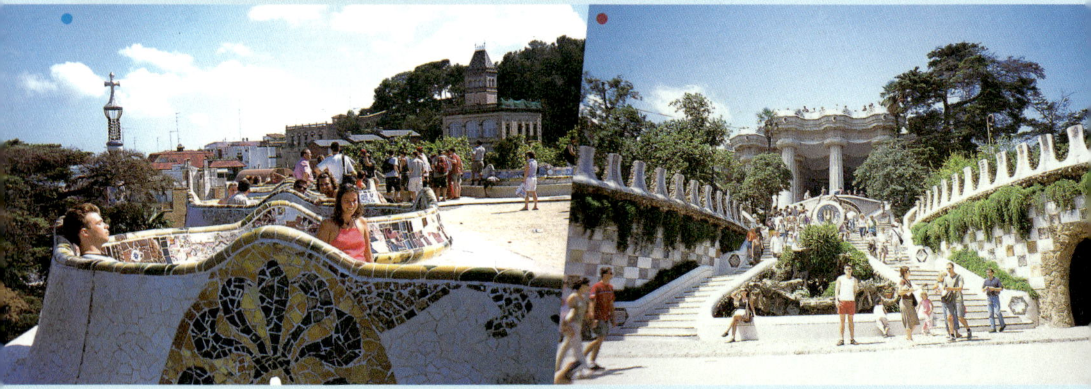

‘초콜릿의 집’을 연상시키는 초록색 덧문이 인상적이다. 이 집에는 가우디가 썼던 가구들이 전시되어 그의 삶의 흔적을 조금이나마 엿볼 수 있었다. 공원 정문 중앙의 계단에는 밝은 색으로 모자이크된 용과 도마뱀 조각상의 분수대가 아이들의 인기를 독차지하고 있었다.

그 위에는 84개의 우람한 도리아식 그리스의 초기 기둥 양식으로 주름 잡힌 듯 홈이 파여 있는 것이 특징 기둥들이 세워진 광장이 펼쳐지는데 시장 같은 곳으로 시민들의 만남의 장소이자 야외극장으로도 이용할 수 있도록 설계된 곳이다. 기둥 천장의 화려한 모자이크 장식 아래에 클래식을 연주하는 악사는 사람들의 발걸음을 멈추게 한다.

광장의 지붕은 거대한 뱀이 꿈틀대는 형상의 띠로 장식되어 있다. 아래에서 올려다보면 지붕이지만 위로 올라가면 벤치 역할을 한다. 벤치에 도자기 타일 조각이 햇살에 눈부시다. 이 의자는 사람이 앉은 상태에서 석고 틀을 떠서 제작한 맞춤형 의자로 유명하다. 잠깐 쉴 요량으로 앉으니 내 몸에 딱 붙는 느낌이다. 세상에서 가장 편안하고 예쁜 내 의자가 공원에 있는 이상적인 도시, 그 꿈을 가우디가 이뤄냈다.

바르셀로나(Barcelrona)

◎ 가는 방법

* **비행기** : 프라트 국제 공항(Aeroport del Prat)은 국제선과 국내선이 운행되고 있다. 공항버스(A1 Aerobus)는 바르셀로나 중심인 에스파냐 광장(Plaça d'Espanya), 카탈루냐 광장(Plaça Catalunya), 산츠 기차역(Estacio Sants)까지 연결한다. 렌페에서 운영하는 '로달리에스 라인(rodalies line) 10' 기차는 산츠 기차역으로 간다.

* **버스**
* **노르드 버스터미널(Estació del Nord)** : www.barcelonanord.com, Carrer d'AliBei 80. 스페인과 유럽으로 가는 국제 버스 운행. 부르고스(Burgos) 8~9시간(1일 5~6회), 그라나다 12~15시간(1일 8회), 마드리드 7시간 30분(1일 20회), 세비야 15시간 30분(1일 1~2회), 발렌시아 5시간(1일 16회), 사라고사(Zaragoza) 3시간 30분(1일 22회).
* **산츠 버스터미널(Estació d'Autobusos de Sants)** : 산츠역 바로 옆에 위치함. 카탈루냐 지방과 바르셀로나 주변 지중해안 도시들을 연결한다.

* **기차**
* **산츠역(Estació Sants)** : 지하철 3, 5호선 산츠역에서 하차. 스페인 지역과 프랑스 국경에 인접한 도시를 연결한다. 프랑스 몽펠리에(Montpellier) 4시간 15분(1일 2회).
* **지하철** : 지하철 TMB(www.tmb.net) 6개 노선은 대부분의 관광 명소를 지난다. 그 밖에 카탈루냐 광장(Plaça Catalunya) 북쪽에서 교외기차 FGC, www.fgc.net를 타고 티비다보(Tibidabo), 테라사(Terassa), 에스파냐 광장(Plaça d'Espanya)에서 몬세랏(Monserrat)을 갈 수 있다.

◎ 주요 볼거리

* **바리 고딕(Barri Gótic) 지구** : 구시가의 중심으로 대성당과 광장, 그 앞의 주말 풍경이 볼만하다. 람블라 거리를 산책하거나 콜럼버스의 기념탑에 올라 지중해 전망을 바라볼 수 있다.
* **몬주익Montjuïc) 지구** : 지하철 3호선 파렐레(Palel le)역에서 푸니쿨라(funicular)를 타고 몬주익 공원으로 오른다. 몬주익 성, 올림픽 스타디움, 후안 미로 미술관을 둘러보고 에스파냐 광장으로 내려와 시원한 분수의 향연을 감상할 수 있다.
* **가우디 건축 순례** : 지하철 3호선 리세우(Liceu)역 근처의 구엘 저택, 카사 바트요, 카사 밀라, 사그라다 파밀리아를 둘러보고 지하철 3호선 레셉스(Lesseps)역에 내려 도보로 15분 걸으면 구엘 공원이 나온다.

◎ 주변 볼거리

* **몬세랏(Monserrat)** : 바르셀로나 에스파냐 광장에서 교외 기차로 1시간 소요. 높이 1236m의 회백색의 바위산에는 11세기 베네딕트 수도원이 세워진 이후 카탈루냐 사람들의 종교적 터전이 되어왔다.

◎ 숙박

* **알베르그 오스탈 이타카(Alberg Hostal Itaca)** : Carrer de Ripoll 21, 전화 93-301-97-51, www.itacahostel.com, 도미토리 17, 더블 48~60유로, 대성당과 가까운 바리 고딕 지구에 위치하며, 아침 2유로 추가. 주방 이용 가능.
* **알베르그 센테르 람블레스(Alberg Center Rambles)** : Carrer de l'hospital 63, 전화 93-412-40-69, www.tujica.com, 도미토리(아침 포함) 22, 25유로. 유스호스텔 회원카드(HI Card) 할인.
* **오스탈 캄피(Hostal Campi)** : Carrer de la Canuda 4, 전화 93-301-35-45. hcampi@terra.es, 욕실 없는 싱글 25/더블 46유로로, 욕실 있는 더블 56유로

◎ 공연

• 플라카 데 브라우스 모뉴멘탈(Plaça de Braus Moumental) : 지하철 2호선 모뉴멘탈(Moumental)역에서 가깝다. 봄과 여름 일요일 오후에 투우 경기를 볼 수 있다.

• 카탈루냐의 민속춤인 사르다나(Sardana) 공연 : 대성당 앞 광장에서 수요일 오후 7시, 토요일 오후 6시 30분, 일요일 정오에 볼 수 있다.

스페인 속의 로마 메리다

서양 문화의 근간을 이룬 로마는 세계 대제국을 건설하면서 법률과 건축·토목 분야에서 위대한 문화유산을 남겼다. 이탈리아의 로마는 말할 것도 없고 지중해를 끼고 있는 유럽과 아시아, 아프리카 일대, 로마제국의 지배를 받았던 지역에는 어김없이 그들의 문화 유산이 남아 있어 옛 로마제국의 번영을 실감하게 된다. 그 중에서도 스페인의 남쪽 엑스트레마두라 Extremadura 지방의 메리다 Merida 는 도시 전체에 로마 유적이 남아있어 로마 박물관이라 불릴 정도이다.

수도 마드리드에서 기차로 6시간, 남부의 세비야에서 4시간 30분 정도 걸리는 메리다는 포르투갈 국경과 가까워 이곳에서 리스본 Lisbon 으로 출발하는 버스를 탈 수 있다. 나는 스페인에서 포르투갈로 가는 여정이어서 스페

288

인의 마지막 여행지를 메리다로 정하였다.

과디아나 Guadiana 강을 따라 형성된 메리다는 기원전 25년에 로마의 속국 루시타니아 Lusitania 의 수도로 건설되었다. 당시 이베리아 반도의 교통 요지로 인구 4만 명의 큰 도시로 발전했으나 지금은 작고 한적한 소도시이다. 과디아나 강에는 길이 792m, 60개의 아치로 이루어진 로마교가 서 있다. 로마가 건설한 다리 중 가장 긴 것이라 한다. 다리 위는 작은 포석이 촘촘하게 깔려있고 옛날 마차가 지나갈 정도로 폭도 꽤 넓다. 2천 년이 지난 지금도 다리의 역할을 충실히 하는 것을 보면 로마 건축의 실용성이 놀랍다.

다리 가운데서 메리다 구시가를 보면 두터운 성벽으로 둘러싸인 아랍식 성채인 알카사바가 보인다. 9세기 이슬람인들이 로마 유적 위에 성채를 세운 것인데 외관상으로도 두 문화의 공존을 알 수 있다. 알카사바 안에는 허물어진 로마의 신전 기둥들이 여기저기 흩어져 있었다. 성벽 위의 통로를 따라 걸으니 과디아나 강과 로마교가 한 눈에 내려다보인다. 왼쪽엔 로마교가 오른쪽엔 아랍식 성채가 시간차를 극복하고 마치 얘기하듯 있는 모습이 인상적이었다.

구시가에서 만난 로마 유적들

스페인 사람들은 로마의 지배를 자랑스럽게 여기는데, 로마에 의해 문명국가로 발을 내딛게 되었고 로마제국의 시민으로 살았기 때문이다. 또한 로마의 영토를 가장 크게 확장했던 트라야누스 Trajanus, 98~117 황제와 철학자인 세네카 Seneca, BC 4?~AD 65 같은 유명 인물의 고향이기 때문에 그런 자부심을 당연하게 여기는 것 같다. 메리다 구시가로 들어서는 도로 주변에 로마의 건국 신화에 등장하는 로물루스 Romulus 와 레무스 Remus 가 늑대의 젖을 먹고 있

● 구시가의 아랍식 성채 알카사바. 로마의 유적 위에 세워져 그 흔적들이 남아있다. ● 모레리아 유적. 로마 유적을 보호하기 위해 1층 공간을 비우고 2층부터 건물을 올렸다. ● 과디아나 강 위에 세워진 로마시대 다리. 2천년이 지난 지금도 튼튼하게 서 있다.

● 1만 4천 명을 수용할 수 있는 로마 원형극장. 여름이면 다양한 공연이 펼쳐진다. ● 6천 명을 수용했던 반원형극장. ● 구시가지 중심에 있는 다이아나 신전.

는 청동상과 아우구스투스 Augustus 의 동상이 세워져 있는 것을 보아도 이를
잘 알 수 있다.

구시가 건물 중에서 유난히 하얀 빌딩이 눈에 들어왔다. 공중에 떠있
는 형상인데 가까이 가니 로마 유적을 보존하기 위해 2층부터 건물을 올렸다
고 한다. 문화 유적 보존과 개발 중 무엇이 우선인지는 늘 고민거리이다. 그
런데 이 모레리아 Moreria 유적의 현장은 절묘하게 두 문제를 동시에 해결하였
다. 사람들이 건물 아래 유적을 감상하도록 구름다리까지 만들어 놓았다. 문
화유산 보호와 현대 건물을 동시에 만든 스페인 사람들의 아이디어가 돋보인
현장이었다. 구시가 좁은 골목 사이에 다이아나 신전 Templo de Diana 과 시민 광
장이었던 포로 Portico del Foro 의 터가 남아있다. 물론 로마에 남아 있는 포로보
다 그 규모는 작지만 로마의 도시로서 갖추어야할 기본 도시 계획을 갖춘 셈
이다. 메리다 곳곳에는 로마 시대 주택들도 남아있는데 그 중 원형극장의 집
Casa Antiteatro 은 1~3세기 때 집으로 로마의 가옥 구조와 생활상을 알려주는 중
요한 유적이다.

원형극장의 집 바로 옆에는 메리다의 최대 자랑거리인 원형극장
Anfiteatro 이 있다. 기원전 8년에 완성된 이 극장은, 1만 4천 명을 수용할 수 있
는 크기로 거의 완전하게 남아 있다. 이탈리아의 베로나에 있는 원형극장보
다 규모는 작지만 같은 형식의 극장이다. 마침 여름 축제로 다양한 공연이 펼
쳐지고 있었는데 극장 중앙에는 밤에 있을 공연의 무대가 설치되어 있다. 그
옆의 반원형극장 Teatro 은 기원전 15년에 세워진 것으로 6천 명을 수용하는 크
기이다. 무대에 대리석 기둥이 늘어선 것이 인상적이었다.

밤 11시, 로마 원형극장에서 보는 로마 고전극

원형극장Anfiteatro의 공연은 저녁 8시쯤 시작하는 것이 보통인데 이곳에서는 밤 11시부터 새벽 1시까지 이어졌다. 스페인 사람들은 잠을 안 자는 건지 이렇게 늦은 시간의 공연은 처음이었다. 여름 해가 늦게 지는 이유도 있겠지만 느긋하게 즐기려는 스페인 사람들의 마음 때문인지도 모르겠다. 나는 공연을 보기 위해 밤 10시 45분에 원형극장으로 갔다. 극장 입구로 가는 길은 촛불이 줄지어 있고 극장 안의 한 쪽 테라스에는 와인과 음료를 마실 수 있는 노천카페도 있었다. 극장의 돌계단은 한낮의 열기가 남아 따끈따끈했고 별빛 아래 시원한 바람이 살랑살랑 부는, 그야말로 환상적인 밤이었다. 드디어 로마 고전극 '페텐 시에야'가 시작되었다. 맨 끝자리에서도 화려한 조명과 음향, 배우들의 연기가 잘 보였다. 목소리가 너무 또렷이 들려 로마인들의 뛰어난 솜씨에 또 한번 놀랐다. 스페인어 대사는 여전히 해독 불가였지만 극장의 분위기는 최고였다.

2000년 전 그들도 우리처럼 이런 공연을 보면서 일상의 고단함을 달랬으리라. 고대와 현대를 이어 주는 원형극장에서 생활 속에 살아있는 문화유산이 얼마나 소중한 것인지 다시금 생각하게 된다.

메리다 (Mérida)

(Anfiteatro)의 집, 원형극장, 반원형극장(Teatro)을 둘러볼 수 있다.
- **알카사바(Alcazaba)** : 로마와 서고트 왕국 지배 하에 있었던 성벽이 835년 이슬람에 의해 재건축된 아랍식 성채. 과디아나 강과 메디나 구시가 전망을 볼 수 있다.

◎ 가는 방법

* **버스** : 루시타니아 다리(Puente Lusitania)를 건너 서쪽으로 150m 떨어진 곳에 터미널이 있다. 바다호스(Badajoz) 1시간(1일 5~9회), 세비야(Seville) 3시간(1일 5회), 마드리드 4~5시간(1일 8회), 포르투갈 리스본(Lisbon) 7시간.
* **기차** : 마드리드 4시간 30~5시간 30분(1일 4회), 세비야 5시간(1일 2회)

◎ 주요 볼거리

- **로마 유적** : 과디아나(Guadiana) 강의 로마 다리, 다리 건너 모레리아 유적(Zona Arquelógica de Morería), 다이아나 신전(Templo de Diana), 포로(Pórtico del Foro), 국립 로마 미술관(Museo Nacional de Arte Romano), 원형극장

◎ 주변 볼거리

- **로마 극장 축제(Festival de Teatro Clasico)** : (www.festivaldemeria.es) 로마 원형극장(Anfiteatro) 유적에서 매년 여름 7~8월 밤 11시 고전극, 오페라, 클래식 음악 축제가 열린다.

◎ 숙박

- **오스탈 누에바 에스파냐(Hostal Nueva España)** : Avenida de Extremadura 6, 전화 924-31-33-56, 싱글 25/더블 38유로.
- **오스탈 알파레로(Hostal Alfarero)** : Calle Sagasta 40, 전화 924-30-31-83, www.hostalelalfarero.com, 더블 45유로.

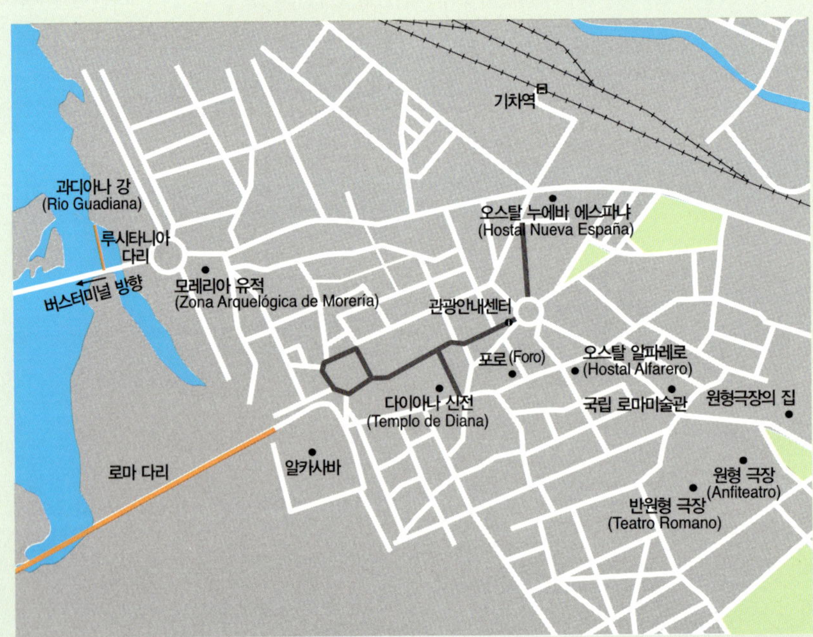

통일된 제국 스페인의 왕가 계보

합스부르크 왕가

이사벨 여왕–페르난도 국왕 → 카를로스 1세(=카를로스 5세 1516~1556) → 펠리페 2세(1527~1598) → 펠리페 3세(1598~1621) → 펠리페 4세(1621~1665) → 카를로스 2세(1665~1700) 왕통 단절

부르봉 왕가

펠리페 5세(1700~1746) → 페르난도 6세(1746~1759) → 카를로스 3세(1759~1788) → 카를로스 4세(1788~1808) → 나폴레옹 지배 → 페르난도 7세(1814~1833) → 페르난도 7세 왕비 마리아 크리스티나 섭정(1833~1840)과 카를리스트 내란(1833~1840) → 이사벨 2세(1843~1868) → 1868년 혁명 → 아마데오 1세(1871~1873) → 제 1공화정(1873~1874) → 알폰소 12세(1875~1885) → 알폰소 12세의 왕비 마리아 크리스티나 섭정(1885~1902) → 알폰소 13세(1902~1931) → 1931년 제2공화정 → 스페인 내란(1936~1939)과 프랑코 독재 → 1975년 후안 카를로스 1세~현재

*괄호 안은 재위 기간임.

Portugal
포르투갈

M MONIZ 28
Coca Cola
A vida sabe bem
브리가
기마래애스
포르투
코임브라
산트라
리스본
카스카이스

유럽의 서쪽 끝에서
세계를 꿈꾸다

리스본

카스카이스

켈루즈

해상제국의 화려한 도시 리스본

스페인 메리다Merida에서 버스를 타고 국경을 넘어 포르투갈의 리스본을 여행할 계획이었다. 버스 시간은 새벽 2시, 미리 버스표를 구하러 갈 시간이 없어 출발 시간 즈음 터미널에서 표를 구입하려고 하였다. 메리다의 원형극장에서 연극이 끝난 시간이 새벽 1시, 호텔에 맡긴 짐을 찾아 버스 터미널에 도착하였다. 그러나 예상과 달리 매표소는 모두 문을 닫았고 승객 대여섯 명이 기다리고 있었다. 티켓이 없으면 버스를 탈 수 없다고 해서 갑자기 하늘이 노래진다. 초조하게 버스를 기다렸다.

새벽 2시가 되니 마드리드에서 출발한 버스가 리스본 행이라는 푯말을 붙이고 나타났다. 승객들이 다 타고 난 뒤 나는 운전기사에게 사정을 이야기했다. '티켓을 못 샀는데 리스본에는 꼭 가야 한다. 여자 혼자인데 길에서 어떻게 하란 말인가, 제발 부탁한다.'는 스페인어 단어를 나열하며 간절하게 이야기했다. 기사 아저씨는 어쩔 수 없으니 타라고 하였다. 나의 대책 없는 배짱을 속으로 꾸짖으며 버스에 올랐다. 기사는 버스비를 받은 봉투에 내 여권 번호를 적고 나의 상황을 기록하였다.

다음날 아침 무사히 리스본에 도착하였다. 일주일 동안의 포르투갈 여정이 시작된 것이다. 대서양을 끼고 항해시대를 개척한 포르투갈의 수도인 리스본Lisbon은 그리스 신화의 영웅 오디세우스가 세웠다는 전설이 전해진다. 서울에 한강이 흐르듯이 리스본에는 대서양으로 흘러드는 테주Rio Tejo 강이 흐르는데 유람선을 비롯해 대형 선박들까지 오가는 바다 같은 강이다. 한여름이지만 대서양으로부터 불어오는 바람이 시원하다. 스페인의 건조하고 뜨거운 날씨에 비하니 더할 나위 없이 좋았다. 해질 무렵 강가를 산책하였다. 7개의 언덕으로 이루어진 리스본에는 곳곳에 전망대가 있어 테주 강을 바라볼 수 있는데 그 모습이 매우 아름다웠다. 포르투갈 사람들은 강과 바다를 바라보며 미지의 세계에 대한 꿈을 키웠다. 이베리아 반도의 작은 나라가 어떻게 세계를 무대로 했는지 궁금했는데 리스본에 와서야 이해가 되었다.

리스본은 3~4일은 둘러봐야 할 정도로 큰 도시인데, 유럽의 다른 대도시처럼 구시가와 신시가로 나뉜다. 구시가에는 대항해시대, 향료 무역으로 이룬 부와 영광의 흔적을 간직한 건축물이 늘어서 있고, 신시가는 60년 간 스페인 지배에서 1640년 독립한 것을 기념하는 레스타우라도레스Restauradores 광장을 중심으로 쭉 뻗은 대로와 건물이 건설되었다. 17세기 포르투갈은 네덜란드와 영국에게 동양의 상권을 뺏기면서 인도양에서 대서양으로 이동할 수밖에 없었다. 이 과정에서 브라질을 발견하고 식민경영하게 되었다. 18세기 초 브라질의 금광이 발견되고 막대한 양의 금이 포르투갈로 들어오면서

제2의 번영을 누렸다. 그러나 화려한 도시는 1755년 역사상 최대의 참사인 대지진으로 거의 파괴되었다. 지진으로 인한 화재가 6일 동안이나 계속되었다고 하니 미루어 짐작해 볼 수 있다. 리스본의 재해를 극복하는데 앞장선 사람은 퐁발Pombal 후작이었다. 근대 포르투갈의 기초를 세우는 데 중요한 역할을 한 그는 프랑스 파리를 모방하여 오늘의 아름다운 리스본을 재건하였는데, 그를 기리는 동상이 퐁발 후작 광장에 우뚝 서 있다.

리스본의 구시가는 크게 바이샤Baixa, 바이루 알투, 알파마, 벨렝 지구로 나누어지는데 그중 바이샤는 가장 번화한 곳으로 로시우Rossio 광장을 비롯해 로시우 기차역, 호텔, 레스토랑, 선물 가게 등이 모여 있다. 리스본 여행자들이 가장 많이 찾는 곳이다. 이곳의 명물인 '상타 주스타의 엘리베이터'Elevador de Santa Justa는 에펠탑을 디자인한 에펠Gustave Eiffel의 추종자인 폰사르드Ponsard가 설계하여 철제로 만든 32m의 엘리베이터이다.

흔히 엘리베이터는 건물 안에 세우지만 거리에 단독으로 세워져 도시를 한 눈에 내려 볼 수 있는 전망대 역할을 하는 것이 특이했다. 엘리베이터를 타고 올라가 리스본의 시내를 바라보니 아름답기 그지없다. 푸른 테주 강과 주홍빛 지붕들, 적당히 빛바랜 흰색 건물의 담에 파란 하늘까지 어우러져 탄성이 절로 나왔다. 그 가운데 뼈대만 남은 교회 건물도 눈에 들어오는데 대지진으로 피해를 입은 상태 그대로 보존돼 있다고 한다.

"신께서 포르투갈인들에게 요람으로 작은 땅을 주셨지만 그들의 무덤으로는 전 세계를 주셨다."는 말이 있다. 포르투갈은 유럽 대륙의 서쪽 이베리아 반도에서도 가장 서쪽의 작은 나라이지만 16세기 대항해시대 세계를 향해 나아갔다. 그리고 남아메리카의 브라질, 아프리카의 앙골라, 모잠비크 등을 식민지화하면서 거대한 포르투갈 공용어권을 만들었다.

포르투갈은 유럽의 끝이자 아프리카, 지중해와 가까운 지리적 특성 때문에 여러 문명과 충돌하였다. 고대 이베리아 반도의 원주민인 이베로인 Iberos 들은 페니키아, 그리스, 카르타고의 지배와 문화의 영향을 받았다. 기원전 8~6세기에는 중앙 유럽으로부터 내려온 켈트족의 침입을 받으면서 그들과 혼혈인 루시타니아인 Lusitanos 이 되었는데, 오늘날 포르투갈의 조상이다.

그 후 포르투갈은 로마의 지배와 문화 영향을 받았고, 8세기 초부터 13세기 중반까지 거의 6세기 동안 이슬람 지배에 들어가면서 아랍 문화의 영향을 크게 받았다. 지금의 포르투갈어 대부분이 아랍어에서 빌려 온 것이고 그들의 삶과 문화 곳곳에서 아랍 문화의 흔적들을 살펴볼 수 있다. 11세기부터 이베리아 반도에서는 '국토회복운동'이 일어나 이베리아의 크리스트교도들은 이슬람교도들을 쫓아내기 시작하였다. 이 과정에서 12세기 초 포르투갈 왕국이 성립되고, 13세기에 걸쳐 국가의 틀을 갖추었다. 포르투갈의 영광은 15세기 항해 왕자 동 엔리케 D.Infante Henrique 1394-1460 의 지원에서부터 시작되었다. 이슬람의 앞선 항해술과 조선술, 자연과학적 지식 그리고 동양의 부에 대한 꿈과 종교 전파에 대한 노력 등이 합쳐져서 미지의 세계를 발견하기에 이르렀다.

1487년 바르톨로뮤 디아스 Bartholomeu Dias 의 아프리카 희망봉 발견, 1498년 바스쿠 다 가마 Vasco da Gama 의 인도 항로 발견, 1500년 페드로 알바리스 카브랄 Pedro Alvares Cabal 의 신대륙 브라질 발견 등 세계에서 가장 먼저 신항로를 개척하면서 이후 200년 동안 전성기를 누렸다. 그러나 스페인, 네덜란드, 영국, 프랑스 등한테 밀려 점점 쇠퇴하게 된다. 하지만 거대한 포르투갈 공용어권과 문화 공동체를 만들어낸 저력있는 나라이다.

에두아르 7세 공원과 퐁발 후작 동상. ● 로시우 광장의 32m 높이의 상타 쥬스타 엘리베이터. ● 독특한 아줄레주로 장식한 집들이 즐비한 아름다운 리스본 거리.

● 아줄레주 기념품들. ● 리스본 구시가의 명물, 트램. 좁은 골목을 오르는 트램을 타고 리스본의 시내를 둘러보는 것도 재미있다. ● 국립 아줄레주 박물관 뜰의 아름다운 아줄레주 장식.

아줄레주로 만든 푸른색 타일 천국

　7개의 언덕으로 이루어져 좁은 언덕길의 선로를 따라 다니는 트램은 관광객뿐 아니라 리스본 시민들의 발이다. 과거의 영광을 보여주는 건물들 사이를 누비는 트램을 보니 리스본은 옛 것과 새 것의 조화가 잘 이루어졌다는 느낌을 받았다.

　트램을 타고 올라간 알파마 Alfama 지구는 구시가 동쪽에 위치하는데, 좁은 골목을 따라 집들이 빼곡히 들어서 있다. 미로처럼 이어지는 길을 따라 가다보면 담벼락을 온통 타일로 장식해 놓은 것을 발견하게 된다. 빽빽하게 들어선 집들이 저마다의 느낌을 주는 것은 독특한 타일로 아름답게 장식해 놓은 때문이었다. 아랍의 영향으로 발달한 타일 장식이 포르투갈만의 독특한 예술로 자리잡았다. 알파마 지구 꼭대기에는 이슬람의 성채였던 상 조르제 성 Castelo de Sao Jorge 이 있다. 이 성은 로마의 카이사르 때 요새로 사용되다가 나중에 이슬람이, 국토회복운동 이후에는 포르투갈에 의해 사용되던 것이라고 한다. 성 안에는 해양 민족을 상징하듯 실제 크기의 배 모형을 만들어 놓았고 성벽 위에는 도시를 지켰던 대포 자리가 있었다. 그곳에서 리스본 시내가 훤히 내다보인다. 지금은 성채로서 의미는 잃었지만 매일 밤마다 아름다운 조명을 밝혀 리스본의 밤을 빛나게 하고 있다.

　아름다운 타일 장식은 포르투갈어로 '아줄레주' Azulejo 이다. 건물과 집들을 우아하게 장식하고 있는 아줄레주에 대해 더 알고 싶어서 나는 국립 아줄레주 박물관 Museu Nacional do Azulejo 을 찾아갔다. 그 곳에는 아줄레주의 제작 과정과 시대별 아줄레주의 변천을 한눈에 볼 수 있도록 전시해 놓았다. 아줄레주는 '작고 아름다운 돌' 이라는 뜻으로 아랍의 영향을 받았으나 16세기 포르투갈의 독자적인 장식 타일로 발전한 것이다. 아줄레주는 보통 대형 패널로 벽면 장식에 사용된 것인데 작은 아줄레주를 퍼즐 맞추듯 조각조각 이어서 만든 것이 특징이다. 17세기에는 주로 종교적인 그림을 내용으로 장식했고 17세기 후반에는 바로크 풍의 화려한 색채에 중국 도자기 영향으로 흰색 바탕의 청색 그림이 유행하였다고 한다. 18세기에는 부드럽고 우아한 새나, 꽃, 화분 꽃병 등의 장식적인 그림이 주를 이루었으며 20세기에 와서 추상적, 기하학적인 아줄레주로 발전하였다고 한다. 박물관에서 본 많은 아줄레주 작품 중 20세기 작품들이 가장 인상적이었다.

　　　이 박물관의 또 하나 명물은 바로 '아줄레주 아래에서 점심을'이다. 박물관의 카페테리아 내부를 온통 아줄레주로 장식하여 관람객들이 가벼운 식사나 커피를 마시며 아줄레주를 감상할 수 있도록 한 것이다. 카페테리아에 들어서니 푸른 아줄레주로 나무 장식과 함께 식당에 어울리는 소, 닭, 돼지, 햄, 감자 등 야채까지 온갖 먹을거리들을 장식하여 놓았다. 햇살이 아줄레주를 비추는 카페테리아에서 연어 샐러드와 주스를 마시며 분위기를 잡아보았다. 이것이 바로 생활 속의 예술이 아닐까.

항해 시대의 영광, 벨렝 지구

　　　리스본의 구시가 중심에서 테주 강을 따라 30분 정도 가면 포르투갈 전성기 때의 영화로움을 엿볼 수 있는 벨렝 Belém 지구가 나온다. 테주 강가에 서 있는 '발견 기념물' Padrao dos Descobrimentos 은 1960년 엔리케 Henrique, 1394~1460 왕자의 사후 500주년을 기념한 대형 석조 기념물이다. 대서양을 향해 선 이 기념물은 포르투갈이 엔리케 왕자로 대표되는 영광의 시대를 자랑스러워하고 또한 그리워하고 있음을 잘 보여준다. 기념물 맨 앞에는 배 모형을 들고 대서양쪽을 바라보고 있는 엔리케 왕자의 모습을 조각해 놓았다.

탐험가였던 엔리케 왕자는 아무도 가보지 못했던 대서양 너머 미지의 세계를 알고 싶은 욕망이 누구보다 컸다. 미지의 세계에서 얻을 수 있는 것이 무엇인가, 무어인의 세력이 어디까지 미치는지, 그들에 대항하는 가톨릭 국가가 존재하는지 등에 대한 탐험심이 새로운 항로를 개척하고 미지의 세계를 찾아 나서도록 하였다. 그의 과학적, 상업적, 군사적, 종교적 관심이 위대한 발견을 가져 온 셈이다.

포르투갈이 가장 먼저 미지의 세계로 나아갈 수 있었던 것은 엔리케 왕자의 모험심과 그것을 가능케 한 뛰어난 항해술과 조선술 덕분이었다. 물론 항해술과 조선술은 이슬람 문명의 영향이었다. 당시 중세 유럽과 달리 지식의 저장고라할 정도로 이베리아 반도는 이슬람의 자연과학, 천문학, 수학, 의학, 건축술 등이 발달하였다.

세계의 바다를 주름잡은 바스쿠 다 가마

발전 기념물을 뒤로 하고 벨렝 지구의 중심 광장으로 나오면 사람을 압도하는 거대한 건축물을 만나게 된다. 15세기 대항해 시대의 중심 인물인 엔리케 왕자와 인도 항로를 발견한 바스쿠 다 가마를 기념하는 '제로니모스 수도원' Mosteiro dos Jerónimos이 바로 그것이다.

거대한 궁전을 연상시키는 제로니모스 수도원은 마누엘 1세가 신항로를 개척하고 향료 무역으로 벌어들인 엄청난 부를 바탕으로 지었다. 엔리케 왕자와 바스쿠 다 가마가 이룬 성과를 바탕으로 최대의 번영을 누리던 마누엘 1세는 화려한 건축물을 많이 지었는데 이 시대의 건축양식을 '마누엘 양식'이라고 한다. 수도원 외관은 하얀 대리석을 사용해서 항해 시대를 상징하는 해초, 산호, 밧줄과 선박 등을 표현했는데 유럽 다른 나라에서는 찾아볼

● 거대한 궁궐을 떠올리는 제로니모스 수도원의 전경. ● 독특한 마누엘 양식의 수도원 안뜰. ● 포르투갈의 항해시대를 연 바스쿠 다 가마의 석관.

수 없는 포르투갈만의 독특한 양식이다. 파란 하늘 아래 꽈배기처럼 꼬여 있는 하얀 대리석 장식을 바라보니 눈이 부실 지경이었다.

수도원 안에 있는 교회에는 바스쿠 다 가마 ^{Vasco da Gama}의 석관이 놓였고, 은으로 만든 제단과 왕들의 석관들도 모셔져 있다. 제로니모스 수도원에서도 특히 유명한 것은 안뜰이라고 한다. 한 변의 길이가 55m나 되는 긴 회랑으로 둘러 싸인 안뜰은 뾰족하면서도 꼬인 기둥으로 화려하게 장식되어 있었다. 안뜰 한쪽에 식당으로 쓰인 건물 역시 벽면을 가로지르는 꼬인 돌 장식과 대형 아줄레주가 장식되어 있어 그들의 예술적 취향을 또 한번 느낄 수 있었다.

엔리케 왕자가 주도한 해양 진출은 동 주앙 2세 ^{D. Joao II, 1481~1495}와 마누엘 1세 ^{Manuel I, 1495~1521}까지 이어져 대항해 시대 전성기를 가져왔다. 당시 오스만제국이 강성해져 지중해를 통한 실크로드는 차단되었고, 국제 무역이 위기에 놓이자 포르투갈을 비롯한 유럽은 동양으로 가는 항로를 개척할 수밖에 없는 상황이었다. 유럽은 더 많은 향료와 설탕을 필요로 하였고, 은화의 수요를 충족시키기 위해 더 많은 귀금속을 필요로 하였다. 이런 상황에서 13세기 이탈리아의 상인 마르코 폴로가 중국의 원元 나라를 방문하고 기록한 〈동방 견문록〉도 유럽인들의 호기심을 자극하였다. '황금의 나라' 로 묘사한 것이 유럽인들에게 큰 매력으로 작용하였던 것이다. 포르투갈은 지중해와 대서양의 교차 지점에 있으며 아프리카와 아메리카 대륙에 가장 가까워 항해에 나서기 가장 좋은 조건을 가지고 있었다.

포르투갈의 해양 탐험은 성공하여 1460년 아프리카의 세우타 ^{Ceuta}를 정복하고 1487년 바르톨로뮤 디아스의 아프리카 희망봉 발견, 1498년 바스쿠 다 가마의 인도 항로 발견, 1500년 페드로 알바리스 카브랄의 브라질 발견에 이르게 되었다. 동 주앙 2세 때 1492년 콜럼버스가 오늘날 아메리카 대륙을 발견함으로써 스페인과 대립하게 되었다. 당시 콜럼버스는 동 주앙 2세에게 지원을 요청하였으나 거절당하고 스페인의 이사벨 여왕의 지원으로 새로운 항로를 개척하였다. 그런데 동 주앙 2세는 콜럼버스가 발견한 땅이 포르투갈의 소유임을 주장하였다. 이에 교황 알렉산더 6세가 개입하여 세계를 크게 2개의 반구로 나누어 카보베르데 제도의 서쪽 370 레구아에 그어진 자오선을 통하여 서반구는 스페인, 동반구는 포르투갈에 권리를 인정하였다.

이 조약의 결과 포르투갈은 동양으로 가는 아프리카 남쪽의 우회 항로를 보장받음으로써 남대서양의 절대적인 지배권을 확보하게 되었고, 오늘날 브라질은 포르투갈의 영향 아래, 브라질을 제외한 남아메리카의 대부분은 스페인의 지배를 받게 되었다. 우리의 입장에서 보면 욕심 많은 두 나라가 신대륙을 나눠가졌다는 사실에 할 말을 잃게 된다. 그러나 그들은 새로운 땅에서 금은을 비롯한 많은 부를 얻었지만 그것을 지키기 위해 끝없이 싸워야 했고, 더 많은 대가를 치러야 했다.

16세기 포르투갈로부터 시작된 해양 진출로 지구의 2/3를 항해함으로써 세계와 지구에 대한 지리적인 인식이 높아지고, 유럽 문화 예술이 아시아, 아프리카, 아메리카에 전해지는 계기가 되었다. 또한 동양의 도자기, 정원, 주택 양식 등이 유럽에 전해졌다. 그러나 유럽의 해양 진출은 제국주의의 출현을 가져오는 계기가 되었고, 20세기 초까지 유럽을 제외한 전 세계가 식민 지배의 고통에 있어야 했다.

1557년 북아프리카에 크리스트교 왕국을 세우기 위해 출정한 동 세바스티앙 D. Sebastiao, 1568~1578은 이슬람에게 대패하고 전투에서 실종되었다. 후계자가 없는 가운데 왕위 계승 문제로 국론은 분열되고 외손자인 스페인의 펠리페 2세 Fellipe, II 1598~1621가 포르투갈의 왕으로 추대되면서 결국 1580년 스페인에게 합병되고 만다. 60년간 스페인의 지배를 받는 동안 네덜란드, 영국, 프랑스 등 유럽 국가들의 활발한 해상 활동으로 거대한 해양 제국은 무너지고 말았다.

파두 선율에 깊어가는 리스본의 밤

포르투갈의 가장 대표적인 문화 상품은 파두 Fado 다. 파두는 포르투갈의 대중음악으로 지금까지 끊임없이 사랑받는 노래이다. 파두를 세계에 널리 알린 가수는 바로 '아말리아 호드리게스' Amalia Rodrigues 이다. 학창 시절 흐린 하늘 아래 그녀의 슬픈 노래를 듣노라면 눈물이 곧 떨어질 것처럼 가슴이 아려오던 기억이 난다. 파두는 편안하고 왠지 슬픔이 배어있어 우리의 정서와도 많이 닮았다.

프랑스 남부 지방의 음유 서정시와 포르투갈의 토속 음악, 아랍의 음악 기법이 합쳐져서 파두가 탄생하였다고 한다. 마치 우리의 '한'恨에 비유되는 파두의 슬픈 정서인 '사우다드'는 대항해시대 때 바다로 떠난 사람들에 대한 그리움, 슬픔, 우울, 동경, 이룰 수 없는 사랑을 표현한 것이라 한다. 파두 가수들은 주로 검은 옷과 숄을 두르고 노래하는데, 그 유래가 애틋하다. 19세기 초 집시계의 한 파두 여가수는 백작과 서로 사랑하였지만 사랑을 이루지도 못하고 26살에 요절하였다. 이후 파두 가수들은 그녀를 추모하는 의미에서 검은 옷을 입기 시작하였다고 한다.

파두를 노래할 때는 12줄의 배 모양의 파두 기타가 사용된다. 리스본을 중심으로 발달한 파두는 선술집에서 서민들과 선원들의 고단함을 달래주고, 그들의 애환을 노래하였다. 알파마 지구에 있는 '파두 박물관' Casa do Fado

파두에 관심 있다면 한번쯤 들러 볼만한 파두 박물관.

e da Guitarra Portuguesa에서는 아말리아 호드리게스를 비롯한 여러 파두 가수들의 앨범과 사진, 뉴스 기사, 파두 기타 제작 과정, 파두 노래가 불려지던 선술집까지 만들어 놓고 가수들의 노래 장면을 슬라이드 쇼로 보여 주었다. 파두를 잘 모르는 사람이라도 파두를 잘 이해할 수 있도록 전시가 잘 되어 있는 것이 인상적이었다.

포르투갈 어디서라도 파두 공연을 볼 수 있지만 구시가의 바이루 알투 Bairro Alto 지구에 가면 좁은 골목마다 파두를 공연하는 클럽과 레스토랑이 모여 있다. 입구에는 그날 저녁 공연하는 가수의 이름과 사진을 내걸어 두어 어느 클럽에 가야할까 행복한 고민에 빠지게 만들었다. 나는 많은 클럽 가운데서 올해 파두 콘테스트 대회에서 수상하였다는 20대 여가수의 공연을 보기로 했다. 나이든 사람의 경륜도 좋지만 젊은 사람이 부르는 파두의 느낌이 궁금했다. 젊은 여가수는 맑고 투명한 음색이었지만 파두에 배어 있는 슬픈 어조가 잘 어우러져 나의 마음을 사로잡았다. 험난한 바다로 떠난 사람을 애타게 그리워하는 그 마음이 내게도 전해졌다. 말 그대로 심금을 울리는 애잔한 파두의 여운이 아직도 귓가에 맴돈다.

◎ 가는 방법

*** 비행기** : 리스보아 국제공항은 국제선과 국내선 이용 가능. 시내까지 공항버스로 45분(20분 간격) 소요.

*** 버스**

- **세테 리오스(Sete Rios, Rua das Laranjeiras)** : 새로 생긴 버스터미널. 지하철 Jardim Zoologico 역과 세테 리오스(Sete Rios) 기차역 사이에 있다. 코임브라(Coimbra) 2시간 30분, 포르투(Porto) 3시간 30분~4시간. 에보라(Evora) 1시간 45분, 파루(Faro) 4시간 30분~5시간.
- **가레 두 오리엔테(Gare do Oriente)** : 기차역 바로 옆. 북부 지방과 스페인을 연결하는 버스를 운행. 리스본~에보라(Evora)~스페인의 바다호스(Badajoz)~마드리드 8시간, 바르셀로나 18시간.

*** 기차**

국제 기차(IN), 국내 급행기차(IC), 국내 고급기차(Alfa) 로 구분된다. 코임브라 2시간(Alfa), 2시간 30분(IN/IC). 포르투(Porto) 3시간(Alfa), 3시간 30분(IN/IC). 파루(Faro) 3시간(Alfa), 45분(IN/IC).

- **산타 아폴로니아(Santa Apolónia)역** : 중부와 북부 지역을 연결한다.
- **가레 두 오리엔테(Gare do Oriente)역** : 알가르베(Algarve)와 국제 기차가 운행된다.
- **세테 리오스(Sete Rios)역** : 리스본 북부 교외 기차와 신트라(Sintra), 켈루즈(Queluz)를 연결한다.
- **카이스 두 소드레(Cais do Sodré)역** : 카스카이스(Cascais)와 에스토릴(Estoril)을 연결하는 기차가 운행된다.
- **카리스(Carris, www.carris.pt)** : 지하철을 제외한 리스본의 버스, 트램, 푸니쿨라르를 말한다. 관광안내센터나 카리스(Carris) 가판대에서 교통지도를 구하면 노선도와 정류장, 시간 등이 자세히 나와 있다.

- 지하철(www.mtrolisboa.pt)
- **리스보아 카드(Lisboa Card)** : 리스본의 지하철, 버스, 트램, 엘리베이터, 벨렝 행 기차 티켓, 27개 박물관 입장료 등을 50% 할인해 주는 카드. 24/48/78시간이 있으며, 리스보아 관광안내센터나 카리스 가판대에서 판매한다.

◎ 주요 볼거리

- **상타 주스타의 엘리베이터(Elevador de Santa Justa)** : 리스본의 전망을 위한 엘리베이터 중 가장 대표적이다.
- **알파마(Alfama) 지구** : 바이샤(Baixa)지구나 마르팅 모니즈 광장(Largo Martim Moniz)에서 트램 28번을 타고 그라카 광장(Largo da Gráa)에 내려 상 조르제 성(Castelo de Sao Jorge) 방향으로 걸어 내려가면서 만나는 교회와 전망대, 오래된 건물들에서 리스본의 매력을 느낄 수 있다.
- **벨렝(Belém)지구** : 대항해 시대 번영의 역사를 보여주는 곳. 제로니모스 수도원(Mosteiro dos Jerónimos), 발견기념물(Padrao dos Descobrimentos)이 있다. 피게이라 광장(Praña da Figueira)이나 코메시오 광장(Praña do Comercio)에서 트램 15번을 타면 된다. 월요일 휴관.

◎ 주변 볼거리

- **국립 아줄레주 박물관(Museu Nacional do Azulejo, Rua Madre de Deus, 일요일 무료)** : 수도원 건물을 개조한 리스본에서 가장 아름다운 박물관. 아줄레주에 관한 모든 것을 보여주는 곳. 산타 아폴로니아(Santa Apolónia)역에서 104, 105번 버스가 간다.
- **파두 박물관(Casa do Fado e da Guitarra Portuguesa, Largo do Chafaris Dentro)** : 파두가 태어난 알파마 지구에 있는 박물관. 파두의 역사와 유명한 가수들의 발자취를 볼 수 있다.

◎ 숙박

알파마(Alfama)와 바이루 알투(Bairro Alto) 지역에 저렴한 숙소들이 모여 있다.

- **레지덴시알 코임브라 에 마드리드(Residencial Coimbra e Madrid)** : 전화 213-421-760, Praça de Figuerfa 3, 욕실 없는 싱글 25/더블 30유로, 욕실 있는 싱글 30/더블 35유로.
- **카사 데 오스페데스 브라질-아프리카(Casa de Hóspedes Brazil-Africa)** : Travessa das Pedras Negrs 8, 전화 218-869-266, www.pesnsaobazilafrica.com 싱글 25/더블 35유로.

◎ 전시 · 공연

- **프리 리스보아(Free Lisboa)** : 모든 박물관은 일요일 아침에 무료 입장이 가능하다.
- **벨렝문화센터(Centro Cutufal de Belém)** : 정기적으로 음악과 춤 공연을 무료로 감상할 수 있다. 리베이라 시장(Mercado da Ribeira)에서도 무료 연주회와 전시회가 자주 열린다.
- **파두 공연장** : 바이루 알투(Bairro Alto) 지구의 골목에는 파두 공연장과 식당 카페들이 모여 있다.
- 아데게다 마차두(Adega Machado, Rua do Norte 91, 전화 213-224-640)
- 아데게다 두 리바테주(Adega de Ribatejo, Rua Diario de Noticias 23, 전화 213-468-343)

대서양을 내 품안에 카스카이스

리스본 근교에는 한 시간 이내로 다녀올 수 있는 여행지가 많다. 그 중 교외 전철로 35분 정도 대서양을 끼고 달리면 카스카이스Cascais 라는 작은 마을이 나온다. 지금은 휴양지로 개발되었으나 휴양지의 번잡함이 없어 여유를 즐기기에 좋다. 어망과 통발을 손질하는 어부들, 그 옆의 모래사장에서는 한가롭게 파도타기를 하거나 수영을 하며 휴가를 즐기는 사람들도 보였다.

아랍식 성채를 끼고 야자수가 늘어진 해변 산책로를 따라가다 보니 동화 속에 나올 것 같은 노란색 예쁜 집이 나온다. '카스트로 기마라레스의 저택' Museu Condes de Castro Guimaraes 인데 19세기 후반에 지어졌다. 지금은 17~18세기 가구와 장식으로 꾸며진 박물관이다. 아줄레주로 장식된 시원한 분수를 지나 문 안으로 들어가니 정원이나 벽면 장식이 온통 아줄레주다. 방마다 화려한 가구들로 장식된 이 집은 바닷가의 별장처럼 지어졌는데 바다에서 깊숙이 안쪽으로 들어온 부분에 집을 세워 자연적인 노천 수영장이 되었고 지붕이나 창문 모양이 아랍의 영향을 받아 아주 이색적인 모습이었다. 그야말로 바다를 집안에 품기 위해 무척 애쓴 집이었다.

집을 뒤로 하고 바닷가를 따라가면 '악마의 입'Boca do Inferno 절벽이 나온다. 30m 단애 절벽에 생긴 자연동굴로 사람의 입안을 닮아 붙여진 이름이다. 수많은 세월 동안 파도가 절벽을 삼켰다가 토해내면서 만든 동굴을 보고 있으니 빨려 들 것 같은 느낌이 드는데 아마도 그래서 붙여진 이름인가보다. 절벽 주변에는 영화 〈흐르는 강물처럼〉의 한 장면처럼 낚시를 즐기는 할아버지들의 모습이 평화로워 보였다.

유럽의 서쪽 끝에 사는 포르투갈 사람들의 희망이자 한계였던 바다! 이 바다는 포르투갈의 역사를 쥐락펴락하며 운명을 갈랐다. 바다에 얽힌 저 마다의 사연들은 얼마나 많을까, 눈부신 햇살 아래 지중해처럼 푸르지만 불어오는 바람은 서늘하다. 이런 자연 환경 때문에 포르투갈은 정열의 나라 스페인과 다른 차분한 정서를 가지게 된 것이 아닐까?

바다 구경을 실컷 한 다음 중심 광장으로 나오니 음악 소리가 요란하다. '바다 축제'가 열리는 광장에서 저녁 콘서트 리허설이 한창이었다. 리스본으로 돌아가려던 나는 축제 광장의 간이 천막 아래 풍성한 먹을거리와 야외 콘서트에 발목이 잡혔다. 즉석에서 구운 빵과 쿠키, 츄러스, 해물과 고기 요리를 파는 식당까지 있어 뭘 먹을까 고민스러웠다. 특히 정어리를 굽는 냄새가 너무도 구수해서 도저히 그냥 지나칠 수 없었다. 드디어 밤 10시, 콘서트가 시작되었다. 사람들은 신나는 음악에 맞춰 춤을 추었다. 키가 자그마한 할아버지까지 깡충깡충 뛰며 춤추는 모습이 너무 귀엽고 사랑스러웠다.

세계에서 가장 좋은 것으로만 꾸몄다는 켈루즈 궁전

인도 항로를 잃고 거기다가 스페인의 지배를 받았던 포르투갈이 침체기를 벗어나기 시작한 것은 17세기 말 브라질의 금광이 발견되면서부터이다. 동 주앙 5세 D. Joao V. 1706~1750 때 가장 많은 금이 유입되어 포르투갈은 제2의 전성기를 맞게 된다. 그러나 왕실의 권위를 과시하는 겉치레에 대부분의 돈을 낭비하였다. 그 대표적인 건물이 리스본 근교의 마프라 수도원과 리스본의 수도교이다. 마프라 수도원은 조각상은 물론이고 거의 모든 자재를 외국에서 수입하였다. 수도교 역시 언덕이 많은 리스본의 지형 때문에 엄청난 인원과 공사비가 들었다고 한다.

브라질에서 유입된 거대한 부를 바탕으로 세워진 또 하나의 건축은 리스본에서 북서쪽으로 5km 떨어진 켈루즈 궁전 Palácio de Queluz이다. 프랑스 베르사이유 궁전을 본떠 작은 베르사이유 궁전이라고도 불린다. 역시 교외 전철을 타고 15분 만에 켈루즈- 벨라 Queluz-Bela 마을에 도착하였다. 궁전이 있다는 것이 믿기지 않을 정도로 작고 아담한 곳이었다. 이곳은 왕가의 사냥터와 함께 여름 궁전으로 사용되었다고 한다. 한적한 마을을 내려가니 궁전이 눈에 들어온다.

18세기 후반 로코코 양식의 궁전은 여성스럽고 우아한 모습이었다. 궁전 안에는 곳곳에 동 페드루와 도나 마리아 1세의 초상화가 걸려있는데 여왕의 아름다운 자태가 돋보였다. 내부는 여왕의 침실, 대사의 방, 그림 타일의 방, 원형 침실의 방, 식당과 다실茶室 등 여러 개의 방으로 나뉘어져 있다. 대사의 방에는 거울과 금으로 장식된 기둥과 페르시아 카펫, 중국 도자기로 장식되어 있고, 그림 타일의 방은 전체가 아줄레주 벽화로, 식당은 이탈리아 무라노 섬에서 수입한 유리 샹들리에까지 외국 물건들로 매우 화려하게 장식

행운의 상징인 수탉 장식 아줄레주 타일.

카스트로 기마라레스의 저택.

● 켈루즈 궁전 뒤뜰의
아줄레주로 장식된 수로.
● 파도에 의해 만들어진
악마의 입 절벽 입구.

우아한 멋이 풍기는 켈루즈 궁전.

해 놓았다.

궁전에서 바깥 정원으로 나와 또 한 번 놀라고 말았다. 기하학적인 모양의 프랑스식 정원과 분수와 꽃이 어우러진 이탈리아식 정원이 매우 아름다웠다. 프랑스식 정원에는 아줄레주로 수로를 만들어 뱃놀이를 한 흔적이 남아 있었다. 수로 주변과 아치형 다리, 일정한 간격으로 놓인 화분대, 양옆의 벤치들까지 모두 아줄레주로 장식되어 있다. 꽃과 새, 도자기, 사람이 들어간 그림을 주제로 퍼즐 맞추듯 한 장 한 장 연결하여 멀리서 보면 한 편의 그림을 보는 듯했다. 너무도 사랑스러운 정원에서도 왕가의 행복한 삶은 오래 이어지지 못했다.

320

1750년대 도나 마리아 1세 D. Maria I , 1777~1816 여왕이 짓기 시작한 이 궁전은 18세기 완성되었다. 도나 마리아 1세는 이 궁전에서 미쳐간 것으로 유명하다. 남편 동 페드루 Dom Pedro 왕자가 죽고 장남 동 조세마저 죽자 1791년 말에 정신 착란 증세가 시작되었다고 한다. 남편과 장남의 죽음이 도나 마리아 1세에게는 큰 충격이었던 모양이다. 1792년부터 그녀의 차남인 동 주앙이 섭정을 하였다. 이후 포르투갈의 국력은 약해져 가는데 19세기 세 차례에 걸친 나폴레옹의 침입으로 시련은 계속되었다. 1806년 프랑스는 영국에 대륙 봉쇄령을 내리자 경제적으로 영국에 의존하던 포르투갈은 이를 거부한다. 이것이 빌미가 되어 프랑스가 공격을 하고, 1807년 왕실은 브라질로 옮겨가게 된다. 영국의 지원으로 프랑스를 물리치지만 다시 영국의 지배를 받게 된다. 1820년 자유주의 시민 혁명으로 영국군을 물리치고, 1822년 브라질에 있던 동 주앙 6세 D. Joao VI, 1816~1826가 다시 돌아와 입헌군주국임을 선언하지만 브라질에 남아 있던 왕세자 동 페드루 D. Pedro 가 브라질의 독립을 선언하면서 포르투갈의 경제는 근본부터 흔들리기 시작하였다.

궁전의 종탑은 개조하여 '도나 마리아 1세 포우사다' Pousada 호텔로 사용하고 있었다. 포우사다는 옛 성이나, 수도원, 궁전 등을 개조한 호텔로, 일반인들이 한 번쯤 호사를 누려 볼 수 있는 곳이다. 또한 포우사다가 있는 곳은 주변 환경과 전망이 아름다워 그야말로 살아 숨쉬는 전통을 직접 느낄 수 있다.

종탑 꼭대기에는 '바르켈루스의 갈루' 수탉가 장식되어 있다. 이 수탉은 건물 곳곳에서 볼 수 있는데 재미난 이야기가 전해온다. 16세기 갈리시아 지방의 순례자가 바르켈루스를 지날 때 도둑으로 몰려 사형을 언도 받았다. 순례자는 자신의 무죄를 호소하기 위해 재판관의 집을 찾았는데 마침 재판관의 식탁에 수탉 요리가 올라와 있는 것을 보고 자신이 죄가 없다면 닭이 일어나 울 것이라고 말했다. 그런데 기적처럼 닭이 울었다. 그는 살아났고 이후 수탉은 행운의 상징으로 여겨져 건물을 장식하거나 기념품으로 만들었다. 포르투갈을 여행하는 동안 기념품 가게에서 아줄레주 타일이나 나무로 만든 수탉 조각품을 많이 보았다. 포르투갈 사람들은 이것을 부적처럼 가지고 다니며 행운이 찾아오길 비는 것 같았다.

포우사다에서 묵지는 못했지만 카페에서 커피를 마셨다. 카페 안은 궁전의 일부처럼 고급스런 가구와 소파를 배치해 놓았고 벽면에는 도나 마리아 1세의 아름다운 초상화가 걸려 있어 한층 분위기가 우아하였다. 우리나라에도 옛 성이나, 궁전, 불교 사원, 서원 건물이 곳곳에 많이 남아있지만 머무르면서 체험을 할 수 있는 공간은 없다. 포우사다처럼 우리나라를 찾아온 외국인들에게 전통을 체험할 수 있는 공간을 만들면 어떨까.

◎ 가는 방법

* **기차** : 리스본의 카이스 두 소드레(Cais do Sodré) 기차역에서 에스토릴(Estoril)을 경유하여 30분 정도 소요(20분 간격).
* **버스** : 신트라(Sintra) 40분, 로카 곶(Cabo da Roca, 포르투갈의 서쪽 끝에 위치), 30분.

◎ 주요 볼거리

- **카스트로 기마라레스의 저택(Museu Condes de Castro Guimaraes)** : 아랍식 회랑과 중세 시대 성안의 탑을 혼합한 양식으로 꿈같은 집이다.

◎ 주변 볼거리

- **악마의 입(Boca do Inferno)** : 카스카이스에서 서쪽으로 2km 떨어진 곳. 도보로 20분 정도 걸리고 택시 왕복은 6유로 정도 한다.
- **신트라(Sintra)** : 리스본 근교의 동화처럼 예쁜 페나 왕궁. 일일투어를 이용하거나 세테 리오스(Sete Rios) 기차역에서 15분마다 출발하는 기차를 타면 45분 정도 걸린다. 신트라 기차역에서 434번 버스.

◎ 숙박

- **레지덴시알 파르시(Residencial Parsi)** : Rua Afonso Sanches 8, 전화 214-845-744, 욕실 없는 더블 35/ 욕실 있는 더블 60유로.
- **알베르가리아 발봄(Albergaria Valbom)** : Avenida Valbom 14, 전화 214-865-801, 싱글 53~58/더블 68~73유로.

◎ 가는 방법

리스본에서 북서쪽으로 5km 떨어져 있다. 리스본의 세테 리오스(Sete Rios) 기차역에서 교외 전철을 타면 켈루즈-벨라(Queluz-Bela) 마을에 도착(20분 소요).

◎ 주요 볼거리

- **켈루즈 궁전(Palácio de Queluz)** : 18세기 후반 포르투갈 왕실의 여름 궁전으로 프랑스의 베르사유 궁전을 본떠 만들었다. 아름다운 정원, 아줄레주로 장식된 수로 등으로 둘러싸여 있다.

◎ 숙박

- **도나 마리아 1세 포우사다(Pousada de Dona Maria Ⅰ)** : 전화 214-356-158, recepca.dmaria @pousada.pt, 싱글 173/ 더블 185유로.

이곳에서
포르투갈이 **시작**되다

포르투

활기가 넘치는 바닷가 도시 포르투

포르투는 리스본에서 기차로 세 시간 거리다. 포르투갈의 발상지이며 경제의 중심지이자 제2의 도시이다. 11세기 당시 이베리아 반도의 레온Leon 과 카스티야 왕국Castilla, 현재 스페인의 옛 나라이 이슬람으로부터 국토를 되찾을 때 프랑스 백작의 도움을 받은 것에 대한 보답으로 현재의 포르투 지역을 백작 에게 하사하면서 이 땅이 오늘날 포르투갈의 기원이 되었다. 1143년 포르투 에서 레온과 카스티야로부터 독립하고 공식 왕국으로 인정받으면서 포르투 갈이 탄생하게 되었다. 포르투는 포르투 와인 생산지로도 유명한데 바로 이 때 프랑스로부터 포도 모종을 가져와 재배하면서 시작된 것이라고 한다.

포르투의 상 벵투Sao Bento 역에 도착하니 역 안의 벽면 전체에 '포르투 갈의 역사'를 조각조각 이어 절묘하게 아줄레주로 표현해 놓았다. 거리에도 교회나 건물 외벽이 아줄레주로 장식된 것이 눈에 많이 띄어 여기가 가장 포르투갈적인 곳임을 느낄 수 있었다.

포르투는 도시 전체가 세계 문화유산으로, 도우루 Douro 강을 끼고 양쪽 강 언덕의 주황색 지붕의 집들은 마치 수채화를 보는 듯 아름다웠다. 도우루 강은 대서양과 연결되어 있어 항해 시대 해외 진출의 거점으로 번영을 누렸다. 강을 사이에 두고 신·구시가와 강 건너 포도 재배지와 포도주 공장이 있는 '빌라 노바 데 가이아' Vila Nova de Gaia 마을로 나뉘고 4개의 다리가 두 지역을 연결하고 있다. 동 루이스 Dom Luis 1세 다리는 에펠의 제자가 1886년 설계하였다. 철제로 만든 이층 다리로, 난간을 예쁜 꽃 화분으로 장식해 보는 이를 기분 좋게 만들었다. 강변에는 그 옛날 포도주 통을 나르던 하벨루가 그림처럼 떠있다. 도우루 강의 유람선은 하벨루를 본뜬 것으로, 나는 호기심에 유람선을 타고 시원한 바람을 맞으며 강 양쪽의 예쁜 집들도 구경하고 강 하류의 탁 트인 대서양을 보며 색다른 경험을 하였다.

포르투 와인과 풍부한 해산물 요리

포르투갈이 자랑하는 세계적인 포르투 와인의 산지를 그냥 지나칠 수는 없는 법. 포도를 재배하는 빌라 노바 데 가이아 마을을 찾으니 강가에는

포르투에서 생산되는 여러 종류의 포도주 상표들을 깃대에 세워놓았고 포도주 공장과 포도주 박물관까지 있어 과연 포도주의 도시임을 실감케 했다. 포도주 박물관에는 포도주 제조 과정과 옛날 포도주 병과 상표, 도장 등이 전시되어 있고 실제 포도주 저장 창고 견학

도 할 수 있었다. 커다란 오크통 수백 개가 줄 맞춰 연도별로 저장되어 있는데, 100년 전에 만든 것도 있다고 한다.

포르투는 수도인 리스본과 경쟁 관계이다. 포르투 사람들은 상추 샐러드를 즐겨 먹는 리스본 사람들을 빗대어 '알파신야'상추라고 부르는데, 상추처럼 유약하고 게으르며 놀기 좋아하는 사람들이란 뜻을 담고 있다. 즉 포르투 사람들이 돈을 벌고 리스본 사람들은 쓰기만 한다는 의미란다. 이에 리스본 사람들은 포르투 사람들을 '트리페이루'내장요리를 먹는 사람들라고 부르며 일과 돈 밖에 모른다고 비꼰다. 그렇다고 앙숙은 아니다. 상공업의 중심지인 포르투와 정치·행정의 중심지인 리스본의 라이벌 의식은 서로에게 긍정적인 영향을 끼치고 있다.

동 루이스Dom Luis 1세 다리를 건너 구시가로 가면 포르투갈에서 가장 높은 클레리고스 교회 탑Torre dos Clèrigos이 나온다. 높이 76m의 종탑은 18세기 중반 이탈리아 건축가가 설계하였는데 탑 위에 달걀 모양을 얹은듯한 디자인이 독특했다. 종탑 꼭대기까지 오르는 계단만도 225개. 숨이 턱에 찰 정도로 힘들게 오르니 시원한 바람과 아름다운 전망이 펼쳐져 고생스러움도 모두 사라졌다. 온통 주황색 기와 지붕들이 물결치듯 이어지는 포르투의 구시가와 도우루 강변이 한 폭의 그림이 되어 내 마음속으로 들어왔다.

강가의 식당에서 포도주와 함께 먹는 해산물 요리는 일품이었다. 해산물이 풍부한 포르투갈에서 가장 대중적인 요리는 해산물 요리이다. '사르딘냐 아사다'Sardinhas assadas는 가장 서민적인 요리 중 하나로, 정어리를 숯불에 구워 레몬즙과 소금을 뿌려 먹는다. 저녁이면 식당에서 정어리 굽는 냄새가 거리를 가득 채워 그냥 지나치기 어려울 정도였다.

'바칼라우'Bacalhau, 대구도 빼놓을 수 없는데, 16세기 대항해 시대 포르

상 벵투 기차역 안의 아줄레주 장식.

투갈 선박이 뉴펀들랜드에서 대구를 잡아올 때 상하지 않도록 소금을 뿌려 햇빛에 말렸다고 한다. 거리에서 대구 말린 포를 쌓아놓고 파는 가게들을 쉽게 볼 수 있는데 물에 1~2일 정도 담가 소금기를 뺀 후 요리를 해서 먹는다고 한다. 식당에서 바칼라우를 먹어보니 하얀 대구살이 부드러워 담백하고 맛있었다. 포르투갈 사람들은 유럽의 중국인이라고 할 정도로 쌀요리도 즐겨 먹는데 항해 시대 유럽인 최초로 동양의 향신료, 차, 쌀 등을 접한 결과이다. 아로스 드 마리스꾸 Arroz de Marisco 는 쌀에 향신료, 새우, 생선살, 오징어, 조개와 같은 해산물을 넣어 밥을 지은 것으로, 내 입맛에 잘 맞아 여행하는 동안 즐겨 먹었다.

● 도우루 강가에 떠있는 포도주 운반용 배인 하벨루. ● 차양이 드리운 포르투의 골목 풍경. ● 클레리고스의 탑 전경과 탑에서 바라본 도우루 강 전경.

내성적이고 순박한 포르투갈 사람들

이베리아 반도에 나란히 자리잡은 스페인과 포르투갈. 사실 여행하기 전까지는 인접 국가이니 비슷하지 않을까 하는 생각이었다. 그러나 사람들의 성격이나 기질은 매우 달랐다. 정열적인 스페인 사람들은 투우 경기에서 소를 끝까지 죽이는데 포르투갈에서는 소뿔을 잡고 몰기만 할 뿐 죽이지 않는다. 작은 키에 장두長頭 특징을 갖고 있는 루시타니아인의 후손으로 인종적으로도 다르며, 포르투갈 사람들의 서정적 향수주의와 스페인 사람들의 돈키호테주의는 확연히 구별이 되었다.

유럽의 가장 끝에서 살았던 포르투갈 사람들은 육지로 뻗어 나갈 수 없는 상황에서 바다를 통한 미지의 세계에 대한 도전 정신이 대단하였다. 그 결과 인도 항로를 개척하여 유럽, 아프리카, 아시아를 연결하였고, 지중해에서 대서양 중심으로 무역의 구도를 바꿔놓았으며, 크리스트교가 세계로 확산되었다. 이런 점에서 포르투갈이 유럽의 세계화에 끼친 영향은 엄청나다. 하지만 오늘날 과거의 영화는 온데 간데 없고 서유럽에서 가장 가난한 나라 중 하나로 전락하고 말았다. 지금은 과거의 영광을 잊지 않고 슬프고도 애잔한 화두로 자존심을 달래며 살아가고 있었다.

● 우리 입맛에도 잘 맞는 해산물이 들어간 쌀 요리, 아로스 드 마리스쿠 요리. ● 말린 대구인 바칼랴우로 만든 요리. ● 포르투갈의 서민 요리인 정어리 구이, 사르딘냐 아사다.

포르투(Porto)

◎ 가는 방법

*** 비행기** : 프란시스코 사 카르네이로 공항 (Francisco Sa Carneiro Airport, www.ana-aeroportos.pt)은 국내선과 런던, 마드리드, 파리, 프랑크푸르트, 암스테르담, 브뤼셀을 연결한다. 공항 버스를 타면 포르투 시내 중심까지 45분 걸린다.

*** 기차**

• **캄파냐(Capana) 기차역** : 도심에서 동쪽으로 2km 떨어짐. 포르투갈 북부 지방 도시를 연결.

• **상 벤투(Sao Bento) 기차역** : 대부분의 근교 기차와 지역 기차(interregional, IR)가 브라가 (Braga), 기마라에스(Guimaraes), 도우루 계곡 등을 연결한다. 국내 급행 기차(IC)는 코임브라 (Coimbra) 1시간 15분, 리스본(Lisbon) 3시간.

*** 버스** : 버스회사마다 각자 버스터미널이 있다.

• 레넥스(Renex, Rua da Restauracao) 버스회사는 리스본 3시간 30분(1일 12회) 소요.

• 유로라인(Eurolines) www.eurolinesportugal.pt, 지하철 Campo 24 Agosto역은 전 유럽의 도시를 연결한다.

*** 시내 교통수단** : 버스(STCP, www.stcp.pt), 푸니쿨라르, 지하철, 트램 등 다양한 교통수단이 있다. 또한 안단테 카드(Adante Card, www.linhandante.com)는 포르투의 모든 교통수단을 카드 하나로 통합 사용할 수 있다. 지하철 역 안의 자동판매기에서 구입이 가능하다.

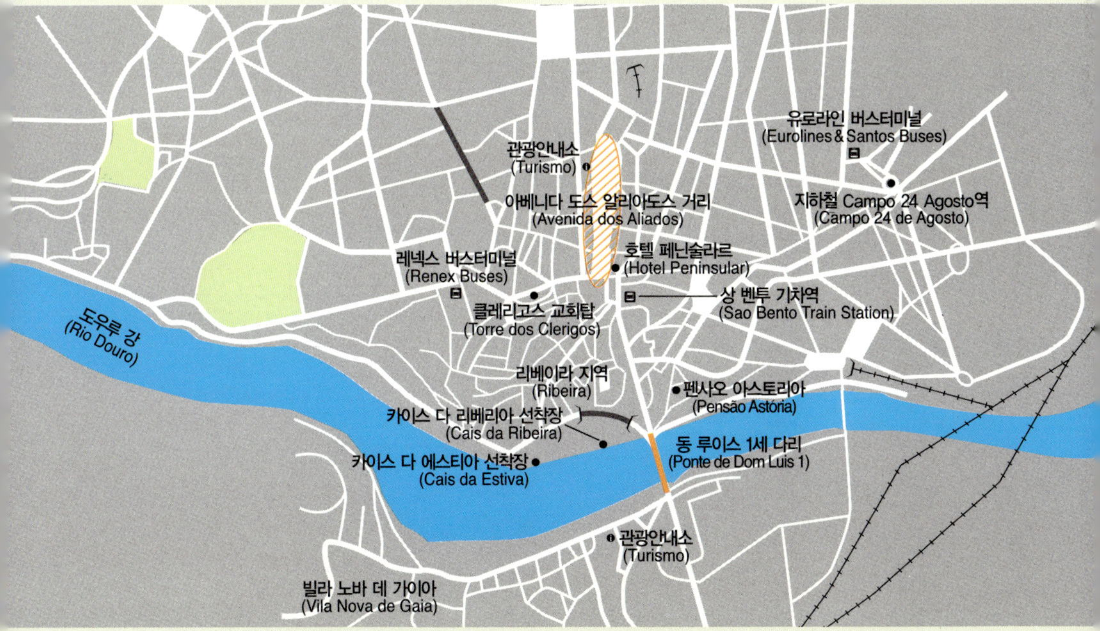

◎ 주요 볼거리

- 클레리고스 교회탑(Torre dos Clérigos)에 올라 시내와 도우루 강을 조망한 뒤 아베니다 도스 알리아도스(Avenida dos Aliados)거리를 지나 상 벤투 기차역 안의 훌륭한 아줄레주 장식을 감상한다. 그리고 도우루 강가의 리베이라(Ribeira) 지역으로 내려와 하벨루를 타고 도우루 강 주변을 돌아본다. 선착장은 카이스다 에스티아(Cais da Estiva)와 카이스 다 리베리아(Cais da Ribeira) 두 곳이 있다.

◎ 주변 볼거리

- **빌라 노바 데 가이아(Vila Nova de Gaia)** : 포도를 경작하는 마을과 포도주 공장이 있는 곳. 관광안내소(Turismo, Avenida Diogo Leite 242)의 투어를 이용하면 와인 공장을 둘러보고 와인 시음을 할 수 있다.

◎ 숙박

- **호텔 페닌술라르(Hotel Peninsular)** : Rua Sa da Bandeira 21, 전화 222-003-012, 싱글 22/더블 34유로(아침 포함). 아줄레주와 윤이 나는 나무로 장식된 로비와 고전적인 엘리베이터, 방마다 인테리어가 독특하다.
- **펜사오 아스토리아(Pesnsao Astoria)** : Rua Arnalda Gama 56, 싱글 25/더블 32유로. 고풍스런 곳으로 도우루 강과 다리의 전망이 아름답다.